# 逆風高飛

## 一位华人创业家的自述

Soaring Through Storms: Life Lessons from a First Generation Chinese-American Entrepreneur

李锦星 著

Lawrence Lee

壹嘉个人史系列

1 Plus Books

# 目 录

- 1/ 前言
- 7/ 童年时代 1954--1964
- 61/ 少年时代 1964--1973
- 109/ 学习时期 1973--1978
- 147/ 初出茅庐 1979--1983
- 177/ 创业时期 1983--1990
- 219/ 进军南美 1991--1998
- 265/ 由盛转衰 1998--2003
- 299/ 重生 2004--2014
- 339/ 万变时代 2014--
- 439/ 回顾与致谢
- 453/ 附录
- 455/ 1999：写在母亲七十大寿
- 468/ 2022：第23届家庭团聚
- 475/ 2023年家庭团聚

# 前 言

年逾耳顺，回忆我这大半生，有如一场交响乐，有大江大海的壮阔，也有曲径林荫的幽深。更重要的，是总有浓浓的亲情围绕着我，那来自我坚强而伟大的母亲、我的弟弟妹妹，乃至我的儿女的亲情。也是亲人们让我感到有一份使命，要将我所经历的坎坷路写下来。

我经历了太多的人生无常。我曾经失去一切，一无所有，但我又一点一滴地挣回来。在世态炎凉中我深深品尝人生百味，也一一承担起生命中的责任，为了家人，也为了真实地面对自己。我经历过生命的剧痛，而伤痛过后，我学会珍惜那一直围绕在我身边的平凡幸福。

现在我最年长的儿子已成家生子，我最小的儿子也上了小学。我想这本书是我送给他们最好的礼物，让他们清楚明白，我们李氏家族，他们的祖父母，乃至曾祖父母是如何在战火滔天、大时代的夹缝中求生存；怀着对未来的梦想，他们漂洋过海，在不同的文化中刻苦学习、努力奋斗，从异域中国城最底层的偷渡移民，到举家合法移民，再到他乡异地，开疆拓土。

今天，我们李氏家族的子孙们，大都学业有成、事业有成，他们有的在西方扎根，有的又回到东方。但在这近一世纪的迁徙中，我们李氏家族所经历的挑战，既不同于其他移民的经历，也是从未出过国门的同胞们无法想象的。我们所遭遇的文化冲突，是那么赤裸而尖锐，既然无法逃避，我们只能选择坚强地面对。

1950年代，我在香港出生，童年和少年时代的我，也曾目睹香港殖民地时代的风风雨雨。青年时我去往美国加州学习深造，曾以初生之犊的勇气，驾车横跨美加大地。我胜过大多同辈人的勇气与毅力，为我日后在事业中不计得失的拼搏精神埋下了伏笔。

1979年至1989年，我到休斯敦艰辛创业，继而跳出舒适区，进军南美，去另两个我连语言都还不通的国家创业。这期间我遭逢家庭巨变，事业由盛转衰，而我不肯服输，终于逆转命运，重返坦途。这跌宕起伏的历程处处伴随着人生的艰难和人心的坚韧，也带给我生命的觉悟和释怀。而回顾我的创业历程，从中竟也可呈现近四十年来中国制造业与经济的巨变：从落后到进步，到超越其他民族的飞跃成长。

这本书不仅是我送给家人的礼物，更是我亲身经历"万变时代"的最真实的记录！我希望这本书能给我的后辈和广大读者一种激励——无论人生中碰到何种逆境，都要永不退缩，勇往直前！

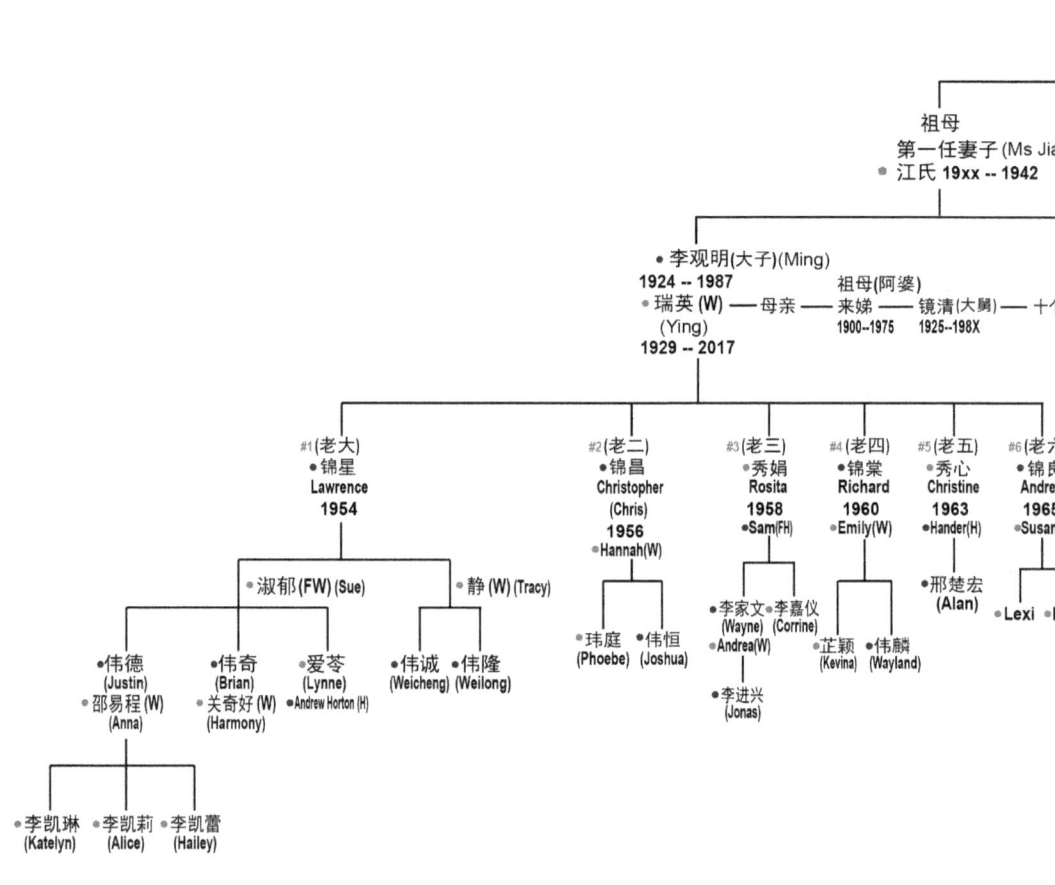

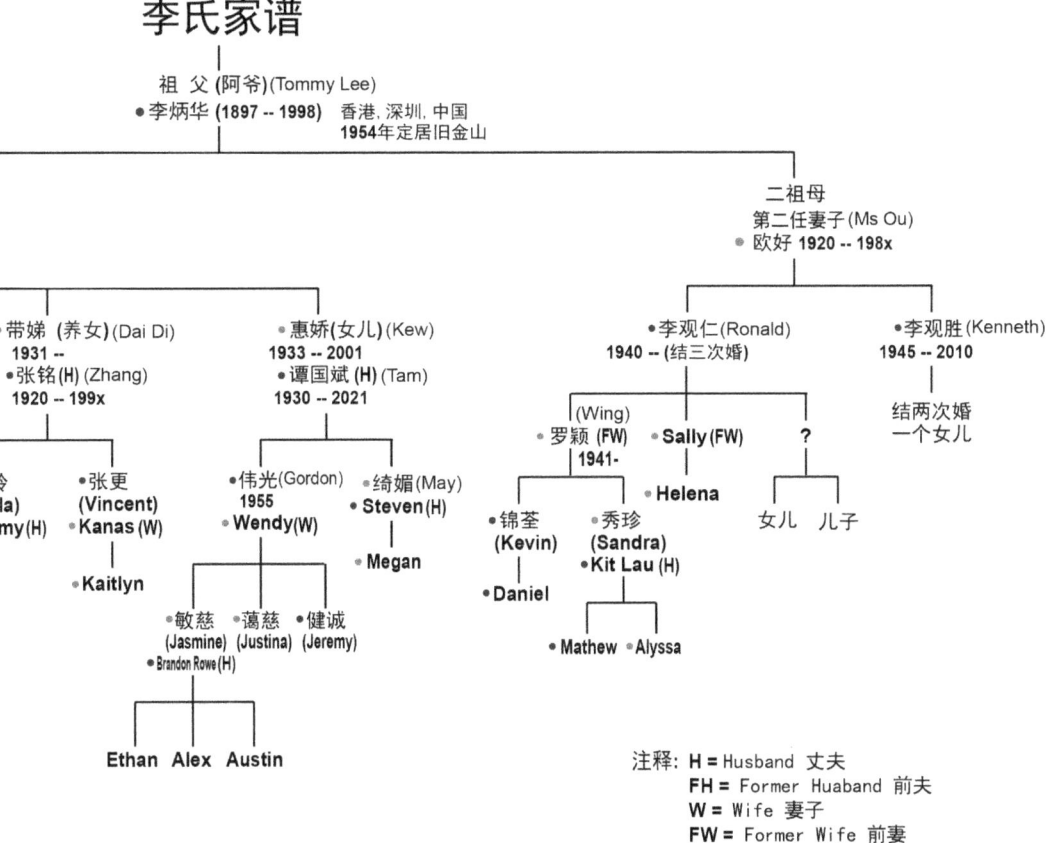

# 童年时代

1954--1964

# 童年时代之一

## 好奇好动的小孩

　　1954年10月，我出生在中国东南一隅，香港九龙的红磡。这里距我父亲的祖屋——广东省深圳市横岗墟李屋巷仅100公里，两个小时车程。成年之后，我数次回到父亲的祖屋寻访，总觉得自己与这里有种莫名的牵系。对我来说，生命已像香江流逝的滚滚海潮一去不返，生命也像我童年最爱的风筝逆风高飞，无论我飞得多高多远，穿过了国界，越过了大洋，我却永远心思如线，系于斯土。我出生之时，中国已历经辛亥革命、民国成立、北伐、抗战、国共战争；中华人民共和国已成立，与退居台湾的中华民国隔海对峙。战争的硝烟已隐隐沉入史页，殖民时代的最后一章已近落幕。只有头顶上的米字旗，还在父亲工作的太古英国船公司的招牌上飞舞。

　　如同所有的战后一代，我们在父母颠沛的步履中逐个出生、成长。我在物质极度匮乏中度过童年和少年时期，目睹母亲为了赚几分钱贴补家用，将她的视力逐日磨损在衣车的针线间；我也曾目睹父亲为了给我们缴学费，到处去他朋友的宅舍借钱。

　　在父系一支，我是长子嫡孙。母亲说她怀我之时，外婆常煮鱼汤，姑姑送来炖鸡，连祖母也不时送肉过来，所以我个头特大，她分娩时阵痛了一天，又用了十多个小时才把我一点点推出。生第一胎，没有经验的母亲见到紫色的婴儿，以为是死婴，惊呆了一阵。但接生婆把我倒着提起来，拍我屁股，我大声哭出来，她和众人这才安心。一称之下，我竟然有9斤多重。母亲常说"因为生产时间太长，你的头部夹住出不来，所以变长了"。我小的时候，家里叫我"长头芋"，10岁以后，我的头变得正常，这别号也就没有了。

我的诞生，给父亲和母亲带来了初为父母的欣喜，也使原本不宽裕的日子变得更加窘迫。我出生的第二年，父母迁到租金更低廉的九龙城，再过一年，二弟李锦昌出生，我们又举家迁往月租仅50港元的钻石山。无论如何搬迁，属于我的空间，就是这全家挤在一起的斗室。

我是个充满好奇心的小孩。白天大人外出工作，我和弟弟、妈、外婆关在狭小跃层的楼上。刚会爬行的我，坐在墙角，望着由窗外射在墙上的光影出神。等屋角的蛛网、屋顶的漏痕，以及屋内简陋的家具再也满足不了我好奇的视线，另一个更广大无垠的世界，从我的耳膜蹿入——来自四面八方像潮水一样的声音：热情欣喜的寒暄声、讨价还价的争执声、父母打小孩的声音、小孩像尖哨一般爆出的哭声、小贩的声音、自行车的铃声、金属跌落的哐当声、突然响起的犬吠声。我的头向楼下声音的来处伸去，愈来愈低，愈来愈低，仿佛那些声音就在眼前。突然一阵眩晕、一阵剧痛，我在昏迷刹那后爆出尖锐的哭声，耳旁响起大人们的惊呼：哎呀！不得了了，锦星掉下来了！

两岁多的我第一次从楼上掉落地面，那种头部着地的剧痛，我至今记忆犹新。

外婆常用背带把我背在身后做事，以免我出事。外婆常说我多手多脚——她或母亲背我买菜，有时回到家才发现我手上握着一个鸡蛋或鸭蛋。原来当她们买菜时，菜摊上堆积如金字塔的鸡鸭蛋，让我这个一岁多的婴儿有机会顺手牵羊。对我这好动的小孩,她们也没办法。

又有一回,到楼下的通道已被父母封上,我和弟弟坐在屋内,没有玩具,没有娱乐,家中也没有任何访客,我们只有看着窗外。我的空间是静止的、空白的,而楼下却是一个热闹丰富、像流水一样活络的世界。我又被那些声音吸引,拉过椅子,慢慢爬上窗台,看到一排排屋脊和灰扑扑的围墙。小手勾住窗花,将头伸出去,我终于看到楼下的滚滚人潮,推车小贩在叫卖,一排排不同颜色的衣服,男男女女,从三楼望下去,他们似乎都缩小了,也听不出他们在讲些什么。忽然汽车的喇叭声令我一震,想要回头,才发现头嵌在铁窗花中,动弹不得。我紧张极了,拼命要把头抽回来,却被两边的栏杆愈卡愈紧,两只耳朵像被削掉般剧痛,我尖声大哭起来。

不知过了多久,一群人冲上来,我听到母亲焦急欲哭的喊声。她找了其他房客和邻居,那些大人们有的扳我的头,有的扳折铁窗花,有的拿来锯子,我看见锯子和铁栏摩擦时溅出的火花,哭得更响了,眼泪鼻涕流了一脸。众人努力了好几个小时,我的头才从铁栏杆间抽出。

生命初始的好奇心就让我吃尽苦头。三岁多的我,已成了家人尤其是母亲担心牵挂的焦点。

1954年,父母在香港结婚

# 童年时代之二

## 双亲的典故

**父亲的故事**

我爷爷李炳华，1904年于广东省惠阳县横岗墟李屋巷出生，客家人，家人不详。我家的族谱在内地佚失，我2010年回乡已找寻不到。爷爷从小离家跑船，在战前，有一次货轮在福建海岸沉没，他大喊"妈祖"救命，幸好有一块浮木漂来，得救后他很相信妈祖。妈祖是中国沿海供奉最盛的神，百姓家里除了祖先神位，就是供妈祖了。

爷爷有两位太太。大太太是客家人，不通文墨，我父亲李观明是大儿子，在乡下出生。祖母还生了两个小孩，但都夭折了，祖父母后来收养了一个女孩叫"带娣"，带弟弟来的意思。我父亲的妹妹李惠娇继而出生，也就是我的姑姑。因为迷信，我父亲叫祖父为"阿叔"，称祖母为"阿婶"——不能直呼父母亲，以免小孩不幸夭折。

祖父去了香港跑船，把家人也接去香港，后来在香港金钟转行做英国军队的外包伙食。一家人住在中环区，生活条件好转。祖父又娶了二太太欧好女士，她比祖父小十六岁，也和我祖母一样目不识丁，她是广东南海人，不会客家话。1940年，二祖母生了我叔叔李观仁。

我父亲在香港有名的英文书院华仁念到中学三年级，1941年12月日军占领香港后中断学业。香港日治时的生活极为困难，缺食物，饮水、日常生活用品、燃料等。饥饿之下，祖父在1942年举家返乡。

香港，1935年，祖父母和我的父亲(右)，带娣姑(左)，抱着的是惠娇姑

祖母、父亲和姑姑回到横岗墟李屋巷老家，住在祖屋内。家中直系亲属那时多已去了香港，没有人照应，也没有田地。祖父安置好祖母和爸爸、姑姑这母子三人，便同二祖母回她南海的老家居住，二祖母家里有田地，也有亲人照顾，温饱足以解决。

在李屋巷祖屋，一家人的收入全落在不满18岁的父亲身上。家里没有田地，他要到处打零工，不到10岁的妹妹也得做家务和到处找食物。在父亲找不到工作，赚不到钱时，他们吃过树根、老鼠、偷回来的番薯苗和其他农作物，一两天没有开饭是经常的事。因为树根、粗粮等纤维太粗，吃得他们经常大便出血。

返乡不到大半年，因数天没有进食，祖母活活饿死。父亲与惠娇姑姑两兄妹只有把母亲的遗体用草席卷起，埋在屋后。在祖屋住下去只有死路一条，必须走出去求生。父亲会说英语，经朋友介绍，要到桂林美军援助处当翻译，离开时先送姑姑往二祖母处投靠。

父亲在桂林生活了两年多，直到抗日战争结束才回香港。他常说桂林的汉奸很多，在日机快来空袭时，战略地点附近常有人点火，指引敌机轰炸。那时懂英文的人不多，翻译的薪水比较高，在后方工作丰衣足食。反观前线的中国官兵粮食短缺，连桐油也充作食用。父亲总说如果他不懂英语，可能就饿死了。所以父亲一直要我们念好书，做一个有用的人。

战后，父亲随祖父全家搬回香港定居。祖父重操旧业做了海员，1954年前后在旧金山跳船（海员在异国下船后滞留当地不回船，成为偷渡客）。早期很多在美华人没有合法身份，不谙英文，又受歧视，为了生存只有聚居在华埠（唐人街），尤其要找同声同气讲方言的宗亲会做靠山，所谓"团结就是力量"。

香港，1951年，二祖母（爷爷的妾，右坐者）和她的妹妹（左坐）与我父亲（右立）、我姑母（左立），二祖母的两个亲生儿子观仁（中后）和观胜（中前）

祖父到了旧金山，一直住在华埠，多数时间都在说客家方言的"崇正会"度过。那里他认识了很多朋友，他们帮了他很多忙，给他介绍工作，又替他找到住处栖身。没有合法身份与工作许可，祖父只能从餐馆、洗衣店等现金付酬的灰色工作做起。崇正会中有移民律师为没有身份的人办理合法化手续，祖父通过《难民救济法》，取得永久居民身份。祖父怕年纪大没有人请他做工，就在登记时把年龄写小了几岁。

　　五六十年代，跑船是份好职业，薪水是餐馆工作的两三倍，又有小费，还可以回港探亲，是许多离乡背井的移民的梦想选择。崇正会那时正有几位加入了美国劳工联合会和产业工会联合会（AFL-CIO）的船员，在总统号邮轮上工作，往来美国西岸及远东，包括檀香山、横滨、基隆、香港及马尼拉等地。凭借朋友介绍及以往的跑船经历，祖父考入海员学校，继而加入远东航线的总统客货轮上服务，做管房之类职位，每两三个月便能返港一次。

*1986年的家信*

这是我父亲的一位堂兄弟，住在香港新界的李伟崇，1986年写给旧金山惠娇姑姑的信。

1980年代初，伟崇叔曾带父亲在横岗乡下找到祖屋和疑似祖母下葬之地。1986年初，他陪我（信中所说的"锦燊"）到访家乡，去看祖屋和祖母墓。那时乡下到处都是老旧的村屋和农田，小孩子在田里抓泥鳅。2010年回乡，我已找不到伟崇叔带路，乡下已没有农田，祖屋不见了，说客家话的远房亲戚不见了，只有说四川话的外省民工和家属，真是沧海桑田。我想如果我不做记录写下这些旧事，我的同辈和子孙们会永远不知道我们从哪里来，不知道乡下曾是什么样子。

这封家信，是从我的表弟伟光处得到。若不是我们兄弟姐妹之间仍然联系密切、保持走动与聚会，我不会拿到这封信，信中所讲旧事也就早已遗忘了。也是出于这个原因，我要把我的一生经历写下来留给后人看，让祖辈们走过的历史道路，不会被遗忘。

1980年代初，父亲（右一）在祖屋附近
找到疑似祖母坟墓

2010年，南塘李屋巷

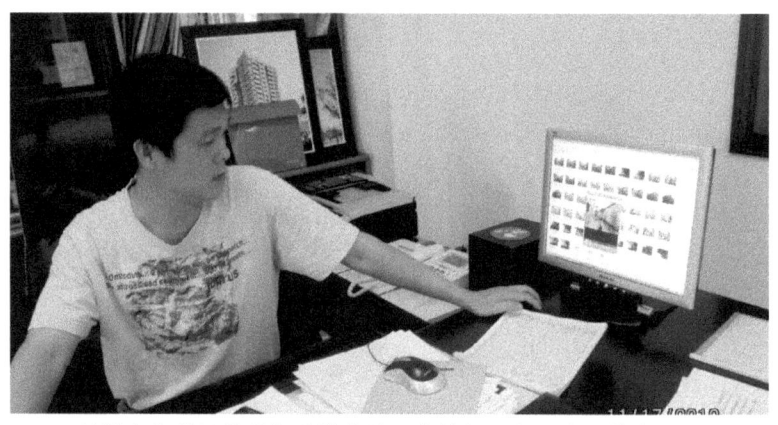

深圳市龙岗区横岗街道横岗社区南塘居民小组主任黄先生，
客家人，我们向他打听祖坟情况

## 母亲的故事

我的外婆和外公均是客家人，世代在九龙何文田耕种菜园，生有一儿一女：大儿子镜清和女儿阿英。外公在我母亲三四岁时仙逝，全家的生计都靠外婆一人担起来，幸好村内有其他亲戚帮忙，菜园又靠近市区，运输成本不高，一家人的生活还过得去。

外婆虽然有传统的重男轻女观念，但她非常注意子女的教育。大儿子镜清读到初中，我母亲读到差一年半便小学毕业——那时太平洋战争爆发，日本占领香港，学校也停课了。

香港日占的三年零八个月中，外婆一家所幸有菜园能维持生计。外婆笃信菩萨和观世音，有两次日本士兵经过外婆家门，看到门前佛像，未入屋骚扰。我大舅中断学业后，加入了当地帮会，常带朋友回家吃饭，把外婆好不容易节俭省下的粮食又消耗掉了。

抗战结束后的香港，生活比较艰难，母亲仍在外婆支持下念完了小学。那时很多人小学毕业后便进入社会谋生。尤其客家的女孩子，都认为是家中的"蚀本货"，早晚都要嫁出去，没必要花钱受教育，有钱应供男孩读书。小学毕业后的母亲，坚持要继续上学。在她努力下，外婆答应她，晚上可以读书，但白天要帮忙做家务和学车衣（用缝纫机做衣服）。母亲考上了德贞女子中学，读初中夜校。

1949年，中国大陆解放，香港有大批中国内地难民涌入。外婆也借着这机会在自家菜田上建成多间木房子，分租给难民。外婆和大舅发了一笔财，生活大为改善。大舅因为钱来得太容易，没有长期打算，喜欢当"阿头"，请手足们花天酒地，开会时椅子上都贴有"清哥"二字。大舅也结了婚，生了两个孩子。

大舅在当"香港防卫军"时认识了我的父亲。大舅觉得他老实可靠，便把他介绍给自己的妹妹阿英做男朋友。

好景不长，1953年的圣诞节，香港石硖尾六村大火。外婆所在的白田村是最先起火的，她的房子半边给烧毁了，有半边仍可居住。但政府为了重建安置居民，决定把木屋区全部迁拆，外婆一家人顿时无家可归。

为了非常现实的住宿问题，母亲答应和父亲结婚，唯一的条件是婚后外婆一定要和他们同住，"有粥吃粥，有饭吃饭"。大舅一家后来分到石硖尾徙置区的住房。

我的父母于1954年年初结婚，我则在同年底出生了。我的故事由此开始。

**我的人生心得：**没有了族谱，双亲有必要对小孩细说经历，及有系统地记录，使家族史不致遗忘。

# 童年时代之三

## 搬到荃湾山上

三岁时的哭声,像是我童年时代对都市狭小空间最后的抗议。往后的七年,我的世界一下子变得广阔无垠,我像重返大自然的天之骄子,成天穿着睡衣在山间水涯飞奔。

我们家在1958年搬去荃湾。曾在香港防卫军做事的父亲,听从住在荃湾和宜合村山上的同僚老林的建议:买下村屋,以后就不用再付房租了;450元——约等于我们一年的房租——便可买一栋有院子的木屋。此后,在荃湾城门水塘的山上,我度过四岁至十一岁的开心岁月。那是我们家物质最艰困匮乏的一段时期,但对童年的我而言,却是那么丰盈生色,到处充满了好奇和兴味。

我们买下的简陋木房子在和宜合村的山上,下了公交车,还要走大半个小时才到家。房子没有自来水,也没有电,周围没有邻居,四周都是金塔(盛骨瓦罐)和坟墓。听说前屋主就是因为家人常生病而搬走,这一带的人公认此屋是个凶宅。这时我父亲才知道上了当。

往后的三四个月,家里怪事不断。先是弟弟锦昌在吃饭时突然以拳头捶桌,紧接着发烧,怎么治都不退。随后家中各人轮流生病。四周多见蛇虫鼠蚁,好几次有蛇跑进屋里,吓得母亲魂不附体。大妹秀娟在此出生,出生后也常生病。请来的风水先生认为这房子阴气重,对人不利，父母照他吩咐在门前放了八卦也无济于事。不得已，我们决定搬家。

别的乡亲见我们被骗买"凶宅"，主动帮忙向政府申请到不远处一块300平方米左右的公地，也叫"皇家地"，就在山腰新开发的道路旁。香港政府批准我们在这块土地上建房子，但这种公共土地只有使用权，没有所有权，也不能买卖。小山腰上下都建有房子，视野开阔，也有道路通过。父亲又请了一位风水先生拿罗盘看过，才决定拿下这块地。

父亲找到熟人友叔的施工队，建造60平方米的居室和40平方米的厨房、柴房，中间再加盖有顶棚的走道，议价为800港元。父亲的月薪三百多港元，仅够生活之需，所有积蓄六七百元，之前买"凶宅"置家具等等，已经用尽了。无计可施，只有把母亲的结婚金饰卖掉，外婆的金耳环也难逃一劫。东凑西借，好不容易凑够钱把房子建好，选了良辰吉日入宅。

没有水电、一房一厅约60平方米的房子，厅占40平方米，放一张木板桌，四张木椅子，桌子上方有个挂钩吊着煤油汽化灯，也叫"火水灯"。这是我们每天吃饭、做功课、谈话，以及后来听收音机的地方。不远处放有一个多层木橱柜，下层贮存日用碗碟，上层有纱门，蔬菜食材、剩饭剩菜都放在纱柜内。贮米瓦缸在纱柜旁。

纱柜的另一旁放着母亲的美国胜家（Singer）缝纫机。为了帮补家用，母亲时常接下加工布鞋面的零活。她用缝纫机缝出一两百个连缀在一起的布鞋面，外婆眼花看不清，我们小孩子放学回家后要帮着剪线头——把一个个鞋面分开，将多余的线头剪掉，叠好鞋面，交还收货站。

外婆的床在客厅的左边角,挂着纱蚊帐,床上铺草席。外婆除了做家务没有什么爱好,只喜欢在吃饭时喝一杯自酿的米酒。她床下有三个瓦罐,两个是酿酒的,一个放酿好的酒,另有容器放糯米、红曲米和酒饼。外婆很会用酒酿做菜,如酒酿汤圆、酒酿丸子等,但父母不许我们吃,以免"伤头脑"。外婆每天都穿千篇一律的客家妇农服:黑色的上衣和裤子,在室外有太阳时必戴客家黑色大凉帽。外婆从没有化过妆,也不好跟人交谈,是一位地道的客家村妇。

1960年,荃湾,穿客家传统衣着的外婆

居室后面是厨房和旱厕。小柴房紧挨着厨房,堆放做饭用的柴薪和杂物。厨房有三个柴灶,大灶每晚烧洗澡水,或有宾客到时做菜用,两个小灶用于日常做饭。每天生火要好几分钟,再等到柴火旺了才能做菜,最快也要一个多小时才能把饭菜烧好;把洗澡水烧热要大半个小时。大灶上有烟囱,小灶则没有,因此厨房顶棚铺了一层层漆黑的柴烟。外婆和母亲做饭烟雾弥漫时,我们在旁边上厕所,也是习以为常的事。

水井在100米外的山下,我们付钱请下屋洪哥把井水挑上来,每天要注满三个大瓦罐和灶上的大铁锅。一家的生活全靠这一点水,除了烧饭和洗衣服,还要洗鸡鸭寮、洗碗、洗脸等。用水最多的莫过于洗澡。每晚母亲用柴火烧一大锅热水,每人用桶装半桶热水,兑半桶冷水,用一桶温水洗澡,用完便没有了。我们洗澡时先湿身,全身抹上肥皂,然后很小心地用勺子泼水冲身。每勺水冲的次序和位置都要记好,否则一桶水不够用——每晚有六个人要洗澡啊。

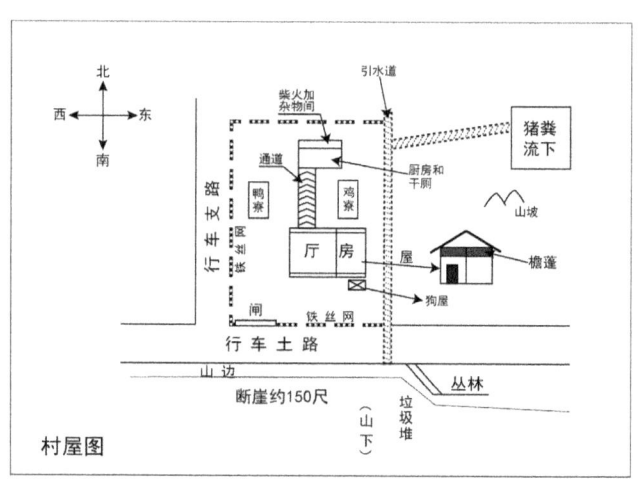

村屋图

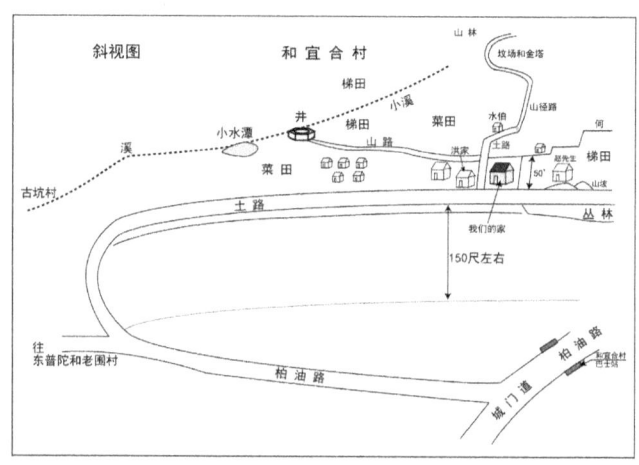

我家村屋以及和宜合村图

我们和邻居相处不错，大家互相帮忙。父亲是村中唯一认识英语的中学生，村民遇到有关学业或其他不懂的事，会过来请教父亲。

在我们搬入新居两年后，上屋的赵先生决定要养猪，以帮补收入。猪的排泄物顺着山势流下，我们屋后的排水道变成了猪粪渠，漂亮的后山一时臭气冲天。尤其大雨过后，泛滥的恶臭，成了对父亲所说"山上空气好"的一个大讽刺。赵先生以前替我们申请这块地，又在乡中颇有人望，我们没有办法，只能委曲求全。

房子的西面是一条上山的土路。山上还有一户人家水伯。水伯的房子后来卖给了上环九如烧腊店的老板，在那里养了大量的鸭，以供店用。老板平常在城市生活，周末回来小住。再往上去的上山小径，两边都是坟场和金塔，平常没有人来，只有清明和重阳节人气比较旺。

母亲吩咐我们不能上山玩，说那里是先人安息之所、鬼怪游荡之地。我小时顽皮，有次和二弟偷偷上山"见识一下"，看到广东人称之为金塔的瓦罐，一排排放在小径边。我发现金塔上有瓷碟盖着，碟内放有石头压住的冥纸。我常看见母亲给祖先们烧纸钱、元宝，祈求庇佑，我想可以省下买冥纸的钱，就把三个瓦罐上的纸钱拿回家交给母亲。没想到母亲不但不高兴，还勃然变色，抓住我痛打一顿，边打边骂。我噙着泪跪在地上，不晓得母亲为什么会生那么大的气。

第二天早上母亲没起床，也没煮饭给我们吃，我们才知道她突然病了。外婆给我穿衣服时告诉我，因为我们拿走死者的钱，魂灵找上门了，要还钱给他们。我也忘记是拿了哪家的，因为同时拿了三家的冥钱。无计可施，外婆把三家的冥钱在土地公前烧掉，带着我和弟弟在土地公的神位上香和膜拜，拜托土地公去和那几个魂灵说情，好让母亲早日痊愈。不久母亲病好了，我们又去还神。

后来听外婆解释,才知道这是中国南方两千年的习俗。先人棺木入土六七年,待肉体腐化后,由家人请师傅开棺,取出先人骸骨洗净,晒干数天,再放入金塔,给后人供奉。子孙给祖先拜祭的冥纸是属于先人的。

**我的人生心得**:冥冥中有主宰。

# 童年时代之四

## 农村生活

我们这个多子的家庭里没什么值钱的玩具。我和弟弟只有一辆三轮童车,两人轮流骑。不上学的日子,上午母亲要我们做功课,下午是自由时间,我和弟弟像脱了缰的野马,成天在山里闲逛。沿着山势有条小溪,里面有泥鳅、小河虾,多半的时间,我在溪旁摸泥鳅捉小虾,全神贯注,一去就是整个下午。运气好时,家里的晚餐桌上除了固定的炒番薯苗和鱼之外,又多了一盘煮河鲜。

1960年,父亲、怀孕的母亲和我们三个小孩在荃湾山上,弟弟骑着我家唯一的大件玩具:脚踏车

在荃湾海边，那时候最便宜的是中小海鱼，一斤以下的红杉鱼几毛钱一斤。我们常把鱼用油盐煎好，平放在纱柜中可保存一两天。一两左右的小鱼，只要一两毛钱一斤。现在这些鱼都要一百港元一斤了。

家里为增加收入，养一些鸡鸭，喂鸡鸭的饭中掺一些小鱼，鸡鸭吃了长得很快，而且下的蛋蛋壳很厚。

这些鸡鸭是我们白天的玩伴。我在屋旁刨土玩，碰到土特别松软的地方，我立即兴奋起来，果然不多久，一只红蚯蚓就被我从土里拽出来，我赶紧送到鸡窝前。老母鸡一见蚯蚓，立即激动得双眼充血，不到一秒钟，就把蚯蚓吞下肚。有时我们把枧粉（皂粉）加水，倒进松软泥土，蚯蚓受不了枧粉的刺激，纷纷爬出洞外。

鸡鸭也有受惊吓的时候。有天晚上我们突然听到鸡叫，紧接着家里养的两条狗也大声吠起来，父亲从床上一跃而下，抓了墙角的竹竿就往鸡窝冲。待我跑出去看，一条黑白花的蛇，在父亲乱棒挥打下蹦得好高，那蛇终不敌父亲的狂打，瘫在地上奄奄一息。父亲说这种蛇叫"饭铲头"，属眼镜蛇类，极毒，最爱吃家禽，稍不注意，鸡就被它咬死了。父亲拿竹竿细的那一头去打它，而不用粗的那头，小时候我不明白，长大后才知道，那是怕"打蛇随棍上"。竹梢是软的，蛇爬不上去，只有挨打。我记得这条蛇比我还要长一英尺。

有一年闹鸡瘟，早上听父母说下屋洪家的鸡全死了，没想到才过中午，我们家的鸡也都一只只歪了脖子，腿也站不住了。黄昏时所有鸡都躺下了，不能动弹。母亲把鸡全都宰了，拔干净毛，用盐巴腌起来慢慢吃。那一阵子每天都有鸡肉吃，特别幸福。一般而言，我们只有逢年过节才有鸡肉吃；平时过生日，我也只能吃到一个鸡蛋。母亲带我去上幼稚园，我心里还想着纱柜里那一大碗没吃完的红烧鸡。

父亲的朋友还喜欢吃狗肉。有几回他们买狗回来，先打昏，再装进麻袋放石块，丢在小水潭中淹死，最后泡热水拔毛后开膛破肚，用柴火烧去毛，再煮来吃。我们家也分到一锅，吃剩下的骨头，给了我们家的"小黄"，它啃得津津有味。而它妈妈"波比"一闻到就走开了，默默蹲在墙边，一连两天都吓得吃不下饭，非常有灵性。

除了养鸡养鸭，我们还种番薯。我小时候最爱吃番薯，尤其是烤番薯。烧热水的柴火熄灭，但炭还有高温，把番薯放在炭旁，晚上就熟了，可以当宵夜，或可作翌日早餐，尚有余温。这嗜好一直到我长大也不曾改变，即使吃遍世界各地的山珍海味，烤番薯的香味仍然令我魂牵梦萦。炒番薯苗也是我们桌上常有的蔬菜。

因为住得远，家里少有访客。偶尔有个外人上山来，习惯穿睡衣睡裤（除了校服外，我早晚只有这一套）的我，立刻害羞地躲起来——跳进米缸，把盖盖上，只留个小缝，可以看到听到访客的一举一动。有一次上屋赵先生的亲戚们从香港岛过来，赵先生带他们看看我们800元的房子。客人太多椅子不够，一个大婶硬是坐在米缸的木盖上。我头一次困在完全黑暗、没法正常呼吸的封闭环境中，只得用手敲盖子，大叫"妈妈"。大婶吓得跳起来，我连忙把盖子掀起，跃出米缸，冲出屋外。事后，我给父亲修理了一顿，跪在祖先"神主牌"前思过一个钟头。但我想象那大婶听到"凳子"会叫"妈妈"，吓得魂不附体的表情，不禁偷笑。

下屋洪家的祖先是中原河南洛阳人，因战乱迁往福建莆田，又在明嘉靖年间迁往广东惠阳地区赤石镇，历代耕读及经商，是赤石的大户、地主。解放前，家里派洪伯伯带钱到香港，买了深水埗的田地，未雨绸缪。可惜洪伯伯好赌，把田地财产输光，只有和朋友租住和宜合村村屋，白天在荃湾工厂打工。洪伯有三个儿子，洪婶跟着又生了一胎三个女婴，因家境艰难，只有把其中两个女儿送人抚养，一家人节衣节用。

我父亲介绍洪家长子洪潭源进了太古船务工作。潭源哥非常勤奋，白天工作，晚上读英文夜校，颇得英国上司欣赏，在公司扶摇直上。潭源哥是语言天才，除了广东话，还会客家话、潮汕话和普通话。多年后他自己开了船务公司，在珠江三角洲拥有自己的船队、货柜堆场、仓库和货柜车队，除香港总公司外，上海、广州、宁波、厦门等地均有办公室，现时他在香港航运物流业界颇有名气，是我们的典范。洪家那两位女儿长大后也回家认亲，一家团聚。

我家附近有萤火虫，晚上我常像着迷一样追着这种身体会发亮的虫儿跑。后来爸妈不准我出去，怕我丢了（那时常听说拐卖小孩的事件），也怕我学坏。我真的很少出去跑，因为我们被"丽的呼声"迷住了。"丽的呼声"是五六十年代香港最当红的有线广播电台，月费9元，家里没钱安装，我一有空就跑去邻居家听故事，附近的小孩也都跑来听。所有中国的民间故事，还有《三国演义》《水浒传》《西游记》《安徒生童话》《汤姆历险记》《鲁滨逊漂流记》，我都是从收音机里听来的。

我小学二年级时，父亲也买回来一台日本松下干电池原子粒半导体的无线收音机。那收音机只有两块豆腐大小，可收听香港电台和商业电台的24小时免费无线广播。从此我不用再去别人家跟附近的小孩排排坐听故事。我常一边帮母亲剪线头，一边听着收音机里的连续剧。更多的时候，我望着那皮包的匣子发呆，想不通那里面怎么装得下那么多的人和事。甚至有一次，我趁母亲出去时，把收音机倒过来，找了半天，想看看我最喜爱的声音最甜美的女主播到底躲在哪里。

收音机为我打开了一个世界,我常痴痴地望着山外发呆:香港有多大?山外的世界有多大?《汤姆历险记》里的密西西比河有多长多宽?我几乎已等不及长大,就想要跟汤姆一样离家出走,到外面去流浪。

**我的人生心得:虽物资缺乏,生活亦充实。**

# 童年时代之五

## 童年教育

父母很注重我们的教育,即使家里没钱,也要送我和弟弟、妹妹进荃湾市区的德范幼稚园。到我们念小学的时候,爸妈认为乡下学校师资差,没有送我们去离家近的老围小学,而选了荃湾市区的全完基督教小学。当时很少家庭能负担孩子念幼稚园的费用,有幼稚园的根基,我小学一年级考得很好,全班第二名。二年级后,因为家里小孩多,母亲照顾不暇,而在九龙市区工作的父亲回家太晚太累,没法教我做功课;我只有一切靠自己,不懂也没人可问,于是成绩总在中间名次徘徊。

父亲每天早上走路送我们上学,先送弟弟到幼稚园,再送我去小学。全完小学离山上的家约有三公里,搭公车只需五分钱,但父母还是嫌贵。母亲中午给我们送热的午饭,然后去街市买菜买肉,待下午三点放学,她再带我们走路回家。她每天走七八公里的路,我小时候不觉得有多长,长大后重回故里,带美国来的朋友从荃湾山上遥望当年母亲送午饭的路,所有人都惊呆了。我这才知道母爱的伟大。

除了衣食用度,父亲的薪水一大部分用在儿女身上。我们上的是私立学校,除学费外,还有书簿、校服、杂费等花销。我记得有一两次母亲到月底时不敢买米,待月初父亲领到薪水交过学费后才买。月底这几天，我们天天吃番薯和稀饭，或是煮饭时掺入喂鸡用的赤米。母亲安慰我们说："书中自有黄金屋"，请大家忍耐一下，以后自然会有好日子过。这段日子很值得回味，这话也成为我的座右铭。

只有买米的时候，我们才有车可坐，不用晒着太阳走回家了。每次母亲买米，都请开"白牌"的傅叔开车送上山，通常从荃湾众安街街市出发，因为除米之外往往也买了很多杂货、油、肉等。傅叔白色的Hillman是我小时候坐过唯一的私家车。他没有钱申办黑色的出租车号牌，挂白色私车号牌用低价接熟客生意，所以叫"白牌车"。

小学三年级时，父亲上司一家在周末上山旅游，顺便参观我们的生活环境。上司的儿子在喇沙英文书院（La Salle College）念中二，他戴了领带，穿整齐的校服，而我穿着睡衣。他说学校的许多老师是外国人，我请他说几句英语让我开眼界，他一开口洋腔洋调，我羡慕极了。反观我们学了三年英语，还在学ABCD，每个老师教的字母读音都有差异，又都说自己标准，别的老师是错的，我们也不晓得什么是正确的英语。我们的老师多是中国大陆撤退下来的，英国督学来抽查时，校长和老师的英文也讲得结结巴巴比手画脚。总之，第一次见到贵族中学生，他给我留下深刻的印象，仿如另一个星球来的访客。

在我三年级时，有一天，国文课的赵老师要大家谈一谈"我的志愿"。我隔壁的小毛说他长大后要当科学家，就像发明电灯的爱迪生，造福人类，老师点点头。问到前排的女生，她说立志当文学家，几百年后还会有人读她的书，像《西游记》《红楼梦》那样，老师也点点头。同学们的志愿千奇百怪，有人说长大后要当警察，专抓坏人，因为他看到外面的英国警察很威风。

终于叫到我，我站起来，把心里排练了半天的话大声讲出来："我长大后，要帮外国人打工。"

"哦？"赵老师突然眉头一扬，"你怎么会有这种想法？"

"我爸爸说，中国的老板，把工人当下人，工作时间长，给的钱又少，不像外国老板，给的工资多，工作时间短。所以我要帮外国人打工。"

"中国就是因为出了你这种人，才会亡国亡种，"赵老师定定地看着我，眼中充满了悲愤，"中国从八国联军、鸦片战争、甲午战争，割地，赔款，主权尽失，生灵涂炭，再加上八年抗战，我们被小日本欺负到什么程度？烧杀凌虐，老百姓流离失所，都是这些老外造成的。无论东洋人、西洋人，都是一样坏，你居然还立志要帮外国人打工。你们说，我们国家还有什么前途？我们就等着被人践踏，我们都等着亡国亡种！"

老师愈讲愈激动，连眼眶都红了。同学们一一回头看我，我惶惶然地站在座位上，不晓得赵老师为什么生这么大的气。我心里想：在离家不远的蔬菜批发站，我们不时领到的免费面粉、奶粉都是外国教会给的。我的祖父为什么今天会有钱，因为他在美国"跳船"，在外国赚了钱，才汇到香港买房。以前当"香港防卫军"，现在在太古船公司工作的父亲，也是帮英国人打工。从小他们都告诉我，帮外国人打工挣的钱比中国老板给的多几倍，我这样说，有什么错？

也是在我读三年级时，母亲第一次带我和弟弟去餐馆吃饭。那天她特别高兴，因为她卖了鸡，又收到加工布鞋面的钱。我们叫了一碟叉烧饭加一份白饭，三人分着吃。我从未吃过这么美味的饭，到晚上都高兴得睡不着呢。

**我的人生心得：启蒙教育比开饭更重要。**

# 童年时代之六

## 冰棒的滋味

提起我的孩提时代,最百味杂陈的莫过于冰棒的滋味!

地处亚热带的香港,夏天总是又热又长,冰棒就成了学生们的最爱。每当下课铃响,班上一大半同学都消失了,大家以跑百米的速度,一溜烟冲到小卖部。不一会儿,我的左邻右舍都人手一支冰棒,在我面前吱吱的舔咬起来。我望着他们的冰棒,前方小邓的是黄色的,闻起来像凤梨口味,左前方小雷啃的是橘色冰棒,我旁边阿力舔的是淡紫色的,他告诉我是芋头的。

我两眼在这黄色、橘色、紫色间滴溜溜地转动,心想:如果能让我舔一下该有多好!我吞了好几次口水,最后索性站起来,到门外去倒杯冷开水喝。回来时他们的冰棒已吃掉一大半了,还在口沫横飞地谈论昨晚的广播剧。小雷手中的冰棒,已化作一道橘色液体,流到手臂上,他却还在滔滔不绝,简直把吃冰棒这档事给忘掉了。上课铃又响起,老师即将踏入教室的那一瞬间,我看见一道橘光一闪,小雷居然把没吃完的半截冰棒丢到我身后的字纸篓里,我失望得差点儿要落泪了。

那堂课老师讲了什么,我一点没听进去,心里一直惦记着字纸篓里那小半截冰棒。终于等到下课铃响,我一个箭步冲到字纸篓前,除了微微变色的纸张，哪还有冰棒的踪影？

已经小学三年级了，我还从未尝过冰棒的滋味。同学们的口袋，随便一摸也能掏出好几个铜板来，我的口袋里永远是空空的。家里孩子多，父母养活我们已很不容易了，哪里还有多余的钱给我零用？

下课铃像魔咒，大家像着迷一般，拼命往小卖部冲，这股人流如大潮般也推着我往前跑。还没到小卖部，已看到一片黑压压的人头，伴随着吱吱喳喳七嘴八舌的叫喊：

"华叔！我要买面包！"

"琴姐！老婆饼，我要两块老婆饼！"

"华叔！花生糖，花生糖，我来了半天了！"

"琴姐！这是我的冰棒钱！快找钱！"

一群小孩围着小卖部的华叔和琴姐。他们忙着高高低低地拿货、收钱、找钱，我站在旁边看了半天，他们也顾不上搭理，让我有些失望。华叔平常蛮喜欢我的，常常会主动拿块糖给我吃，但今天他竟忙得头也不抬一下。我一转头，只见小卖部右前方的冰柜前挤了不少人，大家忙着挑选冰棒。我迟疑片刻，也好奇地挤上去，冰柜已空了一大半，我迅速抓起一根冰棒，很平静地走开，头也不回。

我不知道有没有人看见我，只觉得手上的这根冰棒是我多日来的梦想。我急切地撕开外包的纸头，一股凉气直冲鼻梢，我终于吃到它了。一根花生冰棒，又甜又香，舌头舔到它时冰凉的口感，真是太过瘾。但我不敢回头，我直直地往前走，怕一回头被人发现我没付钱。自责使冰棒的滋味顿时失色，我忐忑不安，那支冰棒最后是怎么吃完的，我完全不记得了。

铃声响起，我最后一个走进教室，全班同学都望向我。我一惊，难不成偷冰棒的事全班都知道了，还是小卖部已报告老师了？我垂头丧气地坐回座位，静心等候台上的老师走过来，揪起我的耳朵，把我推到教室后面去罚站。

但老师并没这么做。今天似乎是老师的生日，他心情特别好，讲了几个警察抓小偷的笑话。班上的同学都笑弯了腰，只有我没有笑，我面红耳赤木木地坐着，难不成老师在讲我？

一连几天都没人提这档事，我才几乎可以确认：只是我自己心虚，偷冰棒的事并没有人知道。

过了几天，我又心痒痒地混在小卖部买零食的人潮里，看华叔和琴姐忙得看不到我时，我从容地打开冰柜，捡起一支冰棒，平静地走开去。

我胆子愈来愈大，又连续偷了五六次，有时候还在冰柜前停留半晌，选一支最大最贵的雪糕。

我走到走廊尽头，剥开雪糕的包纸，正预备好好品尝一番，身后忽然响起一声："李锦星！"转身，我顿时魂飞魄散。是我的班长齐国华！

他望着我的眼睛，又望着我手中的雪糕，眼中充满了严肃的谴责："从你上次偷冰棒我就看见了。你知道吗？我那天正巧就站在你旁边，你居然没看见我，后来我又跟踪你好几次，我一直在等你良心发现、改邪归正。今天我实在忍不住了，我警告你，如果再犯，我就去报告老师、报告学校，让同学们都知道我们班出了一个小偷！"

真恨不得有个地洞让我立刻钻进去！我谢过班长，答应他以后改邪归正，做个好学生，他也放我一马。

雪糕在我手中不再冰凉，它像一团滚烫的火球。我第一次感到自己如此卑微可耻。我噙着泪，炽热的阳光下，雪糕在手中化为一滴滴雪水，我也无心去舔食。

那天到很晚我才回家。沉重的脚步，几乎要把我带向地狱。我心中沮丧，早过了晚餐时间，我也不觉得饿。

还未推开门，我就被二弟锦昌的哭声震住了，原来父亲正在用棍子打二弟。

"好啊！你了不起啊！学会当小偷了？！我辛辛苦苦地挣钱养你们，什么没学到，学会当小偷了啊？！为了让你们过上好日子，我成天省吃俭用为了什么？你以为你偷了钱没人知道？你知不知道我口袋里的钱每天都有定数，多一个子儿我都不带！"

父亲的责骂声，棍棒打在二弟身上的响声，混合二弟大声的哭叫，使我心惊不已。

忽然传来母亲的哭喊："你疯了！再这么往死里打，孩子要被你打成残废啦！"

我推开家门，只见母亲紧抱着二弟，两人哭成一团。父亲痛苦地跌坐在地上，几乎快折断的棍子横躺在他脚前，正如他的失落。

那是我们家里最黑暗的一夜！

从那天起，我们每个小孩的口袋里都多了几个铜板，是父母额外省出来的。父母开始给我们零用钱，相对地，他们的日子过得更节俭了。可见天下父母心。因此我立志将来要发奋赚钱，也要更加善待亲人。

**我的人生心得：走正路，才能走得长久，走得远。**

# 童年时代之七

## 没有屋顶的家

台风,是香港这个中国东南隅小岛上最大的天灾。当大自然发出无穷的威力,当强风以摧枯拉朽之势横扫过平日我们赖以避风躲雨的房舍,我们才发现它是怎样的不堪一击。人的力量其实非常藐小,而人心的韧力却是强大的。

英国人制订了香港的台风分级制度,以1至10号风球来代表风力强度。我8岁那年遇上的温黛台风,竟是香港开埠以来最强的台风——挂10号风球。

对于香港城市的高层建筑——我们叫"红毛泥,石屎楼",台风带来的危害是造成高空坠物和房屋进水。在乡下,每逢刮风下雨,我们要穿雨衣雨鞋,因为雨伞不管用,怎么小心地上的泥泞也会把校服弄脏。

在刮台风的前一天,父亲就为家里备好了口粮,如饼干、面包、梅林午餐肉、豆豉鱼罐头等。手电筒、电池、煤油和火柴也都是必备的。有时间的话,外婆还准备"茶果"(糯米做的点心,甜的内包红豆,咸的内包花生猪肉)。父亲忙着登梯上屋顶,检查哪些地方需要修补。每次下大雨,家里总有几个地方漏水。

1962年8月31日,温黛台风登陆,这一天父亲不用上班,我们不用上课。我们整天都在收听收音机里的台风动向。吃过午饭,风势雨势转强,我们穿上雨衣,到后院把所有鸡鸭都赶回鸡舍鸭寮,不准它们像平常一样乱跑瞎逛。我看鸡舍鸭寮一切稳妥,铁皮顶上又压了砖瓦,才稍稍安心。鸡鸭们似乎感觉到大难将临,在笼舍里烦躁地走动着。

外婆煮好一锅粥,煎了腌好的鱼,还炒了一盆青菜,端进屋来。我知道今晚没法做饭,只有吃煎鱼、粥和干粮了。家里处处传来弟弟妹妹的喊叫,原来客厅和房间已有多处开始漏水,大家赶紧搬搪瓷盆、水桶来接。

午后我听到一阵怪响,紧接着屋内卷起一阵风。抬头一看,原来厅堂一角的屋顶被风掀起来,都看得见天了。大雨哗哗落下,我们赶紧把厅堂里的粥和食物搬进房间。天色还亮,外婆和母亲叫我们赶快在床边坐下,趁天黑前提早把晚饭吃了。

那真是食不知味的一餐。我们一边吃,一边看到屋外有树枝、什物飞旋而过,随即发出哗啦哗啦的碰撞声、摔掷声。

家里三个大人——外婆、怀胎四个月的母亲和父亲——以及八岁的我、六岁的二弟锦昌、四岁的妹妹秀娟、两岁的弟弟锦棠,全瑟缩在房内两张床上。热水壶和塑胶水壶放在床边,但我们不敢喝热水,那是留给母亲和外婆喝的。天渐渐暗了,我们把小煤油灯点亮照明。

晚上八九点,房间的一角屋顶也给风掀起,雨水落下,一张床立刻淋湿了。我们赶快把被子、食物、水、火柴搬到另一张床上。父亲用事先准备好的帆布把床顶盖住,七个人瑟缩在仅有的这张床上。旁边的小椅子放着煤油灯,后来雨势太大,煤油灯也灭了。我们的饮水所剩不多,吃的只剩下半包饼干。黑暗中两岁的小弟在母亲怀中哭，妹妹也跟着哭起来。风声雨声夹着母亲安慰小孩的细语，构成一曲惶惶不安、毕生难忘的交响乐。

父亲看情况不对，很快地跟母亲商量后，带着我和二弟到小山坡上赵先生家的砖房去躲一个晚上。父亲拿着手电筒，我们穿好雨衣雨鞋，在10号风球的台风里蹒跚前进。雨衣已完全无用，大风和暴雨几乎要将我们打昏，我和二弟几次跌倒在地。父亲左右开弓，紧紧地挟住我们，几乎是扛着我们前行。雨打得我睁不开眼，细眯的视线里，已完全认不出平日熟悉的山野和暗风里狂野摇摆的大树。赵家是最近的邻居，平时走惯的道路，在横风横雨里竟如此遥远。唉！10号风球！

终于连滚带爬摸到赵家，我们用力拍着赵家大门，仿佛看到黑暗中的救世主。也许是风雨声太大，他们竟然听不到，我们又跑去拍窗，狂喊狂拍了半天，赵家人才听见赶紧开门。坚固的砖房，一屋的平静和温暖，完全不似我们家的狼狈和仓惶。他们很热心地招待我们，给我们热茶、零食和干衣服。但我们都没心情享用，一直惦记着家里四人的安危。

事后母亲也说，她整夜都没睡，一直惦念我们的安全。

在赵先生家，外面呼啸的风雨声巨大，照道理是很难入睡的，但折腾了一天，实在太累了，我头一碰到枕头就呼呼大睡，一觉到天明。醒来时风已小，雨也停了。该回家了。

山道上是昨晚风雨肆虐的可怕遗迹。面风的一排树几乎全倒了，还有几棵大树连根拔起，横躺在路当中。我们左绕右绕，才走出这堆满树枝、石块、什物的泥泞。

回到家，他们四人还靠在床上昏睡。我发现屋内突然敞亮了许多，原来房顶没了三分之二。可怜的母亲和外婆，一夜未眠，饱受惊吓，床单和被子都被雨水打湿了。连米缸也浸了水。下午太阳出来，大家赶紧把米拿出去晒，床单和棉被也扛到前院空地上晾。鸡鸭放出来，外婆抓几把糙米撒在地上。一夜风雨的折腾，鸡棚鸭舍也歪了。台风终于过去，而漫长的复建之路才刚开始。

我们又在赵先生家做了几天客。这次不是三位，而是一大家子。赵先生很客气，他看我家连屋顶都没有了，坚持要把我们全家安置下来，直到屋顶盖好为止。

父亲没有钱，母亲典当婚戒和外婆的金发簪，又和朋友借钱，买了全部建材，赵先生和朋友们免费为我们盖房子。我仰头望着他们在屋顶敲敲打打，忙得十分带劲，母亲和外婆递茶送水，张罗餐点。为加快速度，减少支出，父亲也向单位请了假，大家同心协力，不用一天就把房顶盖好。我望着簇新的沥青纸屋顶及墙壁，禁不住雀跃。邻居赵先生和父亲的朋友们，抹着辛劳的汗水，连请他们吃顿饭也不要，大家望望崭新的坚固屋顶，笑着扬扬手散了。

温黛台风给香港带来了不小的灾害和损失，也让我们看到了人心的温情和关怀，这才是抵挡天灾最大的力量。

后来听住在徙置区的表哥说，大风时飞起来的晒衣竹竿捅破了隔壁邻居家的窗子，雨从窗户灌进去，于是邻居一家五口去了我舅舅家避难。我听了惊诧不已。舅舅家已住有12人，再加隔壁五人，共17人，全挤在约22平方米没有厕所的房间内，真不晓得他们是怎么度过那漫长的台风夜的。

表哥还说，雨停后，他们在徙置区的排水沟内淘宝。那里本来很脏，现在却被大雨冲刷干净了，他们发现了许多经年累月积下来的铁钉、螺丝，可以用或拿去卖，他们甚至还在沟中拾到一些零钱硬币。表哥喜孜孜地说，一场台风可让他们发了一笔意外财呢！

> **我的人生心得**：患难见真情，苦是暂时的，家人要团结，众力能胜天。

# 童年时代之八

## 徙置区奇观

我们住在荃湾山上的日子虽然贫苦,但比起大舅一家12口住在石硖尾徙置区[1]来,我们实在是太幸运了。

战后的香港复原得很快,但在40年代末50年代初,国共内战造成大量难民拥入香港这原已人口稠密的弹丸之地。为应付一波波的难民潮,外加1953年因火烧六村而无家可归的五万多名市民,香港政府用有限的资源及联合国贷款,在最短的时间内,盖起这些一切从简的大厦,以安置难民和拆迁的原住民。这就是香港"徙置区"的由来。

我的舅舅和带娣姑姑都住在徙置区。舅舅住在石硖尾徙置区,带娣姑姑在黄大仙徙置区。

外婆、母亲和舅舅原本在何文田耕种面积不大的菜园,生活清苦。难民潮时他们在部分耕地上盖了不少木造房子,租给难民。火烧六村后,舅舅一家安置到了附近的石硖尾徙置区。

我们住在荃湾时,母亲每年来看大舅两三次,一次在过年期间,一次是中秋节前送月饼,其余不定。每次都由父亲先约好,再由母亲

---

[1] 为安置灾民及寮屋拆迁居民,香港政府于1954年至1975年在港九各地兴建多层式大厦构成的徙置屋邨,为香港早期公租房。屋邨内设有学校、诊所、商铺、街市和游乐场等设施。徙置区在香港堪称时代的产物,是至今仍有很多香港人不肯置信的奇观。

带着我和二弟前往，父亲和外婆则留在家照顾其他弟弟妹妹。我大舅一家12口人，挤在22平方米左右的小公寓里，也没法容纳再多的访客，他们平常连吃饭也不能全家坐下来一道吃。大舅说，他们的房子在徙置区已是最大的，大部分人只能住在十几平方米的斗室内。

每次一进徙置区，母亲会立刻撑开雨伞，以防从天而降的杂物或"水弹"。我们去时都是假期，有顽童从楼上掷下灌水的气球，运气不好会淋一身水，也不知是什么脏水。我们撑伞小心翼翼地走过漫长的楼间走道，终于到了大舅住的这栋楼。

上了五楼，骑楼走廊上挂满洗晾的衣服，下面摆满煮饭的煤油炉和贮水器，家家户户如此，无一例外。快到时，大舅家正在骑楼玩耍的孩子会大叫"姑姑来了"，一窝蜂地冲过来接过我们带来的水果、糖果等手信和雨伞。经过煤油炉和盛水的瓦缸，我们终于到了大舅家。

大舅家就是约五米宽、五米深的一间屋子，只有面向门外厨房的一面有窗，其他三面是水泥墙，家里暗沉沉的。

我们坐在进门的桌子旁喝茶，吃红西瓜子。几乎所有家当全在这一间屋内：有蚊帐的大床在左边，旁边是衣柜，屋子中间是祖先牌位，右边有两张写字桌、两张椅子和一张较小的双层床。

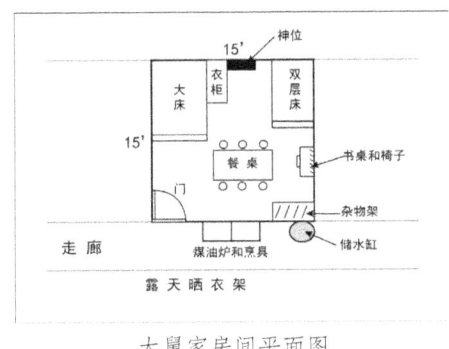

大舅家房间平面图

我关心大舅和他的十个小孩如何吃饭睡觉。原来他们是分批吃饭，睡觉的地方也用尽了这22平方米——父母和两个小孩睡在面朝大门的大床，三个小孩睡小床，餐桌上睡一人，餐桌下睡一人，其他三人则在地上铺席而睡。

上厕所要到两座大厦中间的公厕。大表哥说，公厕早上刚打扫完时还算清洁，其他时间都很脏。大部分居民没有钱买草纸或厕纸，都用报纸，厕所常常堵塞，臭气四溢，老远就能闻到。夜间他们都是在家里用痰盂，不敢到外面上公厕。

冲澡房也是共用的，还要排队。通常每人拎着家里烧好的一桶温水，到大约1米x1.5米的小格澡房内，掩好木门，打好肥皂后，一冲即出。女孩子洗澡要有家人把风，以免遇到危险。

每层楼只有一个水龙头，家家户户都拿木桶取水，再倒入自家贮水缸内备用。每栋大楼下有巡警签名簿，给当班警察按时签到。

大表哥还带我们参观大厦顶层由教会赞助的天台小学。楼顶天台一半搭建了教室，一半当操场，夏天时非常热。小学一年级有八九个班，到了六年级只有一两个班，每班约40人。很多学生都有由教会指定的外国赞助人提供助学费用，支付他们的学费和书本费，年底还会收到赞助人准备的圣诞礼物。赞助人也要了解学生的学习进度、成绩，每次赞助人来校访问，学生们会夹道欢迎。

天台小学老师素质不高。到六年级时学生已寥寥无几，能毕业的人不到一半。学生都去了附近的工厂打工或帮家里做塑花、加工成衣。表哥说，在天台小学课间休息时，上下楼要格外小心，因为短短15分钟，学生会一窝蜂冲下楼，在士多小店买点吃的喝的，又赶快冲上楼。要是一不小心便被他们撞倒，都不知哪位是元凶。

16岁的大表哥小学未毕业,已在建筑工地帮工好几年。二表哥运气比较好,找了份跟车送货的工作,有机会遍览香港各地。他告诉我他曾到过香港仔、半山区、九龙塘、鲤鱼门等地,还进过英军军营送杂货。他描述印度的廓尔喀雇佣兵如何训练有素,听得我们目瞪口呆,大家都很羡慕他。他是我们心目中伟大的旅行家。

大舅给了些零钱,让表哥带我们两兄弟去吃隔壁楼楼下的牛杂。香味扑鼻的牛杂,是我小时候最高的享受之一。吃完后,我们就在旁边的书店看连环图,听收音机里的故事。一大群小孩子排排坐在木板凳上看书,这景象现在看不到了。

大排档也是小孩最喜爱的。烤面包、烤鸡翅、猪皮鱼蛋、猪红鱼蛋、牛杂、牛肺,应有尽有,还有冰室的多士、通粉,那是楼下最令人怀念的一排店铺。大舅一家并非大排档的常客。因为家里小孩多开支大,最穷的时候用鹰粟粉(玉米淀粉)加糖当饭吃,有时也用猪油、酱油拌饭,就是一餐。逢年过节,餐桌上才能加个鸡蛋。

学生半路遭劫抢走零钱,更是常事。比我大一岁的二表哥就是有次傍晚一人下楼看书,回去时在隔壁楼楼梯角给三个大孩子截住,抢走他仅有的一点零钱。因为嫌钱少,他们还要他下次多带点。另一次他没带零钱,他们就把他的裤子扒走,打了一拳,叫他以后不要忘了带钱。二表哥只有就地捡旧报纸掩住身体回家。回家后还被我舅母打了一顿——他原本有三条裤子,现在只剩下两条了。

这里还有"职业乞丐":每天早上去工厂上班,下班换上破衣到庙前求乞。住在黄大仙徙置区的带娣姑姑,就有邻居是职业乞丐。下班后,他在黄大仙庙前装成断腿的残疾人,讨要施舍,每星期天他一定和家里人饮过早茶,再去行乞。

大部分人一辈子出不了徙置区。因此最好的职业是跟车送货，像我二表哥，可看到外面的花花世界。在这里居住，因为压力太大，每个月都有人跳楼自杀。还有煤油炉失火事故频传。60年代中期，香港大暴动，左派甚至在徙置区放了土制炸弹。

虽然如此，徙置区内依然人情味浓。如我表哥、表妹经过某家门口，而这家正在煲老火汤，一定会请他们坐下来喝一碗汤再走。有好几次我大舅没钱给舅母买菜做饭，我表哥、表姐就在邻居家吃饭。那时人与人之间的距离很近，串门的人很多，从来没听说过有挨饿的。

我们在大舅家里坐了三四个小时就回家了。我又回天堂了！

**我的人生心得：**切不可身在福中不知福，要懂得满足。

# 童年时代之九

## 过节的回忆

我出生在战后物质极度匮乏的年代,家里小孩多,生活虽不至捉襟见肘,也仅够温饱。但父母总是想尽一切方法让我们开心、满足,尤其逢年过节时。父母浓浓的爱与关照,让我们在他们羽翼之下的每一天都流淌着黄金。那段日子,在我长大后必须独对人生的风雨和打击时,显得格外温暖。

农历新年前后,是我小时候最开心的日子。

母亲用过同款的胜家缝纫机,和她为我们做的睡衣

十二月初，年的气息便缓缓来到。母亲开始少接平常做惯的布鞋加工，缝纫机上放着新买的蓝色和粉红色棉布匹，准备为我们做新的睡衣裤。我们很珍惜自己的睡衣，那是每个人仅有的三四套衣服之一。我们上学穿校服，另有一套去城内里拜访亲友时穿的"大礼服"，而在家里，包括去邻居家串门、出外满山遍野地跑，一律穿睡衣。睡衣每人有两套。小孩穿衣服膝盖、手肘部位经常破损，修补不断，好不容易等到过年才有新睡衣穿。

新年从尾牙揭开序幕，那是每年的农历十二月十六。外婆循例要杀鸡还神，我们也跟着打牙祭。尾牙是一年一度老板犒赏员工的日子。大约十岁那年，父亲带我去开铜铁店的奕公店里吃尾牙，鸡、鸭、叉烧、活鱼、酒，十分丰盛，工人个个吃到酒醉饭饱才回家。对寻常百姓而言，尾牙也是一年中最重要的节日之一。

过完尾牙，父母开始努力筹措过年必须的用项。大部分公司、老板年底都发双粮（双份薪水）给员工过节。口袋里有了钱，吃年夜饭和年初二开年还神，多半少不了农村饲养的"走地鸡"。家里养的鸡成为我们的"扑满"。母亲在接我们下课之前，跑遍了荃湾市区，向所有老顾客兜售我们养的鸡。过年的前两天和年三十晚，她备车用竹笼把鸡送到荃湾街市附近，等客人来买走，剩下的就地摆摊卖掉。父亲也要请假帮忙。

卖鸡的钱和父亲的双粮用来办年货、买爆竹、赎回典当的饰物，也给我们买新衣新鞋。通常是我穿新衣新鞋，弟妹们未必有，因为他们可以"继承"哥哥的旧衣服。年三十晚的团年饭，是一年中最丰盛的飨宴。父亲买回新鲜的鱼、烧猪肉和腊味等食材，记忆里母亲做的炆花菇最好吃，最好的冬菇是来自日本的。

有一年过年前爆发鸡瘟，尾牙后我们天天吃染疫而未死的鸡，精神还好的鸡则提早拿到街市卖掉。那年的三十,我们吃了一顿没有鸡也没有花菇的团年饭。虽不能过"肥年",但年夜饭一定有鱼,因为父母期待"年年有余"。

吃完年夜饭,父亲带我去逛花市。市场内到处都是花,桃花、梅花、水仙、芍药、菊花,把年节的气氛装点得更加鲜艳。每个人都笑眯眯地拿了把鲜花在手上,仿佛握着锦绣前程。未结婚的大都买桃花,希望能走"桃花运",有家庭的则希望"花开富贵"。逛了一大圈,我们也欢欢喜喜地买了桃花和水仙,因为它们开花的时间较长。

年三十晚,邻居家的哥哥们已开始放爆竹、双响炮,我看得技痒,也赶紧跑回家去找火引。只见厨房里灯火通明,母亲忙完了年夜饭,又开始忙着蒸萝卜糕、甘蔗年糕,炸角仔。厨房的活自然比放爆竹更吸引我。通常我立刻被母亲吩咐看着炸角仔的锅,她好抽身去蒸年糕。这些点心在年三十晚不能吃,要等到年初二开年。但我的嘴岂能闲着?我混在母亲和外婆身边,边做边吃,凡炸角仔形状不够好的全进了我的"五脏庙"。而我仍目不转睛死死盯着刚出炉的蒸萝卜糕和甘蔗年糕。母亲告诉我,完整的点心要等年初二开年还神后才能吃,还要带给亲友当作伴手礼。

无论是蒸笼里透出来的烟霭和香气,或是油锅里的金黄炸物,都深深浸润过我的童年,令我感到生命的美好、饱足和惊喜。而另一个惊喜,就是每个年三十夜晚,母亲都会在我们枕头下塞一个压岁钱红包,祝我们年年好运。

那晚,我们睡得特别迟,因为太高兴,也为了给父母"守岁"。根据中国人的习俗,年三十晚上儿女睡得愈晚,父母愈长寿。终于,在年初一零时,我们听到收音机里的歌唱,家家户户都兴奋地放起鞭炮,迎接新年的来临。

年初一一大早，我们起来第一件事，就是向长辈拜年，祝他们身强力壮，来年发财。按习俗，年初一早餐和午餐均为素食，晚餐是吃年三十的剩菜。

邻居亲友在这天拜年互访。我们穿上新衣新鞋，一家人到了亲友家。小孩子最高兴，因为不仅有红包拿，嘴巴也一整天没停过，家家户户都摆出了糖果、瓜子、花生、糖莲子、糖冬瓜、茶水、可乐等吃食，任凭我们吃喝。等口袋里的糖果塞得鼓胀，我们又跑去跟邻居小孩玩爆竹。双响炮、鞭炮炸开的声音既刺激又痛快，我常想如果天天过年那该有多好！我不用上课，没有功课做，天天放鞭炮——实在是太好了。玩得正起劲，外婆忽然跑来，说家里来了访客，我们又和父母跑回家。这回轮到我们招待客人了。喧喧嚷嚷，一天就在欢欣中飞逝而过。

开年后，我们循例去拜访远处的亲戚。大人们事先说好时间，以免扑空。我最怕去徙置区的大舅家，楼上常有小孩扔下爆竹，在我们头顶或脚前爆炸，每次去都要打雨伞。我们最期待去荃湾或九龙市区，看街上的舞龙舞狮。虽然家家商店的表演都差不多，我还是喜欢锣鼓喧天、挤在人堆里看舞狮采青拜年的大戏。

去看二祖母也是件大事。因为要坐车，还要乘船。我们家小孩多，每次全家出门总是父母的难题。在年节到处人头攒动的拥挤中，我们要排好队，父母亲一个看前，一个顾后，生怕我们失散。

外婆没有收入，只给我们两角港币的压岁钱，而二祖母会给我们每人十元港币的红包，父母不用给二祖母红包。怪不得他们每年一定到遥远的北角去给二祖母拜年。到山上来看我们的亲戚朋友不多，爸妈都是事先约好姑姑、叔叔们，在年初二或初三一起到二祖母家拜年，一待就是大半天，跑一趟就可以见到所有的亲戚。

我们总会穿上最好的衣服，以免被亲戚朋友瞧不起。母亲还不停提醒我们，见到人要打招呼，不能乱走乱跑，吃饭不能掉饭粒，免得别人说没教养。"你们要替我争口气，不要给别人看低。"

中国人过年家族团聚，代表亲人之间联系紧密。年节有给红包的习俗，却也引起一些利害计较，小小年纪的我，便早早看出端倪——小孩一定要嘴巴甜，见人就说"恭喜发财"，否则没红包，于是从小就学会了"向钱看"。也有邻居、朋友家里孩子少的，并不希望我们去拜年，因为我们家小孩多，他们给的红包多收的红包少，不划算。因此我们只给亲戚及最好的几个朋友拜年，以免遭"白鸽眼"。

我们陆续拿到红包，到元宵节为止。元宵是大节日，但为节省开支，都是草草度过。过年后，母亲把红包钱存起来，每星期分给我们作为零用。过年时父母买了很多猪腩肉，外婆用酱油、盐巴腌过，串起吊好，在北风天里晾两个星期左右，就成了酱腊肉。酱腊肉拿来蒸菜炒菜，风味绝佳，成了红包之外，我小时对过年最美好的记忆。

我们家的祖坟都在中国境内，没法去，清明节、重阳节时我们就在家里用猪肉或鸡祭拜，父母也趁机告诉我们祖先的故事。端午节，外婆和母亲一定会包肉粽。荃湾码头年年举办龙舟竞赛，我们只去看过一次，因为家里孩子多，出行不便。

中秋节是一年中农历新年以外最大的节日，因为活动多，还有最好吃的中秋月饼。

虽然银钱紧张，母亲每月都供"月饼会"[1]。每年农历八月初我

---

[1] 月饼会：临中秋节购买月饼送礼及自用，对香港普通人家而言是一笔较为昂贵的支出。制售月饼的茶楼、饼店于是发明了"预付月供"的月饼会。供月饼会的顾客得到一张"存折"，每月付约三元（1950年代），店家在存折上盖一枚戳记。供满12个月，即可以六至七折的优惠价钱，购买一份月饼（10至12盒，视店家而定），包罗多种口味。亦可只供半份。1970年代，为月饼会鼎盛时期。

们从"月饼会"取了月饼，一多半都是送给父亲的上司和平常对我们很好的朋友，自家真正吃到的只有两三盒。我们很少收到别人送的月饼。月饼的滋味至今仍令我回味无穷，我们最爱的是双黄莲蓉月饼，外婆却对金华火腿月饼情有独钟。

八月十五前几天，我和邻居小朋友就开始提灯笼。燃有蜡烛的纸灯笼用绳吊在竹棍一头，提着灯笼满山遍野到处跑，最开心不过。兔子、杨桃、鱼、鸟，形形色色的灯笼，加上红、黄、绿、橙的图案，煞是好看。最怕是路上蜡烛忽然灭了，要回家重新点燃挺麻烦的。也有人打翻了蜡烛，漂亮的灯笼瞬时化为一团火球，没有灯笼提，只好回家。有时烧了灯笼，我会和弟弟轮流提一个灯笼走，也一样过瘾。

中秋节的晚上，望着天空一轮明月，父亲一边给我们分月饼、杨桃，一边讲嫦娥奔月的故事。全家人围坐的情景，常常出现在我梦里。那是我的童年，那么快乐、知足。我们生活不富裕，也没有玩具，但我们有父母的爱，我的童年什么也不缺！

**我的人生心得：有幸生在有父母关爱的家庭，要珍惜。**

# 童年时代之十

## 阿爷家做客（上）

一天吃晚饭时，母亲突然告诉我们：下星期五向学校告假，不去上学了。坐在对面的二弟反应快：阿爷回来了？我差点叫嘴里一口饭给呛住，咳个不停，含着泪水高兴地喃喃自语："阿爷回来了！阿爷回来了！"我看见父母交换了一个微笑的眼神，他们一定觉得我挺呆的，那也止不住我的狂喜。

阿爷就是我的祖父，他是我父系全家的偶像，也是大家的希望。父亲常对我们说祖父的典故——他如何勇敢迈步，从横岗乡下去跑英国船，继而举家移迁香港，又离乡背井，在美国跳船，数年后竟摇身一变成为美国籍船员。阿爷隔几个月便回港探看家人，口袋里是一把把美元。他在香港北角置了新房子，雇了两个佣人。他回来是父系家中一件大事，虽然我们家都不喜欢二祖母，但我们可以看到家族中最成功的偶像，听他讲经历，还能吃到游水石斑鱼、烧鸭等平常吃不到的美味。祖父更会发给我们美国朱古力糖，还有大红包，虽然红包不久就被母亲收回去了。大家也冀望有一天能凭借阿爷的关系，移民到美国去工作、学习，赚取美元，改善生活。

从我出生懂事起，就知道阿爷在美国跑船，一年回来两三次。乡下孩子很少去别的地方，但是阿爷回来不一样啰！爸妈带我们又坐车，又坐船，再走路去看他。整个礼拜我都好兴奋，恨不得星期五赶快来到。星期四下午放学回家，我看到我仅有的一套吊带裤大礼服已洗好熨好挂在床头墙上。这是我最好的一套衣服，平常那补了又补的睡衣裤，当然不能穿去见阿爷了。

晚上我翻来翻去睡不着觉，只听到父母在门外轻轻谈话的声音。我竖起耳朵仔细听，总是断断续续的听不真切，恍恍惚惚间天就亮了。

我们很认真地在晨曦中的山路上走着。我和弟弟穿吊带西裤、白衬衫，母亲抱着秀娟妹妹，父亲挽着我们兄弟，还带着我们的衣物和妹妹的奶瓶、尿布，等等。从我们住的城门道去青山道，要三十多分钟，然后再坐一个小时的公交车去尖沙咀，下车后坐天星小轮去中环。

每次坐船我们都在楼下三等舱，和单车、小贩同一层。我爬到船头去看海，看海水环抱着高高的楼房。刚嗅到咸腥的海风，只觉右耳一阵烫热，父亲已三下两下把我揪回下面船舱。只见母亲抱着妹妹挤到一个座位，弟弟乖乖地站在母亲跟前。

父亲把我拎回来，母亲似乎松了口气，责备我不要乱跑。"这里好闷好热！"我不耐烦地回嘴。母亲耐心地解释道："楼上一等是2角，楼下才1角，我们来回可省6毛钱哩！"我还来不及回应，身旁两个小贩已为了抢座位大声吵起来，身边的扁担都抡起来了。我左躲右闪，害怕被打到，只好坐到前面角落的地上去，闭上眼，用双手捂住耳朵。

然而刚才船头所见的景象已瞬间印在我脑海。一群服装整齐、比我们有钱的人坐在有靠背的椅上，他们神情舒坦，风把他们的头发吹得蓬起来，阳光照在他们平静的脸上和一旁的窗框上；还有船行过处，激起的一排排白色浪尖……

我们在中环下船，搭乘有轨电车到北角，下车后再步行15分钟。当四周的电车、人力车、手推车、各色店铺、匆忙的人群，一一从我眼前走马灯般地晃过去后，一排排整齐的白色楼房迎面扑来。空气静得有些突然，父亲朗声说："阿爷家到了！"

阿爷家在一栋七层洋楼的四楼。我几乎是欢快地跳上楼的。我喜欢听我的皮鞋踏上瓷砖地的清脆响声。还没有数清是第几层，已听到上面父母和阿爷热情谈话的声音了。

阿爷穿西装、白衬衫和吊带裤，笑呵呵站在门口迎接我们。他差不多比父亲高一个头，面膛红黑，讲话很快。二祖母站在他身后，面带微笑，很少讲话。阿爷摸着我的头，嚷着说我长高了，又一把高高提起二弟，把二弟窘得脸红。父亲连忙说：乡下孩子就是这样……

"所以你要常常把他们带出来见见世面。"阿爷说。我这才发现他和父亲说客家话，和我们小孩说一半客家话，一半粤语。阿爷从口袋里拿出备好的红包分给我们。我接了红包，一溜烟跑到门外，大人被我突然的动作怔住了，我又一溜烟回来，把红包交到站在阿爷旁边的母亲手里："妈！有40块钱，够我们家一个星期的吃喝呢！"

母亲局促地红了脸，拒也不是，收也不是。阿爷忽然朗声大笑："锦星会算账，将来会是个生意人！"大人们全都高声笑起来。

这是我阿爷头一回为我的人生下了注脚，我不知道这句话对我的人生有多大的影响。身为他的孙子，我有阿爷的血脉，在日后的因缘际会中，我是否也会步上他的后尘？

1963年5月，香港，祖父、二祖母与全家（前排左起：表弟，我，二祖母与二叔的女儿，祖父与我二妹，大妹妹，表妹，二弟。中排左：三弟，右：二叔的儿子。后排左起：二婶，母亲，父亲，三叔，姑父，姑姑）

阿爷家没有什么玩具，但我们可以听"丽的呼声"，听电唱机。到阿爷家太兴奋，哪里肯乖乖坐下来听广播？不一会儿，我们已喜欢上在楼梯间追逐，整栋楼都是我们的叫声笑声，有邻家打开门骂两句，我们才安静几秒钟，然后又开始嘻嘻哈哈地在楼梯间跳跃、奔跑。

阿爷家的用人进进出出，扛回来几箱干货，打开，阿爷弯腰抓起一把在手中仔细查看，又放到鼻尖闻了闻，使个眼色，用人就扛进去。我很困惑，我们只不过来吃顿饭，要买这么多虾干、蚬干，还有白白的像乌贼壳样的东西做什么？我追着用人问，可他们好忙，没有时间搭理我。

幸好，我两位姑姑的小孩不久也来了。大人围坐聊天，小孩加入我们的楼梯间追逐游戏。表弟伟光小我一岁，城市里的小孩，比我们聪明。他英文比我好，身体也比我壮，但在楼梯间赛跑，他总是跑不过我，被我远远甩在后面气喘吁吁。我平常在山里跑惯了，这点小比赛一点也不过瘾。

可是，我马上就开始过瘾了。

阿爷看我们都到齐了，就叫用人打开一盒朱古力请我们吃。这深咖啡色的糖是何玩意儿？我丢了一颗到嘴里，只觉得这又苦又甜的玩意儿实在太奇妙了。我从来没有尝过这种滋味，我让它在舌尖停留很久，拼命要享受这滋味。我越吃越快，一盒朱古力都快被我抓光了，只剩下最后一颗，我飞快地出手，三只手抢在一起。我抬眼看见二弟和表弟伟光，我在他们眼底看见同我一样的疯狂。

阿爷指指一旁的柜子，上面摆了同样四盒绑上红缎带的朱古力："别急！都给你们预备了！待会儿带回家去慢慢吃吧！"

大家又是一阵哄笑。

我望着柜子上那四盒朱古力发呆。

# 童年时代之十一

## 阿爷家做客（下）

阿爷家的晚宴在我的两个叔叔观仁和观胜放学回家后开始。他们是我二祖母生的孩子。

两位叔叔都在香港圣保罗英文书院读书，穿着整洁的校服，举止斯文。他们都是和英国小孩一同上学。看到他们正在读的厚厚的英文书，三年级的我都看傻了。

思念已久的烧鸭、贵妃鸡、黑椒牛仔骨、游水石斑鱼、脆皮金猪、鲍鱼扒豆苗……在大圆餐桌上一一现身。我正要举筷，父亲一双筷子立刻挡了过来，"你够不着，爸爸帮你夹！"

我想父母是怕我吃相难看。

说实在的，碰到这么多平时难得吃上的好菜，我是很难记得我们家"看菜吃饭"的庭训。我只好任凭父母给我夹菜，吃我应吃的那一份。

这些菜有些是外头买回来的，有些是家里用人做的。阿爷精于厨艺，端出来的菜味道总是特别好。无论油润脆香、滋味无穷的烧鸭，肥嫩的贵妃鸡，大块焦香咬劲十足的牛仔骨，还是鲜美的游水石斑鱼，都让我吃得津津有味。我特别着迷脆皮金猪那一片脆脆的金皮，既有嚼劲又油香四溢，在那很少吃到肉的年代，对我有致命的吸引力。每回吃完，我都会狠狠地想它大半年。

至今，我的记忆深处仍残留着那些好菜上桌时的惊喜和难以言喻的回味。

奇怪的是，阿爷家用人一下午忙进忙出带回来的那一箱箱虾干、蚬干、蚝豉，一直到这顿饭吃完，我都没见它们露面。我很想知道它们哪去了。直到我后来去美国读书时才从姑姑口中得知谜底：阿爷不只跑船，还附带做些贸易；这些虾干、蚬干、蚝豉、干贝、鱼翅等干货，他从上环批发来，带到美国旧金山的唐人街杂货店，再转卖到美国华人食客手上，成为近百年来唐人街无论食肆或家庭里，最昂贵中国食材的一部分。

等到我的肚子圆鼓鼓再也塞不下任何东西，等到大人们在餐桌上把一整年的话都掏光了，妹妹在母亲的怀里都沉沉地睡着时，我们家和两位姑姑家才起身向阿爷道别。阿爷抱了抱每一位大人、小孩，当他搂到我时，忽然想起什么。"快！把那四盒朱古力给我拿过来！"他吩咐一旁的用人。

用人很快回来了，四盒朱古力绑着红缎带轻轻夹在腋下，他用客家话很快地向阿爷回话："盒子都在，里面的朱古力糖都没了！"

真恨爷爷家到电车站的路这么长，刚好给父亲足够的时间打我和二弟。我们哭得很伤心，刚刚吃完一顿美食的所有好心情，被父亲一顿狠打之后，烟消云散。

我怎么知道朱古力糖会这么好吃！原本只想再偷一两块解馋，没想到二弟加入后我胆子神奇地变大了，竟一发不可收拾。我敢发誓这是我从小到大吃到的最好吃的东西。我们只是在大人不注意时偷偷地吃了它，没想到父亲会生这么大的气，母亲也好生气，不断骂我们兄弟干这好事，让她和父亲在阿爷家丢脸丢大了。父亲重重的拳头不断甩过来，我和弟弟左躲右闪，我的脸被打得红通通、烫热烫热的，好像还是没法让父亲消气！唉！该死的电车！怎么还不快点来！

两位姑姑各有两个小孩，我家则有四个，后来母亲又怀孕了。我家小孩年龄都较小，老三刚会走路，爱玩电插头，老四刚出生半年很会哭。我和老二爱吃佣人端出的平时吃不到的零食、糖果，很多时候果皮、饼渣掉到地上，增加了阿爷家佣人本已不少的工作量。吃晚饭时刚满三岁的老三坐在母亲身旁，边吃边掉饭粒，站在不远处的用人视而不见，抱着婴儿的母亲只有一点点从地上捡起来。二祖母和两位用人时常给我们白眼，瞧不起我们一家。二祖母总说"农村小孩，不懂礼貌"，要母亲好好地管教我们。母亲只有逆来顺受。她常告诫我们要好好地做人，为家人争气。这一幕，每隔几个月阿爷回来，便重演一次。

> **我的人生心得**："努力做人，好好读书"成为我毕生的座右铭。

## 童年铭记

没了屋顶，室内风雨交加，一家七口瑟缩在仅有的一张双人床上；黑暗中，孩子的哭声与风雨声混合的恐怖交响乐，这是毕生难忘的。如今回想，我此生力争上游，要为自己与家人创造更富足的生活条件，这难忘的经历是最初始也最重要的起因和动力

# 少年时代

1964--1973

# 少年时代之一

## 搬入市区

我少年时,有两件大事,影响了我们家每个人的命运:其一,搬去九龙,回归城市;其二,父亲申请移民美国。

1963年初,在父母恳求下,祖父母答应帮助我父亲申请移民美国。这是父母仔细商量后的决定。如果我们这一大家子一齐过到人生地不熟的美国,恐怕真不知如何应付,而父亲一个人先去,和我祖父同住,也可得他照顾。于是父亲先去旧金山打头阵,为我们日后赴美铺路。

城门水塘附近的山区交通不便,教育也比市区落后。那时候荃湾只有两所水平不大理想的中学,大部分小学生一毕业便进工厂打工了。父母要我们受良好的教育,为了父亲出国后我们生活与读书的便利,父母决定举家迁往市区。住在市区,上学、买菜都在家附近,比较方便。

1963年,二祖母在九龙油麻地渡船街文蔚楼17楼3号买下一间实用面积不到40平方米的公寓,面对油麻地避风塘。公寓的面积比我们荃湾的房子小一半,也没有前后院。二祖母原本答应,公寓由他们出钱简单装修后租给我们,并暂免头两年的租金,等父亲赴美后再慢慢还。但母亲坚持要买下这套房子,父亲日后打工来还房子的欠款。祖父母同意后，我们于1965年夏天搬去九龙市区。

那时候父亲的月工资仅港币七百多元，要靠母亲加工布鞋和养鸡鸭帮补家用。如果五个小孩同时都要上中学小学，那是供不起的，遑论读大学。因此，父亲去美国赚美元来供养香港的家小是唯一的出路。祖父起初在旧金山唐人街打工时，每月收入最少有三百多美元；后来他当海员跑船，薪水加上小费，外带卖干货的收益，每月能有一千多美元的收入。当时美元兑港元约1比5，一千多美元几乎等于我们家一年的总收入。美国实在是太吸引人了。

父亲在1965年初就开始到处打听我们可选的学校，条件是：

1. 离家近，必须在步行二三十分钟范围内。我们五个小孩，四个是五岁至十岁，母亲没法带我们上下公车，因为她在1965年初又怀孕了。学校离家近，方便母亲中午给我们送饭，我们也可走路回家吃饭，以节省开支。
2. 学费不能贵，四个学生的负担实在太重了。
3. 易入学。当时有名气的学校都要有人推荐，或学生出自同等声望的小学才能录取，像我们读的三流郊区小学，想进入名校尤其是英文小学，根本是天方夜谭。
4. 幼稚园、中小学都要在同一处，这样接送我们时父母亲就不用东奔西跑。
5. 不能是左派学校。我们将来打算移民美国，如果读左派学校是申请不下来的。

诸般限制下，父亲只有选择了离家不到一公里、步行15至20分钟可到达的中文学校——丽泽学校。该校中、小学都在同一栋建筑内，楼下是礼堂、操场、小卖店和篮球场，幼稚园在不远的另一栋楼内。

我们交上以前小学的成绩单，再经过一次简单的面试，四个人就都被录取了。小学毕业后我们不用再找中学，可直接升丽泽中学一年级。父亲怕我跟不上城市学校的水平，要我重读小学五年级，而弟弟妹妹则可以如常升学。我本来就早上一年学，因此不会影响毕业年龄。

俗语说"上屋搬下屋，不见一箩谷"。搬至市区要一大笔钱，厨具、家具、学费都需要钱。原本我们希望有人买下荃湾的木屋，但价格降到500港元也无人问津。我们的床、桌子等旧家具都太大，小小的新公寓摆不下，只好送人或很便宜地卖掉。母亲无奈卖掉所有鸡鸭，连跟了我们五六年的大公鸡也卖给了市区的客人煮鸡汤。最后外婆卖了她的首饰，我们才凑够钱搬去九龙住。旧居空置数月后，低价卖给了周末去山村度假的城市居民。

我们最不舍的是养了多年的白色母犬波比。这土狗和我们一同长大，通人性。我们搬走了，留下她和儿子"波比仔"在家，因为我们住的大楼不能养大狗。我们每两个星期回来整理东西并煮饭给它们吃，第一次回来时，她的儿子就已不见，可能给别人宰食了。但波比每次都等我们回家，摇头摆尾跟前跟后，在我们之间穿来穿去，非常高兴，不时发出汪汪的叫声，好像在说它很想我们，我们去哪里了，让它孤零零守在家里，为什么不带它去，为什么让它挨饿。每次我们离开时，她都跟到公车站，目送我们上车，再跟着车跑一段路才返回。我和弟弟都哭了……

后来，波比病了，见到我们也懒洋洋的。最后一次回家，波比已病死在柴房。我们很伤心，把它安葬在家的前院。在新公寓家里的神位旁，我们也给波比立了一个牌位，在祭拜祖先时，一同祭拜它。

**我的人生心得**：为了理想，离开舒适区是值得的。

# 少年时代之二

## 公寓的生活

从小在山野里徉徜惯了,起初我们很不习惯公寓生活。家住17楼,上下楼要等电梯,有时电梯停电,我们得自己走上17楼。家里很小,没有前后院。父亲要周末有时间,才能带我们去公园玩,平常日子,我们都是乖乖窝在家里听着收音机做功课,从收音机里去了解外面的世界。我们买不起刚面市的黑白电视机。

每星期上课五天半。早上父亲带我们去上学,中午母亲给我们送来午饭,傍晚母亲再接我们放学。

买菜的市场离家五个街口,母亲不让我们去。平常我们只能在公寓的走廊玩耍,在16楼、18楼之间跑上跑下,邻居们都来向我双亲投诉。我们一向没钱,也没有吃零食的习惯,肚子饿时,会问母亲要几毛钱上街去买菠萝包或鸡尾包充饥。上街时我们也是穿补过的睡衣、塑胶拖鞋。我们知道会被别人家瞧不起,但早习以为常,因为家里穷,没有办法。

上学后不久,班上有位同学给了我他家里的电话号码。我问面包店老板陈叔叔借电话,他看我是老主顾,便答应了。有十个小孔的金属拨号盘上,我看见一把小锁锁在数字1的小孔,陈叔叔拿钥匙打开小锁,把电话递给我。我从未打过电话,不知怎么用,愣了一会儿,陈叔叔说:"打呀。"我只能告诉他,我不会打。他接过我给他的电话号码,把半公斤多重的听筒拿起来递给我,他用食指在轮盘上拨出号码,很神奇的信号声便在我耳边响起。

接电话的是我同学。11岁的我太慌乱了,一下子不知该说什么好,只听同学"喂,喂,喂"数次之后,见没人应声,就把电话挂了。我也不好意思请陈叔叔再替我打,谢过他后,便飞奔回家。我静观别人如何打电话,过了两天,又壮起胆子问陈叔叔借电话,这次是我自己拨通的。我有了信心,这以后每天回家都想打电话找同学聊天,我已经有两个同学的电话号码了。有一次,我在电话上讲了三分多钟,都是些无聊话,陈叔叔告诉我这电话是生意上用的,没事不要闲聊天。我只好挂了电话。

半年下来,邻居也熟了。17楼6号新买了一台RCA牌黑白电视机。那时天热,家家都打开房门,只关上铁栅门透风,我们小孩子便坐在外面走廊上,透过铁栅门看电视,因为实在太吸引人了。我们最着迷的是连续剧"神犬拉茜"、日本怪兽片、武侠片等。

久而久之,邻居吃过饭,也让我们进到家里做客,看半小时或一小时电视,很有人情味。

无事可做时我们便眺望楼下的油麻地避风塘，远处的大角嘴，和最远的昂船洲。我们常听到驻在昂船洲的英军练炮的炮击声。

油麻地避风塘内，停了很多趸船，就是带起重机的长方形铁壳船，没有马达，平常靠拖船来拖。还有一种中国式的木渔船，装有马达，很多"水上人家"都住在这种木船上。刚搬到九龙时，父亲带我们去坐人力小艇游避风塘。晚上有些装有桌椅的大木艇上还有艇仔粥、炒菜、海鲜等美食，改装趸船上还有唱歌、表演大戏的，俨然另成一个世界。水上人家的衣服一排排晾在甲板的绳子上，我们戏称"挂万国旗"。父亲在热闹中买了两碗艇仔粥，我们大家分来吃。

避风塘的水有异味。听说"水上人家"都在船上挖一个孔，将厕所和生活废水直接排入避风塘内。防波堤的兴建阻碍了塘内海水流动，使水质变差。没有风的日子，我们在17楼都能闻到奇臭的异味。

过年时，那数条趸船并排泊在一起，就成了广东大戏的舞台。我们在楼上住，锣鼓声清晰可闻。母亲每次都说要带外婆去看戏，但从来没去过。家里有五六个小孩要照顾，绊住了他们娱乐的脚步。

我家访客最多的一天便是端午节，这天是假期，同学们不用上课，一大群同学挤在我们狭小公寓的窗前，观看半公里外避风塘中的龙舟竞渡。可惜龙舟比赛只办了几年便销声匿迹了。

刚搬入新公寓，为了省钱，我们兄弟都在西贡街街头理发。理发店宽不到两米，长四米，只有两个成年人座位，没有门，也没有遮栏。老板在店外放了四张折椅专为小孩理发，店内也放了不少连环图。剪发的小孩颇多，常常要等候，大家就排排坐在小木凳看连环图，有时剪发时也可照看不误，这就成了我们当时最大的享受。理发大约五角，但不包洗头。如果刮大风，自己的和地上的碎发会吹得我们浑身都是。

我们一日三餐大多在家里吃,偶尔也会去大排档吃一碗稀饭和肠粉等。家里难得有访客,因为我们家小孩多,又没钱,亲友大多敬而远之。偶尔姑姑或二祖母到访,则是件大事。他们经济条件好得多,除了带一些水果和手信,通常还会带我们小孩子去吃点心、牛腩粉、云吞面、叉烧饭等。对我们来说,这些已是顶级食物,算大打牙祭了。

父亲时常带我们去庙街逛夜市。庙街白天是普通一条街,晚上则在街两边摆上很多摊位,多半卖假货、翻版唱片、书籍,以及便宜衣物、日用旧货。也有许多卖小食的地摊,以东风螺、田螺、海鲜为主,小炒、牛杂、猪红、粥粉面也应有尽有。我们口袋里没钱,只有吞口水看的份儿而已。

庙街尽头靠近油麻地的榕树头,常有几位"讲故佬"把打气的煤油灯点好,讲故事。我还记得在那里听"赵子龙单骑救主""苏武牧羊""薛仁贵征东"等典故。他们的讲述传神生动,每次都能吸引我们坐一两个小时,舍不得回家。

回家路上,父亲最喜欢买凉茶。每次经过西贡街和庙街的"单眼佬凉茶",父亲通常买两碗"廿四味"分给我们喝,说是可以降火。如果我们没有上火,他会买两碗"五花茶"。"廿四味"味苦带甘,"五花茶"则带甜味,都只卖一角左右。2010年,我的儿子伟诚在香港出生,我在香港停留一个月,再度光顾"单眼佬凉茶"。可惜父亲已不在了,兄弟姐妹都已在美国等地定居。"廿四味"凉茶也要六港元了。

香港油麻地西贡街的单眼佬凉茶店、烧腊店，自1970年到2010年没有多大的改变

外婆有时帮母亲去买菜，通常在油麻地街市或旁边的菜摊。外婆只会说客家话，光顾的都是会说客家话的几家摊贩。母亲每次都说外婆买的菜比较贵，也不太新鲜，但也只好这样。

在市区居住除了上学、上班、买菜等便利外，最大好处是家里有了电灯、自来水和燃气灶，再也不用去挑水，母亲烧饭做菜也节省了不少时间。我们小孩可以挑灯夜读，也有电风扇，晚上不用在蚊帐里先打蚊子再入睡。

父亲工作的太古仓（Holt's Wharf，又称蓝烟囱货仓码头）距家约2公里，早上他走路上班，顺道送我们去上学；下午6点前他已下班到家，晚上陪我们的时间多了。周末他还会带我们去觉士道公园打秋千、玩滑梯，我们很快适应了城市的生活。

| **我的人生心得**：从简单的农村生活过渡到复杂的城市生活。

# 少年时代之三

## 学校生活

　　香港的教育分中文和英文两种系统。中文学校采用台湾的中华民国制度，除英文一科外，皆以中文授课。而英文学校除了中文和中国历史用中文（广东话）授课，其余学科均以英文教学。著名的中文学校有培正、金文泰、真光等，英文学校则以英皇、华仁、皇仁、拔萃、喇沙等为代表。也有爱国的左派学校，以培侨、香岛、汉华等为代表。当时的香港政府排斥左派学校，对其学生不予资助，也不接纳左派学校的毕业生进入政府机构工作，因此只有少数学生会选读左派学校。大部分港人以读著名的英文学校为荣。

　　中文学校采用"六三三四"制，即六年小学，三年初中，三年高中，四年大学。英文学校采用"六三二二三"制，即六年小学，三年初中，两年高中，两年预科，三年大学。中文学校的学生可入读香港中文大学，或赴台湾上大学，亦有不少人留洋。左派学校的学生大部分会就读国内大学。英文学校的学生，则为了入读香港大学及去往英、美、澳、加等国大学做准备。

　　1970年，港督戴麟趾实施小学六年强制义务教育。1978年，香港实施包括初中的九年义务教育。60年代末及70年代，香港应届中学毕业生考入香港大学和香港中文大学的机会约为10%至15%，占全港适龄青年的不足2%。也就是说，香港学生考入本地大学非常困难。

我就读的丽泽学校是成立于1929年的中文学校，以往的毕业生以送往台湾读大学为主，校董和老师们均为国民党的支持者。每年"双十"国庆，我们都会领到学校发的"青天白日满地红"国旗，在家内和窗外悬挂，在学校操场上也有正式的升旗仪式。

我们的课本也与台湾的相同，大多为香港集成图书公司印行的教科书。香港的大学学位少，而台湾欢迎侨生回台学习并有加分，因此进台湾的好大学比较容易。丽泽学校的著名学生之一是明星谢贤。

为了实现中学毕业考合格率95%以上、高考录取率80%以上，丽泽学校采用"金字塔"式升学模式：小学六年级有4个班；中学一年级有7个班，中学二年级有6个班，中三有5个班，中四有4个班，中五有3个班（分两班文科和一班理科），中六则仅有文、理科各一个班，每个班有学生35到40人。

我在小学五年级时已感到压力：中、英、理数三科中如果有一科不及格，就要参加暑期补考，补考如果不及格，便要留级；三科中有两科不及格，则直接留级。为了应付考试，我们在五年级就时常有学生作弊。

作弊的方式大致有以下三种：

1. "写纸仔"：把答案大纲写在小纸条上，考试时抄入卷中。
2. 偷看：请邻桌帮忙，把答案移近，以便抄写；如果邻桌不帮忙，则偷看四周，希望看到答案。
3. 抄书：有时候老师在监考时备课或改卷、改作业，没空去看学生。部分学生会趁机把书本从抽屉拿出打开，放在大腿上抄写。

以上各种作弊，如被老师发现，大都记小过。三个小过积为一大过，记了三个大过就要开除。如果上述1、3有证据，大都全记大过。记过之外，学校里还有罚站、罚跪等体罚。受到体罚说明学生的错误已属严重，老师希望学生能痛改前非。招致体罚的常见错误包括迟到次数过多、交不出作业、上课时睡觉、上课时大声交谈、考试作弊等。

常用的体罚方式有：

- 打手掌——用一英尺的竹尺打学生手掌心，小学比较多用，中学以后很少用。
- 罚站——通常站在教室后面或前面，公开亮相。
- 罚跪——跪在老师教课的地方，面对黑板，一般跪半小时就很难忍受。
- 抄写——国语、历史或英文都要背诵课本，如果晚上没有记好，上课时背诵不出，要罚抄课本数遍。

我小学六年级有一次作弊被抓。我记得是国文考试，我忘记温习，如果不及格可能会留级还会挨妈妈打。当时老师在批改学生作业，没注意我们。我看见隔行的两个同学在互通讯息，我前两排隔两行的同学更离谱，他把抽屉里的书包打开，拿出书本来放在腿上，翻到有考试答案的那页，把答案抄上试卷。我曾抄过两三次"纸仔"，从没出过问题，这一次我没有准备。但这次期中考试非常重要，非及格不可。我只好大胆地把书本从抽屉里拿出来翻阅、抄写。没几分钟，坐我身后隔行的副班长看不过去，举手把我和另一位抄书的同学举报了。

这次真把我害惨了。老师当场把我和那位同学一起揪到黑板旁罚站，考试成绩计为零分。刚好训导主任巡视经过，看到有人罚站，问明详情，立即记大过，写了纸条通知见家长。父亲已离港赴美，我回家把事情告诉母亲，被她用鸡毛掸子毒打一顿。第二天母亲去见国文老师、班主任和训导主任，求他们念我初犯，能网开一面，给我补考的机会。老师和班主任同意了，但要求我在训导主任面前写下一份"声明书"，如果再作弊便赶出校门。

每周我们上五个全天的课，星期六上半天。晚上回家我要做一大堆功课，还要背诵和准备考试。记大过后，母亲罚我星期一到星期六放学后都要在家中学习，不许外出，以免重犯被赶出校门，结果我半年都"隐居"在家，哪里也不去。我答应母亲以后再也不作弊了。

每周一，学校有例行周会，全校从小五到中六所有学生都要参加。星期一大清早，校工把我们平时玩耍的场地摆满折椅。我们站着唱完校歌，校长梁逸芬女士致词，然后由叶副校长、训导主任等报告学校近况。训导主任会报告近期学校有多少位学生记大过以及事由，详情还会公布在礼堂后面玻璃窗的公告栏内。公告栏除了报道学校日常近况，有一半以上面积是公布近期记过的学生。我记得当时公告栏大约这样记载："小六甲班学生王XX和李XX因考试作弊，记大过一次，以示警戒。"最让我毕生难忘的是，布告上虽不写出我们全名，但大家只要问问小六甲的其他同学，一下子便全校皆知了。

那一天我什么心情也没有，心想我的大过全校皆知，真是无地自容。我立誓再也不要考试作弊了。

因为学习努力，我顺利升读中一。

**我的人生心得**：校严出君子，竞学出高徒。

# 少年时代之四

## 批准移美

1966年初,祖父申请父亲赴美获准。同年夏末,祖父给父亲买了"威尔逊总统号"的船票,前往美国旧金山。这是我们李家历史性转折的一年。

1948年3月,太古仓同事聚餐为退休同事送别,前排右四为我父亲,最后排右六为我的堂叔李观麒,第二排左二为父亲好友李雄标,中间着白衬衫者为主任会计史威毕先生,右四是我父亲的上司沃曼先生,右五是组长哈利·布雷克,李观麒的上司。图片由Robert Tatz授权使用

父亲辞去太古仓仓库经理职位。战后回港他进入太古仓,从做文

员开始，得到解放前从上海蓝烟囱调来香港做办公室经理的英国人沃曼的赏识，升为出纳，继而成为仓库经理。他和下属负责货物入仓、出仓和存货的管理。他在太古仓工作了二十载，先后介绍了我的堂叔李观麒和荃湾邻居洪家的潭源哥进太古仓工作，他的朋友圈也以公司同事为主。

临行前父亲带我们去向亲友同事告别。父亲的好友如奀公叔、陈治华、潭源哥、李观麒堂叔、李雄标叔叔等，都担心父亲能不能适应美国生活，担心母亲是否能独自照顾10个月到12岁大的六个孩子，外加不通文墨不会说广东话的外婆。这一来，连一向乐天派从没想这么多的父亲，也开始忧虑起来。

父母向来没什么积蓄，为了这项家庭的转变，父亲从1965年已开始筹划储备他离家后头四个月的家庭开支和子女学费等。钱的来源包括：

做会：参加公司同事们的"标会"[1]。到我父亲离开时，会款已差不多供完，可取钱出来用了，以前供的死会也完结了。

太古仓的假期可以积累折现。父亲很少缺勤，我们又从来不去度假，他可拿到一笔"假日补偿金"。

虽然父亲1966年没有做足全年便辞职，但他的上司很喜欢他，给他多支了几个月的薪水。

父亲托付亲友平时多照顾我们，恳请他们在万一母亲有困难时能施以援手，如她经济拮据，则请亲友予以接济，等父亲寄回家的钱到

---

[1] 标会：民间合会的一种，标会由发起人（会头）邀请若干人（会脚）参加，约定时间按期举行，每期各缴一定数量的会款，以投标竞争方式决定取用会款的次序。会头优先无偿使用第一期会款，以后按期由愿意付一定利息的会脚把会款标走。急用钱的人，在自己承受范围内支付一定的利息，及时获得资金，不急着需要钱的人可以吃到这份利息，可谓一种民间互助的理财方式。

了再归还。他的朋友中有位爱国中医师萧东林，一次看我们六个小孩轮流生病，不仅不收诊费，有时连中成药的药费也免了。

父亲挚友奀公叔，见我们从没在现场看过足球，特别送来三张球票，让父亲、弟弟和我去看一年一度著名的"南星大战"。他是南华队的球迷，父亲则喜欢星岛的张子岱、张子慧兄弟。我们每天只在父亲买的星岛报上看到足球新闻，现在居然有机会亲临现场，我和昌弟连续两晚兴奋得睡不着。比赛那天，我们三人坐船搭车，到了港岛的政府大球场。比赛门票早已卖完，球场边插了许多红旗表示"爆棚"，山坡上坐了很多买不到票的观众。场内万头涌动，呐喊声、叫卖零食声、交谈声，不绝于耳。

球赛开始了，奀公叔替南华队呐喊助威，父亲和我们则为星岛加油打气。虽然我们坐得比较远，但能临场目睹张子岱、张子慧的踢球风采，已是值回票价了。我印象中当天好像星岛输了，但平生第一次看到如此大场面的球赛，我们已心满意足。

看完比赛，我们走出球场去坐公车，人行道上，突然有个大号空酱油瓶从高楼坠下，掷落在父亲左前方约一米处，碎玻璃四溅。我们跟在父亲后面，幸好走慢几步，否则后果堪虞。父亲对我们说："大难不死，必有后福。"

**我的人生心得**：对未出过远门、背着大包袱的父亲，亲友的鼓励是及时雨。这也是三十多年后我们每年举办家庭聚会的远因。

## 少年时代之五

### 父亲赴美

父亲的上司沃曼先生和他中国上海籍的太太,周末请我们一家到他家去喝下午茶。父亲在太古仓工作近20年,上司从没有邀请他去家中做过客,我们也从未到过外国人家里,因此尤其重视这次邀请。一个星期前父亲带我去庙街夜市,给我买了一套半新的蓝色西装。我12岁,差不多每年都要买新衣服,西装穿的次数不多,就买了看起来还不错的二手衣。父母还特别叮嘱我不要把西装弄脏穿坏,弟弟们以后还要穿。

母亲要在家照顾不足半岁尚在哺乳的小弟弟锦良、三岁的妹妹秀心和另两个弟妹,只能让父亲带我和10岁的弟弟锦昌前往。父亲每晚下班回家都和我们练习简单的日用英语,如"Good afternoon""How are you",以免失礼于人。他希望沃曼先生能为他争取到双薪以上和假日补偿金。

那个周末的下午,父亲带上祖父给的、我们家仅此一瓶的洋酒"Johnnie Walker",和我们两兄弟转了两趟公车,抵达九龙塘。白色的二层楼,车库泊一辆白色的SIMCA轿车。按了门铃,一位穿中国传统白色上衣、黑裤子的用人开了门。她引我们进客厅,让我们在沙发上坐下,便上楼请沃曼夫妇。我环顾四周,他们的家具是西式的，墙上挂的却是中国字画。

沃曼先生是位中年男子，身材魁梧，穿衬衫和西裤，身后的太太穿旗袍，比他矮小。我们三人立即站起来，沃曼先生很亲切地叫父亲"Koon Ming（观明）"，一一和我们握手。父亲向他们介绍我和弟弟，我们好不容易说出"Good afternoon, Mr. Warman！"他微笑着请我们坐下，和父亲聊起来。他太太则用广东话问我和弟弟饿不饿，她去厨房准备下午茶。

我们兄弟俩在大太阳下，穿了西装打了领带，转了两趟公车又走了一段路，早已满头大汗，又饥又渴，当然想吃下午茶！

我们俩乖乖地等了一会儿，不明白父亲和沃曼先生在讨论什么，只见女佣推了三层的四轮点心车出来。上层是漂亮的英国茶具和一壶红茶，中下层有漂亮的糕点和饼干，我们都要流口水了。她给我们三杯茶，要自己加牛奶和糖。我口干极了，狠狠喝了一大口，却不知茶水那么烫。我想立即吐出来，却发现父亲看着我，我不敢吐，忍着烫含在嘴里，等到茶水稍凉后才咽下去。我只吃了一块蛋糕，因为太干了，吃不下去，又不好意思跟主人要水喝。最后实在没办法，我走到洗手间，请用人阿姨给我们俩水喝。在父亲严厉的目光下，我喝完水只吃了一块夹心饼便不敢再吃，弟弟也一样，免得做错事回家给父亲打一顿。

坐了半个多小时，我们便告辞回家，我和弟弟如释重负。父亲后来告诉我们，沃曼先生知道我们家里小孩多、开销大，他说会尽量帮忙。我们这才知父亲带我们去的原因。父亲说沃曼先生和太太都希望去旧金山过退休生活，因为英国的冬天实在太冷了。父亲还夸我们表现很好，没有乱吵乱吃，很有礼貌。

日子过得很快,在我快升小六时,父亲要去美国了。出发那天,父母带着我们六个小孩、两件行李,雇了两部的士,前往离家只有一公里的尖沙咀海运大厦。父亲同事和家里亲戚共二三十人到场送行,每个人都说"明嫂带着六个小孩,没有先生在旁,又没有钱,真了不起。如果有困难,我们会帮忙"。大家都有说有笑,直到父亲要上船了,抱着我们说再见,母亲忍不住哭起来。我们几个大的小孩也哭起来了,不到一岁的锦良、三岁的秀心也吓得一同哭。最后,我"乐天派"的父亲也哭起来了。祖父是船员,本应该早些上船,但来送行的亲戚太多,他又要安慰我母亲和我们,只有等到最后才和父亲一同登上威尔逊总统号。

1966年,尖沙咀海运大厦,我们全家与亲戚送父亲登船赴美

父亲上了客轮,站在船边依依不舍地挥手,我们也向他挥手。突然间响起长笛,登船梯被推走了,客轮要开出。在舷梯推走时,岸上送别的亲友和已上船的旅客互相抛出事先备好的一卷卷2英寸彩纸带,把岸和船连起来,表示大家"藕断丝连"。一时间海运大厦二

楼的扶手和船舷扶手挂上了无数五彩缤纷的纸带。送父亲的同事中，有两位想把纸带抛向船上，但都落空了。我远远地看到父亲站在船舷倚着扶手，心事重重地向我们挥手。系船缆绳松开，烟囱冒出股股黑烟，客轮在带水船引领下，徐徐驶入维多利亚港。母亲早已泣不成声，她带来的多条手帕都已湿透了。连"铁石心肠"的二祖母也哭了，她也答应会经常过来看我们，如果我们经济上有问题她可以接济。这些话对我们非常有用，她是最有力的靠山。

1966年，尖沙咀海运大厦，来送别的父亲同事与朋友

父亲赴美的第二天我们去上学，母亲照常送午饭来。午饭通常是汤、菜、饭分开用保温壶装好，给弟弟锦昌、妹妹秀娟和我三人。那天母亲心神恍惚，忘记带菜，我们只有汤和饭。母亲的眼睛又红又肿。家里小孩我最年长，母亲和我商量，要我帮忙看管弟弟妹妹，因为她一个人没有能力支撑太多的家务。

父亲与家里的联络非常重要，家里穷，没有电话，只能靠书信。国外到香港的信有平邮（船运）和空邮两种，平邮耗时约40天，空邮也要一周左右才到。

父亲赴美乘坐的威尔逊总统号客轮。两年后他做海员跑船,也是乘此船回到香港尖沙咀海运大厦

由香港到檀香山约15天船程,20天左右到旧金山。父亲离港20天后母亲便天天看信箱等信。一个月了,我们终于收到父亲从檀香山寄来的明信片。又过了一个星期,收到他从旧金山寄来的信,说他和我祖父同住在格林街的公寓。再过一个星期,父亲说他在崇正会友人的帮助下,找到一份在唐人街餐馆洗碗的工作,一天工作10个小时。

**我的人生心得:**"此地一为别,孤蓬万里征",年逾四十的父亲启发了我以后的人生之路。

## 少年时代之六

### 同窗远足

离港时父亲只带了50美元。他和祖父同住，尽量省下收入寄回香港家里。怎知他离港两个半月，我们还未收到他的汇款。我们住在二祖母名下的房子，说好父亲离港两个半月内要交给她第一期房款。

二祖母按时到我家问母亲要供款，母亲只有告诉她未收到汇款，请她宽限一个月。怎知二祖母破口大骂，说父亲没出息，又说母亲生了一大堆，无益家中生计，如果一个月内拿不出钱，就收回房子把我们赶出去。荃湾老房子已贱卖，我们也已就读新家附近的丽泽学校，哪里经得起再折腾。母亲非常激动地痛哭，在祖先牌位面前发毒誓说确实没有收到父亲的汇款，如果收到肯定会给二祖母。二祖母离开后，母亲告诫我们要争气，读好书，出人头地。

当晚大家都吃不下饭，母亲写了一封航空信问父亲汇款一事。

半个月后父亲回信，讲了事情原委。原来父亲第一次领到的半个月薪水，用来支付分担的房租，还给祖父垫付买床、日用品等的费用，尚且不够。祖父上船工作回了香港，父亲没钱去银行开账户，等到月底发薪时，他才开户存入薪水支票。从美国的银行汇款到香港要收取十多美元费用，约等于父亲一天的工资，父亲计算，过几天祖父便回到美国，到时候直接把供房款交给他，可省却电汇费。但他忘记写信告诉我们。

待祖父回到旧金山，收到父亲的钱，不久便又上船工作往香港去。我们收到父亲的信时，祖父已到港，此事也平息了。

自此以后，父亲不再省电汇费，把钱直接汇给母亲。但我们和二祖母的关系变得紧张。我们这"没出息"的、拖儿带女的一家人，没有父亲撑腰，常受二祖母和她用人的气。于是除了大节日，我们几乎不去祖父母家里做客了。

父亲离港后，香港发生了天翻地覆的变化。1967年香港暴动，市区频频发生土制炸弹袭击，晚上要戒严，中国大陆则在搞文革。香港的经济一蹶不振，旅游、出口业受到影响，每个人都在谈论香港就快要解放了。很多有钱人把物业低价卖掉，出走海外，还有部分人把妻儿送去台湾或外国避难。

我们学校旁边就是警察宿舍，每天上下学经过佐敦道，我都看到很多标语和大字报。有一次那里放了土制炸弹，广东道被封锁，后来由拆弹专家引爆了炸弹。母亲连家附近的裕华国货都不敢去，怕我们出意外。那年双十国庆，学校特地多挂了"青天白日满地红"旗，以示和香港政府一起反对暴力。一时间满城风雨，直到1968年初才渐渐平息。

1966年底，父亲在旧金山换了餐馆企台（服务员）的工作。他在每封家信里都说，很想念我们六个小孩，想成为海员回港见我们。他存够海员学校两个月的生活费，1967年如愿以偿进了海员学校，后来加入国际海员工会，1967年秋便跑船回香港了。

和祖父一样，他跑美国总统轮船公司（President Line）的三艘船：克里夫兰号、罗斯福号、威尔逊号。工作大多是做"管房"，即打扫客舱清洁和整理床铺，薪水和小费不少。父亲每两个多月回港一次，母亲非常开心，每次父亲回来都做很多菜，其中甜酸肉和菠萝排骨最合我们小孩的口味。轮船沿途停靠日本、台湾和马尼拉，父亲会带回美国的糖果、日本的电器和菲律宾的芒果等。如果停靠台湾，父亲一定买回台湾的翻版唱片，一时间我家的唱片有两三英尺高。我们往往拿邓丽君、姚苏蓉等热门歌星的唱片当作手信送人。

父亲回港才告诉我们，他很感谢祖父能帮助他移民美国，又借款给我们买房子。另一方面，对于刚到美国时和祖父同住一个公寓房间，他颇有微词。

原因是祖父非常节俭，家里没有电视机，客厅用40瓦的灯泡，卧室和厕所内则用25瓦的。父亲很爱看报纸，这是他唯一的娱乐，但灯光太暗没法看。只有等祖父上船后，他才能换上大瓦数的灯泡，看书报和写信。祖父的朋友不多，大都是崇正会的乡亲，由于他太苛薄，常占别人便宜，没人喜欢和他做朋友。

家里从此富裕起来，装了电话，也买了黑白电视机、电唱机、新冰箱、日本电饭煲等电器，我们也有钱上餐馆吃饭了。

虽然生活富足，但我们缺少了父亲的教导和带领。父亲拜托了旧同事陈叔叔每周给我和二弟锦昌补课三天，更小的弟妹功课有问题就问我们。二弟非常努力，晚上还去读玫瑰英文夜校。我则每天晚上在家读书，也去附近同学家里温习功课，一同写作业。久而久之，大家都成了好朋友。

因为家里孩子太多，父母从不在周末带我们外出游玩，我只有跟同学出去。带头的是李日生同学，他家里开餐馆，家人忙着做生意，要玩得靠自己想办法。他曾叫我去浅水湾游泳，当时我才13岁读中一,因母亲反对而作罢。13岁的我眼看着同学们去游泳、烤肉,每个星期天都有新地方去,而我和弟弟却只能待在家里做功课,因为母亲怕没有大人陪同,我们会出事。不久后,我们就不顾她的反对,坚持参加同学组织的郊游了。

从中一到中六,一同温习功课的同学出游,多由李日生同学负责找寻新的郊游地点,大家一齐前往。我们乘车、坐船都是公共交通,花销不大,餐食则大多是自带三明治、干粮,或吃简单的炒饭。中三以后,我们还自带帐篷去露营,因为周六还要上半天课,露营大多选在长一点的假期。李日生同学有一部徕卡相机,他给我们照相,留下很多美好的回忆。郊游中曾有数次有惊无险的遭遇,或许造就了我日后喜欢旅游、冒险及做生意的个性。

1969年,同学在香港郊游。左起:李日生,黄锦柱,伍国麟,李锦星,李耀威

## 滑倒落水

中二时有一次，我们去沙田红莓谷郊游。这里距离市区较近，坐火车转巴士，再步行20分钟即可抵达，我们已去过数次。但那次头天刚下过雨，溪水暴涨。平常踏着石头涉过溪水是很容易的事，但那天石头湿了，比较滑。弟弟锦昌拿着竹竿的一端在前面走，我拿着竹竿的另一端在后面，不小心滑了一跤跌落水中，幸好弟弟把我拉上来，否则我可能滑下十多米高的乱石小潭内，后果不堪设想。感谢我的弟弟！

## 跨过塌方

另一次在大屿山露营，我们走过狭窄山路，去凤凰山看日出。山路有一处部分塌方，砂泥较滑，一旁是数百米深的陡峭斜坡，如果不小心跌下去，一定会受重伤。别的同学已加快脚步跳过去了，我落在最后，心里紧张，加上背包里食物很重，踏上那块塌方地时后脚一滑，幸好前脚已安然着陆。我躲过一劫，却已跪在山路上，真险！

## 弃舟而逃

中学二年级，班上六位同学一同去沙田划小艇，两人一组，分坐三只艇，向远处的马鞍山出发。李日生和另一位同学领先，我和谢同学随后，第三只艇的同学还在学划，跟不上，只好在岸边打转。

出发后不久，到了吐露港中心，突然间风浪大作，我们两只艇上的四人都不会游泳，非常害怕，只得折返。但遇到大浪逆风，我们在海中央划了大半个小时，精疲力尽，却怎么也无法回到沙田。我们只能把小艇划向最近的马料水岸边，弃舟而逃，坐公车回家。

回想起来，我们都不会游泳，亦没有救生衣可穿，没有出意外，实在是万幸。

## 单车撞货车

初中时，我和几位同学，到沙田租了两辆自行车，在公园里轮流学骑。从车上摔下来、破了裤子、手脚受伤，是家常便饭的事。学骑了三次，我们便满怀信心，认为可以骑车远征了。

第一次长途骑车，是从新界大埔墟租车出发，沿林锦公路，经锦田到元朗。全程来回约40公里。

八位同学列队前进，大部分同学都是刚刚学会，车技有限。公路上车子稀少，路肩比较窄，大多时候，我们是骑行在车道中间。

林锦公路是双向单线公路，快到锦田的时候，来车方向交通堵塞，一辆小货车见对面没有车来，便驶入逆向车道超车，向我们正面冲来。同学见状，纷纷从车道中间骑回路肩，但我在最前，离货车最近，躲避不及，只好紧急刹车。慌乱之中我刹了前轮，车子差点儿向前翻去。

货车也急刹车，但来不及了。货车把我撞离自行车，倒在地上，长裤破了，膝盖和手肘都在流血。自行车前轮弯曲，无法再骑。货车司机大吃一惊，帮我用手帕包扎伤口。见我受伤，三位同学陪同我返回还车，由货车送我们和四辆自行车回去。在大埔墟，货车司机买了药包扎我的伤口，再在自行车店附近把我们放下。

我们四辆自行车一同还，店里又有顾客租车，租车店的老板也没有细心检查车子，便把抵押的学生证还给我们。

这次意外，我仅受皮外伤，真的是有惊无险。

1970年，中三，和同学们在香港大屿山扎营

1972年，中五，和同学们骑车郊游和烧烤

2010年的香港丽泽中学

## 游泳抽筋

同学们都没有正式学过游泳，一个人会了，就教另一个。那时候，我们大都只会狗爬式。

中学四年级时，一班同学到青山道十一哩半（丽都湾）游泳。那时候，我只会以狗爬式游十多步，没有用游泳圈，就随着几位同学用九牛二虎之力游到近岸浮台。休息一会儿，游回沙滩时，半途脚部抽筋，也没有同学在身边。我整个人没了力气，身体垂直下沉，幸好，脚板碰到约一米深的海底，我用尽仅存的力量，弹上水面呼吸，就这样一浮一沉的，终于到达岸边方才脱险。

| 我的人生心得：路是人走出来的，要相信自己。

# 少年时代之七

## 留港同窗的故事

每个人都有自己独特的故事，与他的背景有关，也是他所在历史环境的产物。留港的同学如是，决定出国学习者也如是。我也是因为不同的因素而变成今天的我。

留在香港的同学有不同的际遇——那是历史和时代的产物。

### 苏同学9岁独自偷渡香港

不是每个人都能拥有一个完整愉快的家庭。我小学六年级的苏同学就是个例子。1953年她在上海出生，解放前她家是富裕的小资产阶级，解放后在"三反五反"时，财产被没收，家里一无所有。

幸好她有位舅父在香港尖沙咀开裁缝时装店。舅父屡次申请她们一家出境，但都被上海公安拒绝了，原因是他们一家都应为国家效力，不能放人。那是"大跃进"的后期，整个国家包括上海市皆处在饥饿中。她父母知道一家人申请出境不会获得批准，只希望把三个小孩送往香港投靠亲戚，以节省家里的口粮开支。最后只有排行老三、九岁的小苏获准，而十多岁的哥哥姐姐，公安认为可以很快长大建设国家。最小的弟弟则是父母不放心而未有申请。小苏经过公安面试，说了父母亲教她讲的"我要去香港读书，长大后回来报效祖国"而获得批准，发给离开中国的单程证。

外公出面协调，小苏的父母把她托付给没有儿女的舅父母照顾。小苏并没有合法进入香港的证件，而是由父母找好"蛇头"，舅父母答应支付蛇头费用港币800元，待小苏抵港即付。那是6月夏初，小苏的父母为她买了单程火车票，置了两套新衣两双新鞋，又给她两元人民币，送她上了去广州的火车。她身穿旧衣，带上新衣鞋子、两袋干粮和一只搪瓷杯，与大她一些的男孩小黄和蛇头同行。在火车上为了省钱，她只有一次买了餐券用餐，其余仅吃自带的干粮。三日两夜后，火车抵达广州。

蛇头雇车带他们去珠海澳门边境——当时香港的边境控制较严，而澳门较松。小苏有单程证，可以进入珠海。入夜后，他们和七八个成年男女由蛇头带领，涉过稻田步行进入澳门。过边境时，小苏一个不小心，由田埂跌入水稻田的泥泞中，旁边立即有人捂住她的嘴，以免她失声引起边防注意。小苏换了鞋和衣服继续行程，他们在过了边境不远的木屋留宿。这是他们多日来第一次洗澡和换衣服。第二天，外公来澳门看过小苏，见她安好无恙，答应到香港给蛇头付款。

他们休息了一整天，次日吃过晚餐，便上渔船，从澳门开往香港。大部分人包括小苏躲在舱底，黎明时分渔船抵达油麻地避风塘，有小艇接他们上岸，岸边有一辆大众VW Van等着他们。小客车仅限载7人，小苏和小黄只能蹲在最后排。当时香港街道还很少有交通灯，路口都是交警打手势指挥交通。那部VW Van刚好在路口被截停，要等别的车通过才能走。幸好车上每个人都换上了新衣，看不出是大陆客，警察也许认为是早上来上班的工人，没有为难他们。小苏在后面偷看得很清楚，车子停了两个地方，收款后，把人放下，第三站便轮到她了。车到尖沙咀加连威老道"花都服装"外把小苏放下，舅父母付给蛇头港币800元。整个过程如寄邮包，货到收款，一手交钱一手交货。

舅父母怕身材瘦小的小苏营养不良，特意买了鱼和肉给她补身体。但是在上海家中吃惯稀饭和杂粮的小苏已不习惯干饭和鱼、肉，吃完第一顿便感觉胃疼。这种胃痛一直持续了一个月左右。

小苏在家说上海话，不会讲香港的广府话，英文就更不用说了。因此舅父母在家用广府话训练小苏应对，又抽时间教她英文字母。9月，她上了丽泽小学二年级，第一学期非常困难，但第二个学期便适应了。舅父母非常疼爱小苏，也非常严厉，功课不好或偷懒，就会招来鸡毛掸鞭打之苦。小苏知道父母不在身边，学习非常努力，每次考试均在前10名，小学六年级时更成为全年级演讲冠军。为了考出好成绩，她常常早上4点半就起来读书。

舅父母管教严格，平时除上下学外，小苏不能外出，只能看店和学习。每个学期的全年级郊游她都不准参加，每年一次的校运会也不能去。只有中一那年她成绩特别好，全班第一，才获准参加校运会。

中学三年级，一次小苏放学回家，和同班一位谢姓男同学一起走过弥敦道，被舅母看见，认为她交了男朋友，没心思读书，担心自己对不起小苏父母的托付。中三下学期，小苏便不得不转去九龙塘某英文女中读书。小苏觉得自己放学后和男同学同行的自由也没有，心中不甘，可是在香港除了舅父母，她再没有人可以投靠。英文中学的教学方式、课本同中文中学太不一样，每天要拼命用功才跟得上，有时到凌晨一点才能休息。她一度想轻生，但想来想去轻生太辛苦：跳楼怕痛，喝杀虫水怕洗胃，割脉怕流血，一头撞墙又怕死不了。父母家信每次都问她成绩如何，上海还在文革的如火如荼中，他们对小苏存了许多的幻想和希望，她是全家将来的救星。众人的希冀使她决定不想死了，好好做个好学生。

在60年代和70年代,很多外国人到香港定制衬衫和西装。小苏放学后在店内温习功课,一有外国顾客,舅母便请她一起去解说布料的种类、尺寸和交货时间等,她有不懂的英文功课也向顾客询问。很快她读完英文中学,因为要帮舅父母照顾时装店,她毕业后没有出国,进了嘉诺撒圣心商学书院读书。由于成绩好,她做过该校校长助理、教员等职位,并接济上海父母家人的生活。

小苏在1978年结婚,育有一子一女。1987年她移民加拿大,2012年退休回港小住,自2018年,一家长居于温哥华。

2022年,我们一家偕大儿子一家在温哥华拜访苏同学(右二)和她先生(右一)

## 张同学童工童酬的往事

小张在七个兄弟姐妹中排行老大,从小住在上海街的唐楼,离丽泽小学步行20分钟,每天由祖母带着上下学。小张小学三年级时,由于父亲好赌,把房子输掉,一家人迁往黄大仙木屋区租屋住。不满10岁的小张每天要乘一个多小时的11号竹园巴士,从黄大仙区到佐敦道巴士总站，下车再走路十多分钟才能到达学校。坚强的她仍一直读到小学毕业。但家境每况愈下，好赌又不务正业的父亲没法维持家计，一家都要靠在婆罗洲做建筑工作的祖父接济。黄大仙木屋拆迁，父亲、祖母和其他六个小孩迁往距市区三个多小时车程的元朗木屋区。刚读完小学六年级、年仅12岁的小张则和妈妈在新蒲岗一家制衣厂做工，两人在工厂附近的亲戚家借住。

当时香港最低用工年龄为15岁。合法聘用15岁以上的工人要付港币7块半一天，而12岁小童连加班只付5块半一天。那家制衣厂是为美国Levi's、苹果等品牌加工牛仔裤的。正值香港1967年暴动前后，能找到一份工作已很不容易了。

有一天他们正开工，小张在剪牛仔裤线头，突然听闻劳工处来查工人身份证。不满13岁的小张和另三位11岁到12岁的童工连忙躲进做好的牛仔裤堆。他们以前这样藏过多次都没有被发现，但这次有个小孩一只脚露在外面，被劳工处的督察见到，翻开牛仔裤，拖出四个童工。劳工处罚了工厂的款，工厂扣了管工的薪水，而童工则被斥没有躲好，每人罚扣一天薪水。

小张从剪线头做起，后来升上车衣、轧骨（即锁边）的工作。16岁时，她离开工厂去了一家诊所做杂务，后来升为助理护工。私人诊所为了适应上晚班的工人，从中午12点开始看病人，一直到凌晨2时，小张年纪小小便在太子的诊所全天工作14个小时。她16岁时结识了后来的丈夫，22岁结婚，育有两个小孩，拥有幸福的家庭。两个儿子读书很争气，都是硕士生。她很欣慰最近得了个孙儿，带给全家喜乐。

## 朱同学的故事

丽泽中学每年都淘汰一些学生。朱同学中四后没有升学，辍学做了邮差，负责派信。他工作了43年，到60岁退休。

他的人生观座右铭是："昨日已过，明日是谜；活在今朝，尽力而为；做好今日，迎接明天。"

## 余同学的故事

余同学在中学毕业后，和欧同学同入养和医院护工学校学习，先后在香港浸信会医院、嘉诺撒医院的手术室工作，30岁便当上护士主任，直到60岁退休。

"我是秋天，也是一片花斑斑的云彩"是她贴切的自我形容，也是我们同一辈人的写照。

2019年3月，梁伟安同学的女儿在香港结婚，与旧日同学合影

**我的人生心得**：昨天已过，将来更好，充实自己，确定目标。把握时机，勤劳尽己，做好今朝，迎战明天。

## 少年时代之八

### 打暑期工，申请赴美

父母忙于生计，没时间陪我们玩耍，两个多月的暑假，对我们而言的确是无聊的长假。我大部分时间都是在家里看书看电视，或去朋友家玩玩混混，或与弟弟妹妹打闹。我非常羡慕一位黎姓同学，他在暑假及周末可去他父亲的印刷厂帮工，16岁时已在看管机器，他的父亲给他支出薪水也给他工作上的教导，他以后可接手父业。我多希望我的父亲也能这样教导我！

1970年代，动乱过后的香港经济发展很快。国外订单如雪片般飞来，飞机已成为普遍的交通工具，从启德机场抵港的游客大幅增加，旅馆业、餐饮业生意极为兴旺，到处都是招聘的广告。

1971年暑期，我刚从中四升为中五理，我和母亲商量，希望父亲帮我申请移民，到美国去读书。其一因为我在丽泽的成绩是中等，能升读香港中文大学的机会很小，只有赴台湾读大学；总之是要离开香港，何不趁早去美国学好英文然后在美国上大学呢？

其二，此时去美国已不用担心当兵到越南作战。根据美国法例，绿卡持有者和美国公民一样有义务服兵役。1969年，美国由强制服役改为抽签服兵役，我三叔就是因为没抽中，得以继续他的船员生涯。1971年，美国正式宣布自越南撤军，就是说即便抽到我服兵役，也不用赴越南作战。

其三，我到美国可以拜托姑姑照顾。姑姑一家比父亲晚一年移民美国，姑父在一家餐馆厨具工厂当炉具技术工人，后来成为炉具安装经理，专为中国餐馆安装工厂生产的新式炉头。工厂老板和老板娘很器重他，虽然他不谙英语，但到美国四年便买了房子。姑姑也劝我父亲帮我申请来美，我可以先住在她家。

其四，我可以去上社区大学。据父亲打听到的消息，美国的社区大学不论本国或外国的中学毕业生都可入学，且学费非常便宜。社区大学两年即可毕业，之后可凭成绩申请续读四年制大学。英文水平不会成为入学的障碍。在旧金山，社区大学是旧金山城市大学（City College of San Francisco）。

其五，申请人未满18岁，移民申请更容易通过。由于我父亲是拿永久居民身份证（绿卡），如果我过了18岁，再申请亲属移民就会比较难了。

从中一约250人，到中六54人毕业。我在后数第二排，左三（图片源自丽泽学校网站）

1971年秋天，父亲正式申请我移民美国。1972年5月，我17岁，香港中学会考过后，学校便放暑假。学生是否升读中六要看会考成绩而定。中五我们学校有两班文科一班理科，到了中六就只有一班文，一班理。我校有90%以上的中五生会考合格，会考后即毕业的学生占40%；继续读中六并报考香港中大、理工获录取的学生比率，以中一时的250名学生计算，只有5%到6%。

5月中下旬，我第一次出来做工。我知道明年会移民去美国读书，做工可以挣钱，又可以增加社会经验。我更愿意去葵涌新工厂区找工作，那里不像新蒲岗、观塘区的工厂大厦那么拥挤，而且上下班时间都有公交车可坐，葵涌的空气也比较好。

我在工厂区逛了一阵子，快下班时来到一家外表较新又漂亮的工业大楼前，门前招聘海报上写着"罐头厂高薪招聘学徒，朝九晚五"。我足足考虑了10分钟才进去，小心翼翼地问两位正下班走出来的人哪里可找到主管。其中一位十多岁的少年便带我去找"黄管工"。

黄管工一听我刚考完中学会考，非常高兴，很热忱地招呼我进办公室坐，令我受宠若惊。原来这里二十多名员工皆没有中学文凭，我算是学历最高的。他告诉我在这里好好做，我有学识，可以帮助他管理工人，以后还可以在办公室学习，前途似锦。工厂是将粗加工的蘑菇做成罐头，在香港销售或出口。最后谈到薪水：学徒一律四百元起薪，朝九晚五，加班有加班费，如升为技工，月薪有五百多元。我被他的话打动，答应第二天就来上班。他带我到厂内转了一圈，工人皆已下班，地方还算整洁，通风设备不错，但厂内隐隐有股臭味。

第二天8时45分，我准时到工厂，黄管工交给我T恤制服、水鞋、厚橡胶手套和一条厚厚的黑色橡胶围裙。其他二十多个员工也陆续到厂，打卡上班。黄管工指派一位陆姓、和我同龄的小伙子做我的"导师"。

我跟小陆和其他工人去贮藏室拿货。那是一包包25公斤重的巨大透明塑胶袋，封装着泡在黄色液体里的蘑菇片。我跟着小陆打开塑胶袋，把内容倒进网篮漏走汁水，汁水奇臭无比，听说是防腐药水。我们用水冲洗蘑菇片，装罐，加调味汤，蒸煮过，最后加盖封罐。整个过程都使用输送带，每个工位都要依输送带的速度工作，很累人，但我们这些十多岁的小伙子不觉得有什么问题，一转眼就到下班时间了。

工厂所有设备都是从台湾运来的，管理人员大都是台湾人，调味汤由台湾师傅来调。蘑菇是由大陆进口的，那时是文革后期，中国已逐渐恢复出口业务。

工厂全然不担心我们会偷蘑菇或偷吃，因为蘑菇味实在太浓太臭。蘑菇泡过防腐水后根本像橡胶一样，软绵绵的，鲜味和质感都没有了，台湾师傅的调味汤也放了味精、防腐剂等，根本不能喝。工人们都非常讨厌蘑菇。40年后的今天，我也还是不敢吃罐头蘑菇。

工作了一天，衣服上身体上都是臭味。坐公交车回家时，没有人愿意坐或站在我旁边，女士们更对我退避三舍，好像我刚从粪池爬出来似的。一位老太太问我在哪里打扫公厕，弄得我啼笑皆非。我进入公寓大厦电梯，邻居们都立刻拿出手帕掩鼻，所以我都等没人的时候才上电梯。臭是事实，慢慢地我也不介意别人反应激烈了。

我一回到家，母亲会立刻要我换衣服、洗澡，然后才能吃饭。我的衣服，母亲要单独泡洗，以免把弟妹的衣服也弄脏弄臭了。

我的表姐是美国Amway的推销员。那时Amway在香港叫"篮威"，现在中国香港和大陆都叫作"安利"，是个金字塔直销的公司。我和母亲、外婆到表姐家做客,在她推荐下,我也成为安利推销员。入会后第一件事,我把罐头厂打工的薪水都买了安利产品去推销,希望能赚钱。我学表姐把安利的洗洁精加水去擦墙上的污渍,回家表演给母亲看。母亲很高兴,请我把家里所有墙擦洗干净,我擦了一整天才把一面墙擦好。我去同学家里推销,把他们家的墙擦得花斑斑的,但他们家里人不买我的产品。后来我才知道,是我的衣服和身上太臭了,头发里的臭味数天不散,同学的家长不相信我卖的洗衣粉、洗洁精可洗净衣物。结果,我买了两年用量的洗衣粉、洗洁精卖不出去,全部要自用。真倒霉!

暑假一晃而过。8月初,学校通知我会考合格,准许我升上中六。我提前一个星期通知了黄管工,他还是竭力留我。我只好告诉他"蘑菇太臭,不宜久留"。

**我的人生心得:学会走自己的路,不需要讨每个人喜欢。**

## 少年时代之九

### 学烧腊，离港赴美

同窗数载，中六是同学们最后一年聚首，也是我们生命里程的转折点。中五会考一过，我们已算是中学毕业，部分同学加入就业大军。中五理的35人减少到中六理的23人，中五文则由两班缩减成中六文一班。

立志要去美加的同学在课余备考托福并开始申请大学。目标是香港中文大学、香港理工大学的同学温习旧试题，大部分同学同时申请了台湾的大学，如果考不上中大、理大，就要前往台湾就学了。

我中学会考太紧张了，考不出水准，成绩平平。学校知道我会到美国求学，准许我升入中六，但劝我不要报考中文大学，以免影响学校考入中大的成功率。

美国领事馆在1973年3月已批准我移民美国，我可以在之后的半年内赴美。父亲已问过学校，旧金山城市大学是在7月底考适用课程，不用考托福，8月底正式上课。我暂定7月初要抵达美国。

4月中的会考过后，我们便放假了。同学们家境都不富裕，我们这群打算留学美加的，希望趁假期去学厨艺或调酒，将来在课余可赚些外快，补贴生活费和学费。我想到了同窗好友李日生，他们家是开饭店的，我请他收留我学做厨房工，我不拿工资。李日生的父亲刚过世，他们餐馆的烧腊部需要人手，很快便答应下来。

1973年4月底，我去李日生家的饭店帮忙，学烧腊。我的师傅小吴大约16岁，比我还小一岁多，他以前跟着学艺一年多的烧腊师傅刚离职。小吴以前是打杂的，也就是做些烧腊的准备、帮忙烤好烧腊、取出挂好并切盘等下手工作。真正做烧腊、油鸡的卤水配方都是师傅的秘密，但他依然有办法学到手。现在没有大师傅，小吴就升格为烧腊部的"掌门人"了。饭店卖得最好的菜是豉油鸡，他又是饭店里最年轻的雇员，所以大家都叫他"油鸡仔"。

饭店经理是一位身材肥胖的中年人，大家都叫他贤叔，贤叔在店前负责收钱管账。李日生的父亲和两位母亲皆目不识丁，但他父亲凭着毅力加上两位太太及几位亲戚的帮忙，开了这家"鸿图饭店"，已经经营了二十多年。李伯去世后，饭店传给他的大哥、李日生的大伯。大伯没有管理饭店的经验，所以请李伯生前挚友贤叔掌理店务。贤叔告诉我，烧腊大厨师刚离开，小师傅年轻且脾气不太好，并有"黑底"（入了三合会），要我小心。

他带我到饭店后面的烤炉旁，一位身材瘦小的少年叼着根香烟在腌叉烧。这就是油鸡仔了。我和小吴年纪差不多，很谈得来。他很羡慕我是应届中学毕业生，得知我来鸿图工作是为去国外读书谋生做准备，不是来抢他饭碗的，就答应收我做学徒。

油鸡仔的双亲都是工人，住在徙置区，疲于生计，无力管教油鸡仔和弟弟。油鸡仔读到中学二年级，成绩不好，辍学找了工作，与和他一样的辍学少年混在一起。他平时为朋友抱打不平，结识并加入了香港黑社会"十四K"。相熟后他常邀我去他负责的舞场，但我坚决不去。因为他说过，仇家"和胜和"的人常带了西瓜刀来他们的舞会捣乱，见十四K的人便砍。十四K的兄弟用木床板和预先藏好的空心钢管迎敌，直至有多人倒下、警察到了才作鸟兽散。他认为打人是很爽很够刺激的事。

油鸡仔平时满口脏话。我告诉他脏话和骂人只是内虚的表现，他虽然说"会改善"，但还是照样污言秽语。我们合得来，他交代的事我全都做到，减轻了他许多负担。我问他的卤水处方从哪里来，他解释说，以前的师傅最爱喝酒，中午他就买洋酒给师傅喝，下午要做卤水、油鸡、叉烧时师傅没精神做，便教给他做，又把卤水等秘方全给他，让他去药材店买配料。油鸡仔把秘方一点点地抄下来，终于知道全部的方法了。一个星期前，大师傅因为薪金问题与贤叔吵翻后离开，他便成为师傅。油鸡仔也把秘方给了我。

平时烧腊部有两个人，一个人负责斩料，即切肉，另一个人把炭炉点着，用钢叉叉起鸭子，然后坐着用手不停旋转钢叉烧烤，直至整只鸭皮变红、松脆。

鸭子一般已在炉子里烧到半熟，只需再加20分钟的手动烤制。我们用这个方法吸引顾客进店品尝新鲜烧烤，并带动堂食点菜的生意，这堪称本店"卖点"。我是新入行的，所以每晚都在店外烧鸭，一天要烧烤五到十只鸭子，累得我胳膊发软、手掌起泡。

白天我大都在做准备工作，做叉烧、卤味、浸白切鸡、腌豉油鸡。我一直不了解为什么叉烧挂在架子上一整天都不会坏，直到我做叉烧时才知道，那是放了大量的"硝盐"腌制，才不易腐坏。后来我又得知硝盐在高温下会变成致癌物质，以后我就不敢多吃烧腊。我们饭店的豉油鸡味道很好，名声在外，每天都能卖20只以上。

因为饭店缺人手，我也要负责送烧腊外卖。贤叔一见我有空，便叫我去送外卖。这也使我见识了"东方明珠"黑暗的一面。

鸿图饭店所在的油麻地吴松街，是个龙蛇混杂的地方。常打电话来叫外卖的是一家妓院，在庙街靠近西贡街的唐楼二楼内。楼下有"鸡婆"搧着大葵扇叫客，楼梯则由打手把风。打手起初还问我去哪里，久而久之，他就不问了。房里有另一位中年妇女把守铁门，我在客厅放下外卖，衣衫不整的妙龄女子出来付款。由于小费相当好，我很乐意送餐给妓院。但每次经过，鸡婆便对我说"打青头仔折扣哦（处男有折扣价优惠）"，把18岁的我吓得魂不附体。

另有一家"粥粉面"常打电话来订烧腊。我第一次送外卖时还奇怪：餐馆为什么还叫外卖呢？原来楼下是餐馆，楼上是赌外围狗、外围马的会所。中间的大圆桌是下注点，周围放了很多桌椅，每张桌上放一台收音机，收听狗赛马赛现场直播。每到一场赛完，赌友便排队下注下一场。会所只有一处楼梯上下楼，有专人把守。我听贤叔说，这是油麻地某警司的地盘。

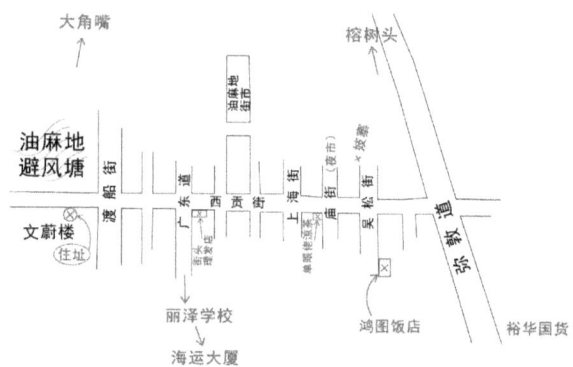

1960、1970年代油麻地西贡街示意图

李伯去世，鸿图的生意一落千丈，资金短缺，很多货付不出款，常有债主临门。李伯的哥哥"炳哥"躲避债主常不在店内，每次都是贤叔和我挡驾。有次一位债主打电话来找炳哥，我说炳哥不在，但他坚持要在电话上等，一转身我忙忘了这事，害他在电话那

头等了大半个钟头。第二天，他杀到店内，一开口就大骂了我一顿，幸好没有揍我。

很多贵价的食材如海鲜、山珍类，饭店都没有，营业额也就一直上不去。贤叔和炳哥商量，与其等死，不如一博。有段时间饭店进了大量海鲜，如石斑、黄脚鲗、基围虾，等等。可是正值香港股市低迷，物业价格下跌，再加上饭店的客人平时因为缺货而点不到心水的菜式，慢慢的就不再光顾了，而这种用海鲜招来的顾客也不是一朝一夕能培养的。结果有两三个星期，我们员工每天晚上放工前都吃刚死掉的基围虾、各种名贵鱼类，吃得津津有味。

离港前两三个星期的一个星期日，我和同学去郊游，下午五六点回到鸿图，却没见到我师傅油鸡仔。厨房里有腌好未烧的叉烧，鸡还是生的，鸭已用开水淋过，上了酱料在晾干。我不知发生何事，当晚的生意又怎么办，去问贤叔。贤叔说，昨晚舞会中，十四K包括油鸡仔又与和胜和发生械斗。和胜和有两名成员今天下午来找油鸡仔算账，抽出西瓜刀砍他，油鸡仔不甘示弱，拿起五尺长的钢叉与两人格斗。钢叉较长，油鸡仔占了上风，那两人在警察赶到前逃逸。贤叔怕对方随时来寻仇，就把油鸡仔辞退了。

那天晚上，我忙坏了，除了烧叉烧和准备豉油鸡，还要打好炭炉手动烧鸭。正在店外烧鸭时，油鸡仔突然出现在我面前，他警告我说："师傅有难，做徒弟的不能抢师傅饭碗，今天当你不知情，明天如果你还在接我位置的话，就别怪我不客气了！"我立即告诉他，我过两三个星期就要动身了，不用担心我抢他的位置。我还把我去美国的航班时刻和美国地址给了他。

当天晚间，我就向贤叔辞了职。我知道烧腊部因缺人手而关闭是鸿图短期内的损失，但为了自己的人身安全，我只有向李日生同学说一声对不起了。

十多天后，我乘中华航空公司波音707客机经台湾飞往美国。我是班上第一个去美国的，当天有30位同学来机场送行。很多同学在纪念册上题词和签名，李日生同学赠我一句话："进两步，退一步，必事事如意。"这句话成了我日后人生的座右铭！

油鸡仔也穿着西装打了领带来和我告别，还送我一个红包。我感动得几乎哭出来。由于他抽烟，牙齿都是黄的，我把红包还给他，让他拿钱去买真的高露洁牙膏，不要再贪图便宜买假牙膏了。大家都笑起来，我们也合照留念。

从小照顾我们的外婆因为行动不便，没有来机场，我真难过。母亲在机场泣不成声，弟弟妹妹也哭了。我答应他们每星期都写信回家，我会好好读书，为家人争一口气。我们拍了很多照片，我是最后几位登机的乘客之一。在飞机上，仍可看见亲友和同学们隔着玻璃窗不舍地望向我，我在心里说："谢谢你们，我不会辜负你们的心意，我要好好努力争气。"

我终于飞离了香港。

**我的人生心得：**有幸目睹社会黑暗的一面，作为今后自我反省的借镜。

## 少年铭记

"近朱者赤,近墨者黑",同窗好友互勉互励,养成我合群、自强、自立的精神。与同学好友结伴郊游,是我第一次离开舒适的家、自主行动的成功尝试。我享受这自己做主的自由感觉,后来的暑假打工、赴美求学,乃至创业,无不受益于这迈出自主的第一步。

# 学习时期

1973--1978

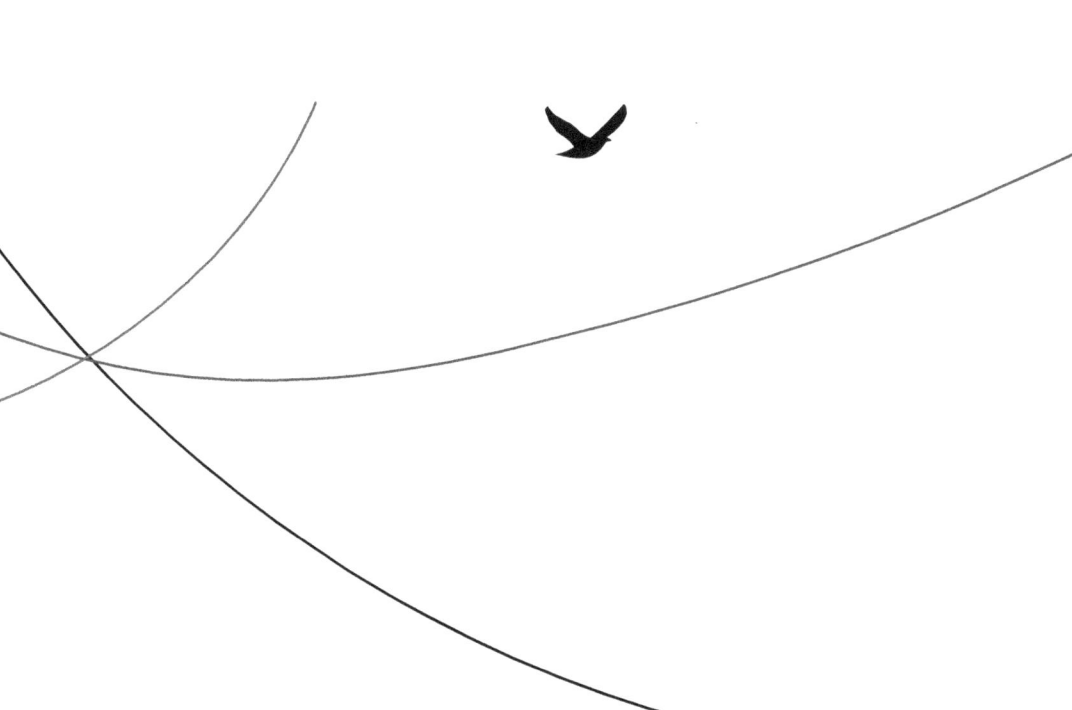

# 学习时期之一

## 到了梦中的旧金山

1973年7月初,我乘坐台湾中华航空公司飞机,经台北飞往旧金山。空姐只会说国语和英语。虽然在香港时我也听国语时代曲,也看过多部国语电影,但我仍听不太懂也不会说国语,只能在纸上用中文与她们交谈。她们很热心地帮我转机,照顾我饮食。我顿时觉得大家都是中国人,为什么香港政府不教我们说国语呢?我也暗下决心日后要把国语学好!

飞行中我思绪万端。过去姑姑和母亲相处不太融洽,现在我投靠她,她会帮我吗?我摸摸口袋内仅有的20美元钞票,我能靠它生活多久呢?父亲能同时负担我和香港家人的生活费吗?我立志以后要做生意,在学校要选读商科,但我的英语不好,如果我将来成绩不好,有何脸面去见亲戚朋友,又如何向父母交代呢?我愈想愈担心,想哭,但流不出泪来。我吃了两顿饭,睡过一觉,飞机已抵达旧金山了。

在机场过了移民局,到输送带拿了两件行李,很快我便出了海关。姑姑和姑父都来接机,把我的行李搬上棕色福特Torino两厢房车。我从未坐过这么大的轿车。以前老听人家说美国的车子大,现在总算见识了!

旧金山的空气很清新,7月份毫无暑气,甚至还要穿上薄夹克。

我打开车窗，阵阵凉风扑面而来，令人心旷神怡。姑父特地带我去看著名的金门大桥。红色的金门大桥以青翠山峦为背景，在蔚蓝色天空和浅蓝海水衬托下美丽极了！姑姑晚上还要烧饭，我们看了一会儿便回家了。原来从姑姑家位于28大道靠近加利福尼亚街的房子，步行四五个街口，便可看到三四公里之遥的金门桥了。

姑姑住白色两层的独立房子，楼下是客厅、厨房，楼上有三间卧室和两个卫生间。姑姑、姑父睡主卧室，表妹一个房间，我和伟光表弟住一个房间。姑姑特地买了双层床，还照顾我让我睡下铺，表弟睡上铺。我刚把行李搬上楼，表弟拿了个排球进家门了。高中放暑假，表弟在唐人街打零工，收工后和朋友打排球。他说有位广东台山来的前国家队员做他们的教练，大家打得非常认真。表弟妹用流利的英语交谈，我只听懂不到一半，更遑论说了。什么时候我才能用英语交谈呢？姑姑反而提醒他们讲广东话，以免忘记母语。

晚餐姑姑做了很多菜，她叫我安心地住，努力读书，她会尽力帮我的忙。她安排我翌日去社区大学报名，后天去见祖父母和她一位朋友——"家庭计划中心"主任克里斯蒂娜，大后天去报名读ESL英语暑期班。姑姑的热心令我感动，我不再担心会在陌生的美国无依无靠。

由于时差，我吃完饭后倒头便睡，翌日很早便起床给家人写信报平安，告诉家人姑姑、姑父对我很好，让他们不用担心。吃过姑姑做的早饭，陪她去32大道的公园遛狗，途中又看到半藏在雾中的红色金门大桥。姑姑告诉我"只需努力，世上无难事"。她以姑父为例：姑父只受过初中教育，英文一窍不通，但是他凭毅力和机智，1967年到美国后在易象球炉具公司（Robert Yick Company）工作，从技工做起，一直做到安装经理，一个人工作养活全家四口。而我没有家庭负担，年纪还轻，又有人照顾，只要努力必定能成功。

60年代至70年代，肯尼迪总统推动移民法改革，放宽了对亚裔移民的限制，中国来的新移民增加，旧金山湾区更是新移民聚居首选之地。新移民开了很多中餐馆，中餐馆需要中式炉头，而每家餐馆大小不一，炉头要求也不同，中式炉头公司应运而生。易象球炉具公司是做到第二代的老字号，有一定的客户。最近两年生意更是好到不得了，原因是美国总统尼克松在1972年2月访问中国，美国电视上屡屡看到中餐佳肴出现，掀起"中国热"。旧金山唐人街成了热门景点，是美国人必游必吃之地。姑父的收入相当好，周末有时也要加班，多家餐馆请他在放假时维修炉头，姑父是大忙人一个！

回家把狗安置好，姑姑和我乘公车到社区大学。在香港，较大型的学校都是由数幢相连的多层建筑物组成，美国这所学校却是由多栋单层房子、花园组成。我们好不容易才找到入学处拿到申请表，填写个人资料。表格上有的地方我看不懂，就翻口袋里带的英汉字典，拼拼凑凑填好了，仍遭退回，原来我把日期填错了——在香港是"日-月-年"，美国是"月-日-年"。改正之后，申请表填妥。我的英文程度考试定在7月底。

第二天一早，我们姑侄俩再搭公交车去唐人街找"北岸区家庭计划中心"的主管克里斯蒂娜，为我找工作。她是在美国出生的第二代华人，三十多岁，会讲广东话，我和她聊起香港的学校生活，相谈甚欢。"家庭计划中心"的任务是向唐人街居民和附近制衣厂的工人推广"家庭计划"。我的工作就是找寻制衣厂的地址，然后克里斯蒂娜会派中心的两位女士给女工们解说"家庭计划"的重要性，包括家庭财务计划、堕胎求助及避孕方法等。中心告诉女工，一家最多生两个小孩，这样才能使小孩有良好的教育环境，以后能在社会立足。

30年代至50年代，有许多美国华侨回中国"卖纸"牟厚利。他们利用当时国内社会动荡、个人出生证明及身份证件不全的现实情况，把相熟的年轻人当作儿子或直系亲戚申请移民来美，成功后这些新移民做工挣钱，偿还应付的移民费用。这笔费用常达数千美元，新移民没有机会学英文，很多人只能在唐人街打工生活，往往要数年后才能还清欠款。他们还完款后，到国内或香港找到配偶，再帮她移居美国。这样的一家人通常都不谙英文，也没有一技之长，男的多在洗衣房、餐厅做收入低下的工作，女的在成衣工厂或餐馆打工，没有时间也没有条件教育子女。60年代至70年代，很多这样家庭里的年轻人加入了华埠的黑社会。

旧金山市政府针对这些低收入、低教育程度的移民家庭设立了"北岸区家庭计划中心"，帮他们做出家庭计划。他们找到隐秘开设在唐人街附近的成衣工厂，派社会工作者去辅导这些女工了解"家庭计划"，以减少生育，使其下一代能有良的好教育，融入美国的主流社会。

我每天只早上工作四五个小时，每小时的薪水有1元7角左右，这对新移民来说已经很高了。由于找制衣厂这份工作不需用英语沟通，他们便录用了我。

谢过克里斯蒂娜，我们步行十多分钟来到祖父母的住所。他们住在唐人街的格林街，一栋在山丘上的四层楼公寓，这是祖父跑船的同事好友陈先生的物业。少时，祖父母是我眼中至高无上的偶像，全家的救星。他们在香港的家是三间大卧房、一间工人房，两个大厅的公寓，家里有两个用人。我不明白为什么他们来美国只住在两室两卫、比香港的住房小一半的公寓里。

祖父放船在家休息，祖母做饭，家里连个整理、打扫的工人也没有。祖父母住一间卧室，表弟表妹和离了婚的二婶住另一间房。我忍不住问姑姑，祖父母这么有钱，为什么不买房子呢？她说祖父母一直想回香港或中国内地定居，为了儿孙们有稳定的生活，才安排他们一家又一家移民美国，他俩希望等到儿孙们都能适应美国的生活后，再回港定居，安享晚年。

"家庭计划中心"的工作给了我认识旧金山的机会。每天早上，我从哥伦布大道和工会街开始，要走遍唐人街的大街小巷和渔人码头、北滩（小意大利）等。一个多月的时间，我了解了这里的每条街、每栋建筑物，也发现了十几间新的华人制衣工厂。我最喜欢去游科伊特塔，把旧金山尽览眼底，还有漂亮的九曲花街，我也喜欢去渔人码头看海狗。这真是一份很好的工作，直到如今，我还记得旧金山唐人街附近每条街的名字。

最好笑的，是当年18岁的我要帮工作人员拿电影放映机到制衣工厂，放避孕知识短片给女工看，还要发传单和避孕套。那时我还不知道避孕套是什么。

每家制衣厂的面积都不大，约有十多部缝纫机。女工有年轻的新移民，也有五十多岁的中年妇女，她们每天要工作十个多小时，没有假期。工人挤在狭小、光线不很充足的房子内制衣。而我就是循着缝纫机的马达声找到这些制衣厂的。

每天下午，我在唐人街上ESL班学英语，但成效不大，因为同班大部分同学讲广东话，大家相处得极为愉快。学校曾组织我们去游红杉森林，到金门桥底钓石斑鱼，让我们新移民能感受加州的大自然。记得我们坐船到金门桥下钓两三个小时鱼，每次下钩大都有石斑鱼上钩，有时还一竿两条，人人背着一麻袋的石斑鱼回家。曾几何时，金门桥下渔产丰富，但长期滥捕，现在已很难钓到石斑鱼，就算去十多里外的圣克鲁斯，一天能钓到几条石斑鱼已是不错了！

姑父为了吃到新鲜的叉烧、烧排骨和烧鸭等，特地在工厂做了个不锈钢烧烤炉。每星期六早上，我们准备好猪肉、鸡鸭、酱料和蜂蜜，由我在家中烧烤，给全家及姑姑、姑父的朋友吃。我在香港烧腊店学的本事终于派上了用场！当时旧金山的烧烤水准较差，我做的比外边卖的更新鲜美味，尤其是脆口的烧鸭皮和蜜汁烧排骨，令所有人都垂涎三尺。就这样，我和姑姑一家相处得非常融洽。

而英语仍是我的一大障碍。有一次烧烤时没有炭了，我去四个街口之外的超市买炭，但寻遍市场也找不到。我用英语问Charcoal在哪里，但没人听得懂。一位白人老先生非常有耐心，想尽办法帮我忙，他找来店员，又找来几个顾客，想弄明白我要的是什么。他们一会儿拿Taco（墨西哥卷饼），一会儿拿Chalkboard（黑板），一会儿拿几款碗来问我要哪一种Bowl。五六个人加店员把我团团围住，我一紧张，连Charcoal怎么拼都忘了……

我从口袋里拿出最后"武器"——英汉字典，在众目睽睽下翻找。由于紧张，我拼命地翻，反而吸引了更多的购物者来看热闹。我手忙脚乱了不知多久，终于翻到了。我把字典指给身旁一位女士，她大喊一声"Charcoal"，店员马上拿过来一袋炭。谜底揭晓，十多位热心观众也作鸟兽散。回到家，我把这事告诉不谙英语的姑姑，她教我事先把需要的东西用英文写好字条放在口袋里，随时问人，就可避免尴尬。

周末我有时也跟随姑父去梅度湾马场赌马。他常有朋友提供"内幕消息"。不懂英语的姑父居然知道大部分骑师的生日，以及哪匹是好马、哪一位是好骑师。赛前马童领着赛马绕场一圈，他已看出哪一匹马的状态如何，往往能买到冷门马，赔率相当高。对此一窍不通的我只有旁观的份。姑姑说姑父虽然内行,但大多时候都输给马场,铩羽而归。

我早上上班,下午读ESL,周末陪姑姑、姑父,很快一个多月便过去。8月底,学校开课了。

**我的人生心得:亲情的重要和伟大,不是钱能够衡量的。要珍惜维护亲情,彼此都要付出。**

# 学习时期之二

## 社区大学

我立志要在两年内从社区大学毕业，四年从商学院本科毕业。本科我首选加州伯克利大学的商学院，次选为旧金山州立大学的商学院。对我们这些没有背景、家境清寒的学生来说，旧金山湾区只有这两家公立大学是最佳选择，因为学费便宜，又可以住在家里，节省不少开支。其他著名私立大学如斯坦福，乃至东岸的长春藤名校，我们只有望门兴叹！在香港时我看过达斯汀·霍夫曼的电影《毕业生》，加州伯克利大学是我向往的大学。

美国大学制度弹性很大，只持有中学文凭（包括国外的）便可申请入读社区大学，一般两年毕业，毕业后可选择衔接四年制大学，继续读两年，就可以获得本科毕业学历以及学士学位。旧金山城市大学里除全日制学生外，还有半工半读生，有辍学多年想继续学业的，有想学习特定知识的各年龄学生。就读社区大学的学生水平参差，竞争比名校小，比较容易拿到好分数。而且社区大学的大部分经费由纳税人负担，学费低廉，是美国造就人才的一个重要基地。

第一个学期，我选读了比较容易的课程。由于入学考试英文成绩不佳，我选了程度较低的英语班。会计的预备科目看起来不难，我选了；微积分我在香港中学时已读过，不过重修而已。这一来我一口气选修了18个学分,而当时只要修满12个学分,即为"全日制"学生。到美国的第一个学期就修18个学分,对我是一大挑战。

一个学期下来,我感觉英文课程相当容易,而微积分考试我每次都是班上第一个交卷的,每次都是满分。同班同学目瞪口呆,我在班上听到他们交流心得:"不要选有太多亚洲学生的数学班!"会计预备课程也很轻松。我读完18个学分,晚上还有时间去打工。在学校我认识了一位同学,他家里在唐人街开"古董店"(礼品店),要找一位晚间及周末的售货员,每小时薪水1.5美元,我欣然接受。

我每天上学坐公交车只需5分钱,午餐从姑姑家带,多为吐司面包夹花生酱和果酱,再带一个水果和水壶。当时一杯咖啡才10美分,我舍不得喝。我有时会带茶包,在食堂接热水泡茶包,再吃三明治。听说麦当劳的汉堡包是25美分一个,对我来说太贵了。上了两年社区大学,午餐时我从没光顾过麦当劳之类快餐店。如果晚上还要上班,我通常在唐人街买个面包充饥,待9点多下班回家,吃姑姑给我留的晚饭。

第一学期很快过去,除了物理因为我没有时间做功课,只拿了B,其他各科都拿了A。第二学期我不敢再修这么多学分,只选了15个。英文和微积分都很容易,但我选的程序设计语言COBOL,则花了我很多时间。当时全校只有一台IBM 360电脑,我们每写完程序,要排队等候用打卡机:拿买好的纸卡把程序打上去,卡上便出现许多小孔;把打好的卡纸叠起,写上姓名,交给运作IBM 360的学校员工,电脑便按程序的指令印出各种表格、报表或图形。哪怕程序有一点错,改正后就要重新排队打卡,然后再运行一次,每次要耗费一个多小时。有些人彻夜不眠,直到自己写的程序运行无误为止。

写电脑程序是热门的行业,收入相当高,因此电脑班的竞争非常激烈。我的英语欠佳，又因晚上要工作而没法完成功课，COBOL语言能拿到B已很幸运了。

美国的教育不分年龄，特别值得称赞。有一位60多岁的白人老太太，为了想知道为什么在赌场屡战屡败，来上概率课。课堂中我们得知赌得愈是持久，愈是接近理论概率，输钱概率最高的游戏为吃角子老虎机，最低的是美式轮盘，长期玩会输掉投注本金的5.5%。她每次上课都聚精会神，问老师很多有趣的问题。她启发了我，让我明白学校只是学习的一个阶段，终身学习才是正确的人生态度。如果有机会，退休后我也想回学校学我有兴趣的科目。

我把最难的必修课——心理学放在暑假来读。我英文底子不好，几乎整本教科书我都要翻字典查生字，读了三遍还有很多内容不明白，幸好考试合格了。

我有两位香港同学在华盛顿州北西雅图社区大学读书，1974年夏天，他们邀我北上游玩。我第一次坐上美国国内航班飞去西雅图，玩了四天。

我们一行四人，都没有车。西雅图社区大学很新，位于郊区，公交车很少，每次我们要去别处，都得伸手竖起拇指站在路旁搭顺风车。每次都是女同学出马拦车，停车的大都是男性，运气好时只要等几分钟，运气不好得等上大半个钟头。我们去了著名的太空针塔、派克市场，其他景点如动物园和乘船游小岛等，都因没有车而作罢。后来他们继续去附近的斯波坎看世博会，接着再去温哥华玩。我的盘川不足，买好的机票不能改，只有望洋兴叹。

同为没钱买车的留学生，我住在旧金山算是非常幸运了，公交车线路四通八达，而且每次票价只要五分。上学期间有几次公交车司机罢工,我才用自行车代步。自行车没有专用车道,汽车速度很快,从身边呼呼而过,比较危险,所以我只偶尔骑车上学。搭顺风车在60年代和70年代初很流行。70年代后期,因发生多宗搭车导致的凶杀案件,美国很多城市纷纷立法把公路上拦截顺风车定为非法。90年代后,"Hitchhiking"更成为历史名词。

1974年在西雅图,和曹仲荣、邹勤官、黄小敏等同学在公路旁等车子经过,然后竖拇指搭顺风车

我并不喜欢会计课,因为太枯燥。但这是一门很容易找到工作的学科,每家公司都需要会计,我自己以后做生意也需要,因此我选修了这个主科。很幸运,"会计I"课程是由一位华侨老注册会计师讲授,他常常很风趣地举出一些日常生活里的会计实例,我开始喜欢这门功课了。

第二年我选的课程比较难,又要选修程序语言Fortran。这段时间,我获知李日生同学去了加拿大读书,而魏仕恭同学在印第安纳州就读一所社区大学。我们一有空便写信,彼此鼓励。电话费昂贵,大家都是清贫人家的子弟,只好用书信交流各自半工半读的情况。我同班有位香港来的女同学,看我一本英文课本全变成中文,劝我不要太用功,容易神经衰弱。我只能说"读好书是我唯一的出路"。我的中学同学都很努力,我天资一般,英文又没有别人好,所以更要加倍努力,别无他法!

父亲加入美国国籍后,1974年初想以亲属移民的方式申请二弟来美。但二弟刚进香港浸会大学就读,所有弟弟妹妹的功课都是他在监督。如果他单独离开香港来美,母亲一个人恐怕很难照顾年迈的外婆和四个顽皮的小孩,二弟也担心我们两兄弟都要借住,太麻烦姑妈。他坚持不要独自移民,要父亲考虑申请全家来美国。父亲接受了他的建议,申请一家人移民美国,并于1975年获准。

香港华人基督教联会薄扶林道坟场,外婆的墓地

母亲在1975年初把香港四十多平方米的公寓卖掉。父亲看中旧金山48大道一处独立三卧室的房子,以37500美元买下,我和他一同去签约过户。1975年4月15日,我们一家人终于在美国团聚。可惜把我们从小带到大的外婆因患糖尿病,父亲没有申请她来美国。我们一家人离港后,外婆和我舅舅同住,半年后,她就与世长辞了。幸而她最

后皈信基督教，教友将她安葬于香港"薄扶林永远坟场"，我们回港时都能祭拜她。她的墓地背靠青山，面向大海，好像是远眺着她心爱的外孙儿女，盼他们不要忘记她。因为母亲和我们来美不久，经济、学校等都未稳定，外婆病重和去世，我们都没法回港，实在是我们生命中的一大遗憾。我那离了婚的舅舅常抽烟，不久染了肺病，也离开了人世。

二弟原本在香港浸会大学读工程，抵美后转到旧金山城市大学读化工，其他弟弟妹妹也转入当地中小学就读。

我被加州大学伯克利分校的商学院录取了，还幸运地获得第一年三千多元的奖学金。这真是天大的喜讯。只有一个条件：暑假我要修读英语能力课程一级A册。

来美国的第二年，因为功课太忙，我辞去了唐人街古董店的工作。那时加州的中餐馆生意很好，听说做企台连小费在内一天收入可超过60元，在我看来是天文数字了。我没有任何经验，又只能工作半天，很难有餐厅录用，最后只在学校附近一家周姓老板开的中餐馆找到一份洗碗工的活，每天下午放学工作三小时，到餐馆洗堆积得比我还高的碗碟。为了生活，为了自给自足存钱上学，这每一个碗碟似乎都在提醒我，一步步走下去，我的梦想终有一日会成真。有两次洗碗时我实在太累，不知不觉闭上双眼，站着睡着了。老板娘看我半天不动，把我叫醒。这故事成了我在餐馆同事间的笑柄。

有空时我也接打扫清洁的工作。学校数学老师请我打扫他家，陆续又介绍我去其他老师家里打扫。每次四五个小时，赚取20美元，这是很不错的收入！我最讨厌的是清洗烤炉，当清洁剂喷到还热着的烤炉里，那气味令我反胃，眼睛都睁不开，鼻子也无法呼吸。

来美第二年,我考下了加州驾照。待母亲和弟弟妹妹来美后,父亲用2000美元买了一辆白色AMC Rebel的二手车。二弟不久后也拿到了驾照。

*1976年,家里买了第一辆车,AMC Rebel*

1975年6月,我从社区大学毕业,还拿到以优异成绩毕业的奖状。

**我的人生心得:勤俭,不怕劳苦,步步迈向目标。**

## 学习时期之三

### 周游美加（上）

1975年9月，我进加州伯克利大学读书。第一年我和三位工科同学合租一个公寓，我的室友是为人老实的谭柏溟。翌年，我和香港丽泽的区姓同学及另两位香港来的留学生合租了离校园走路仅10分钟的公寓，两人住一间卧室。

读工科的外国留学生，学费和杂费都比本地生的高一倍多。但他们家里是做生意的，有能力支付大学费用，不像我这个清寒学生要靠打工、奖助学金才能读书。两位香港顶尖学校的毕业生，资质高，功课不难拿高分，不像我读的会计、市场学，一定要多看书才能合格毕业。多年以后，室友谭柏溟这样说起对我的印象："他很努力读书。睡眠中，我曾有数次被说话声弄醒，留心细听，原来是 Lawrence 在睡梦中说什么 Credit，Debit，会计学的名词。"

奖学金加上积蓄，已够我大学第一年的费用，我不用再去打工。但同屋三位有钱人家的同学，有时间便打麻将，三缺一时常拉我下场，周末有时我还跟他们去塔霍湖赌场赌钱和滑雪。所谓"近朱者赤，近墨者黑"，我一星期有两三天陪他们打牌，一个月去一次塔霍湖赌钱。

有一次考试后他们约我去塔霍湖赌场。他们认为有大钱才能赢大钱，我们大家把钱凑在一起玩21点，押注额由小渐大，如果输了则下一次加倍下注，直到赢钱。我身上只有二十多美元，但每人至少出资100美元。为了凑赌本，我去学生援助办公室借了最高数额的救急金100美元。第二天晚上我们开车到了赌场，先把车加满油，吃完饭便进赌场大干一场。起初是赢钱的，后来输了一些，我们便用输小注则加大注的方法去赌，怎知连输六局。大家都觉得第七局必胜，要把前面的钱都赢回来，决定把最后一百多美元和身上的零钱都拿出来赌一把，结果还是输了。大家回房间睡觉，第二天我们连吃早饭的钱都没有，幸好我有信用卡，否则都饿着肚子回伯克利。

回来时经过瓦列霍桥，幸好回程方向不用付费，否则车子可能被扣。因为过桥费为35美分，而此时我们四人把口袋里的钱全掏出来还不足20美分。这事至今我仍历历在目。

周末伯克利的舞会不少，我偶尔跟室友同去参加。伯克利当时是美国最开放、嬉皮士最集中的校园，喝酒、抽大麻和舞会是分不开的。有一次我吸了过多的大麻迷迷糊糊的，第二天到中午还不能起床。

由于误交损友，我的成绩也一蹶不振。幸好在广告学的班上认识了邓干诚（Luke），他和我常去图书馆看书和研读，我们也做了毕生的好友。

Luke买了一辆生锈的红色大型双门汽车，62年的通用庞蒂亚克Bonneville，这车以前是在废旧汽车堆放场内装载垃圾的。他花75美元买回来，车的刹车不好，窗门没法关紧，他也没钱修理。每个周末他都开车去加州大学戴维斯分校看他的女朋友康妮。我大四时认识了一个女朋友，有时他不用车我就借他的车子。有一次在80号公路出口，我忘记减速，遇上红灯车停不下来，差半英尺撞上卡车，当时刹车片都冒烟了,我至今还仿佛能嗅到那股焦糊味。真是大难不死。

挚友邓干诚75元从废车场买来刹车不灵的庞蒂亚克Bonneville

1976年夏天,加拿大蒙特利尔开奥运会。我香港中学的同学遍布美国伊利诺伊州和加拿大多伦多一带,这是我既可探望同学又可畅游美加的大好时机,再过一年,我大学毕业工作了,便没有机会了。

1976年5月,我看报纸广告买了一辆状况不错又省油的二手车,1973年的雪佛兰四缸双门Vega Sport。这辆车的特点是后厢可充气升高,耗油量少,可载重物,四个轮子都是新的钢轮圈。我花1300美元从嬉皮士手中购入,仔细一算,银行户口上只剩下二百多美元。母亲到美国不久,听说我要到两千多英里外的加拿大东部去看奥运会,父亲又上船工作不在家,她快晕倒了,一分钱也不肯资助我。幸好二弟把来美打零工仅有的100多美元借给我,我凑足400美元加上一张300美元额度的信用卡,便准备上路。

我先通过书信和长途电话与美国、加拿大各地同学联系妥当,又参加了美国汽车协会,领了四五磅重的各地区行车地图,给车做好了保养。6月26日,大学期末考试结束次日,我打包了衣物行李,带上母亲特地做的一罐我喜欢的棉花糖米通便上路了。临行时她特别叮嘱，每到一个地方要给她写明信片或打电话。

我沿着80号公路行驶，下午到了内华达州，晚餐为了省钱，就吃棉花糖米通、喝自带饮水充饥。又开了数小时，我实在太累，便停在路边一家加油站旁把座椅放倒睡觉，直到第二天早晨被工作人员的谈话声惊醒。加油站大都提供全方位服务，我请他们加完油后检查车况，这才发现机油不够了。原来雪佛兰Vega的发动机油路密封不佳，每八百多英里便要加一夸脱机油。如果我不查机油，发动机可能就要报废了。当时的汽油价为五角多一加仑（比起三年前的两角半已贵了近一倍），每次加满油箱只要七八美元。

早上我驾车穿越一片白色无际的盐湖。整整一个多小时，放眼尽是两旁雪白的盐和蔚蓝的湖水，天上有无数海鸥飞翔。车子没有冷气，天气炎热，我只得整天开着窗，呼吸带腥味的空气。

眼前慢慢出现各式高楼大厦，我到了盐湖城。我吃了一个汉堡包和一罐可乐，继续上80号公路往东走。进入高速公路时看到一位穿军装、带着背囊的年轻人竖起拇指搭便车，我停下车。约翰要往丹佛市募兵处报到工作，我也顺路，便载他一程。他告诉我他曾参加陆军打过越战，他觉得美国人介入越南是错误的，很多越南人民和美军士兵都枉死了，美国又得到了什么呢？我们也讨论了美国越战后裁军和年轻人不愿当兵、志愿兵总体素质在降低的问题。

一路穿过白雪覆盖着山头的落基山脉，忽然，我眼前出现一片无际的大平原，平原的近处有一座现代高楼林立的大城市，这就是丹佛市了。约翰下车后我又继续前行，在大平原上开了一天的车，累了就在州际公路的休息站停车过夜。出发后的第三天中午，我终于抵达卡本代尔南伊利诺伊大学，找到张同学的学校宿舍。

在张同学处稍事休息后,她提议翌日和她男朋友及两位同学一起去两小时车程外的圣路易看著名的大拱门。当时的留学生多为中产家庭出身,不很富裕,且留美的费用相当高,很少学生买得起车,更遑论放假出外畅游了,因此大家都想借着我有车的机会出外游览。

我这"井底之蛙"第一次看到了宽阔的密西西比河,也登上了代表美国西迁拓荒移民的雄伟标识——63层楼高的不锈钢拱型建筑,圣路易的地标。坐上飞快的垂直升降电梯,整座城市和雄伟的密西西比河尽览眼底。

吃完快餐回卡本代尔时已是黄昏。我忘记车子汽油不足,回程半路上油表亮起红灯,但加油站都已关门了。又开了一段路,怕车抛锚,有人建议找路边的农庄买汽油——农户有汽车、农用机械和拖拉机,一定会有汽油的。

不管是什么法子,总比汽车没油抛锚在荒山野岭强,我便将车停在一栋亮着灯的农庄房子前。按过门铃,一位身穿蓝色吊带工装裤的农人开了门。我告知来意,他跑进车库拿了一桶五加仑的油出来,说他所有的机械都加这种油,我的车应该可以用的。我毫无选择余地,给了他三美元,把油灌入油箱。

上车开了几里路,进入一个小镇,车身颤抖起来,然后发动机熄火一动不动,再也打不着了。我们合力把车子推往几个街口外已关门的加油站,把车锁好,五人合租了一个旅馆大房间过夜。第二天一早,我去加油站请技师修车,原来昨晚加的是柴油。我花了20美元抽出柴油,洗净化油器和油路,再注入新的汽油,真是劳民伤财。从那以后,我都在汽车油量少于一半时便加油,以免重蹈覆辙。

逗留两天后,我开车继续北上,经过空气污染严重的底特律进入加拿大。在哈密尔顿我探访了久违的李日生同学，彼此阔别三年，都有说不尽的故事。他因为家中破产，去香港太白海鲜舫洗了一阵子碗碟，后来向朋友借了一些钱，辗转来到加拿大半工半读。

还有几位在多伦多的同学也放暑假了，有的人找到全职或半职的工作，都没有买车，有空的或放假的便乘我的车出去游玩。大家最喜欢去美加边境的尼亚加拉大瀑布，和在大瀑布边上的苹果园采摘苹果。美国的物价比加拿大便宜，我们便在瀑布旁往返美国和加拿大境内，既可看风景，也可以去美国纽约州购物，一举两得。马蹄型的瀑布一涌而下，巨大的水花升上空中，我们坐船从下面看水柱迎面冲来，头顶上有长年不灭的彩虹，加上水声震耳欲聋，真是惊心动魄、美不胜收！在苹果园自摘苹果的价格其实和超市差不多，但我们在园内吃饱了苹果，再摘十多磅送给同学，实在很合算。

1976年，与李日生同学在尼亚加拉瀑布

旅途中我都在同学住处打地铺，每次出去玩，他们都会付我汽油钱。

在多伦多，我找到了三年前来加的表姐巧莲。她在香港教书多年，同时推销安利产品，我曾是她手下的推销员。她经朋友介绍从香港来多伦多工作，可惜就职的公司不久便关门了，她请老板帮助申请移民的希望成为泡影。还是朋友介绍，表姐很快和一位加拿大白人结婚，生下一个女孩。他们住在郊区，交通很不方便，表姐并未融入加拿大社会，她很想回香港的家。但是老家每个人都认为她住在天堂，她不敢向家人和朋友诉苦，只有每天向两岁多的婴儿说客家话和广东话，倾诉心声。

**我的人生心得**：毫无牵挂、无拘无束的人生片段是多么阳光，这是我一生中最自由快乐的时刻。我这个有车的人，顿时变得奇货可居。

# 学习时期之四

## 周游美加（下）

在多伦多，我们还在林同学家中庆祝同学会成立四周年。我和同学们去过渥太华、蒙特利尔游览，买了奥运入场券，也上了加拿大国家电视塔。我"骗吃骗喝"地在安大略省过了两个星期。

有一个周末，李日生借了一顶双人帐篷，周五下午我们带了厨具、钓具和食物，两人开车北上两个多小时到阿冈昆公园露营、钓鱼。我们在傍晚抵达公园，租了一艘独木舟。租独木舟时听说园内有黑熊出没，要多加小心，我们不以为然。

当晚我们划独木舟到一个渺无人烟的半岛上，把营帐搭好，生好火。因为太晚，我们只能烧热水吃方便面。岛上蚊子非常多，我们故意把湿草木放在火上产生浓烟以驱蚊虫，但寡不敌众，我们头部、手脚多处挂彩。我们吃完面便躲进帐篷呼呼大睡，也顾不得欣赏星月清晰的夜景。

第二天我们日出即起，煮水喝茶吃过面包便出发去钓鱼。李日生钓了一条约两公斤的鲈鱼，我只钓到两条三安士的小鲈鱼。独木舟在许多漂亮的小岛及半岛间穿梭，到太阳快下山时，我们凭着指南针找到扎营的地方，准备好好做一顿烤鱼大餐。靠岸时我们却发现帐篷已倒下，赶快把独木舟绑好，上岸去看个究竟。只见食物、刀叉、厨具和衣服杂物撒得满地都是,帐篷破了个大洞。60米之外,站了一只约300磅的大黑熊,正在吃我们带的一包糖!

熊看我们回来夺它的美食,转身朝我们走过来。我以前听说熊不吃死人,正想问李日生要不要躺下装死。来不及了,只见李日生非常生气地拿着两磅半的柴斧朝熊奔去,我见状也拿了一根独木舟的船桨,跟李日生一同叫喊着冲向黑熊。黑熊奇怪我们居然不怕它,转头便跑得无影无踪了。

因为不知道熊晚上是否还会回来,又没有帐篷可住,我们只得把破帐篷收拾好,连同散落四周远至两百多米的各种杂物、食物和渔具,全部放上独木舟划回公园租船处,然后打道回多伦多。

7月16日,我离开多伦多。我和李日生、郑则勇三人,计划在蒙特利尔看奥运会后顺便去魁北克市游圣劳伦斯河,再去纽约和华盛顿。李日生特地请了一个星期的假。在蒙特利尔,我们因为带的钱有限,不能看英女王主持的奥运开幕或闭幕仪式,只能看一场日韩对垒的排球赛和一场田径赛。最惊讶的,是看到一座尚未完成的主体球馆。原来蒙特利尔政府因经费不足,场馆建设难以为继,以致有些比赛要转到别处举行。郑则勇在蒙特利尔和华盛顿都有亲戚,这几天我们都住在他的亲戚家。

在魁北克市,我们看到浩瀚的圣劳伦斯河,五大湖水系由此流入大西洋。我的英文名字是用此河命名的,取融汇所学、川流不息的意境。从魁北克开车去纽约,我们沿途经过许多小镇,加油时发现小镇居民只用法语交谈,不谙英语,我们只能用手势沟通。我这时才感觉加拿大魁北克独立问题的严重性。

纽约市是美国最大、物价也最昂贵的城市,幸好李日生同学有教友在纽约，我们三人得以在唐人街基督教堂楼上的房间免费住宿。那里的条件并不好，地铁列车就在窗外不足30米处的高架桥上呼啸而过，早晚都很吵，有时根本无法入睡。教友说幸好我们是夏天来，如果是冬天，厕所的水会结冰，根本无法使用，也没有自来水。还好那里有厨房可煮饭，能省下不少钱。虽然还没信奉基督教，出于礼貌，我们也参加查经班和一些教会活动。

在纽约，我们到无线电城看《纽约纽约》的踢腿舞，畅游了自由女神像、联合国等必到之地。由于停车场及路边停车费太贵，我的车每天到处乱停，仅三四天就拿到二十多张违规停车罚单。美国各城市的交通罚款那时并没有联网，我就把总额三百多美元的罚单当场扔进垃圾筒，只留一张作纪念！我这车以后不会再回纽约了。

在时代广场逛街，一家卖照相机、手表的店里，我看到一只很漂亮的金色瑞士手表。店家开价200美元，我顺口说20美元。戴小黑帽子的犹太人店家居然说"成交"，把手表包起来伸手向我收钱，把我吓了一跳。我身上全部现金不到50美元，连回家的路费也不够，哪有能力买20美元的手表？我只好推说没带钱，赶紧离开。这以后我再也不敢随便还价了。

继续南下，途经新泽西州时我们又载了一个搭便车的人去费城，条件是他付10美元的汽油费，他答应了。我们四人有说有笑继续前行，也可以排遣旅途的寂寞。我们在费城看过自由钟，又马不停蹄驶向美国首都华盛顿。

到华盛顿唐人街郑则勇同学的五叔家里时，我口袋里只剩5美元和一些零钱。郑则勇的五叔非常好客，招待我们到他家里吃住，不收分文。第一天我们去美国国会和华盛顿纪念碑看了看，第二天我就要去找工作赚钱。五叔答应收容我在他家中暂住几星期，做"厅长"睡客厅。8月8日,李日生同学回加拿大时,我已工作数日了。

华盛顿的唐人街华人不多,新移民也少,但"中国热"令餐馆生意兴隆,到处都有招工广告。企台(负责点菜、上菜、结账等餐台服务的服务生)是餐馆行业中高收入而不需要高技术的工作,薪水加小费每月1000美元到2000美元不等。大家都想去生意好的餐馆当企台,而招人的工作大都是辛苦的busboy(收剩菜盘碗的杂工、清洁员)、厨房工和洗碗工。我没有企台经验,只能找到一家台湾人新开的餐馆做午餐企台,一周工作五天,每天四个小时。下午我又找到唐人街生意最好的"红宝石餐厅"做busboy,每周工作六天,每天从下午4时到午夜,共八小时,往往凌晨1时才能回家,每小时薪水约1美元。餐馆服务员都要靠小费赚钱。

新开的那家餐馆生意不太好,老板自然心情不好,常骂人。我不会说普通话,和他沟通有问题,为了钱,我只好逆来顺受。而红宝石有员工四十多人,企台和同事都很照顾我,busboy也能分到一定比例的小费,我的收入不错。红宝石生意很好,差不多每个周末都要排队,我的工作量很大,回家后都累得不能动弹。

午间有空和放假时间,我便去参观白宫,又去了华盛顿纪念碑、林肯纪念堂、阿灵顿国家公墓、美国国立自然史博物馆等等,大开眼界。我就这样工作了21天,每天都很累也很开心。午饭、晚饭和宵夜都是在工作的餐馆吃,不用花钱,我口袋里很快从五美元变成七百多美元,足够继续旅行和回家了。

在加拿大阿尔伯塔省的谢同学和多伦多的潘同学约好来华盛顿和我会合,连同我的新朋友阿耀,四人开车南下,去新开的奥兰多迪士尼乐园玩。平常大家都省食省用,到奥兰多住在园内的新酒店,那是我第一次住五星级酒店。迪士尼和环球影城里好玩的地方很多,我们四个大孩子玩得相当痛快，逗留了两个晚上还不够，但我们的时间和钱也不够。去过此行最南边的迈阿密海滩，我们再沿95号公路回华盛顿。经过南卡罗来纳州时，这超载的四缸小车居然可以超速给警察抓到，州警要我当场付罚款否则扣车，我只有付款了事。谢谢三位同行帮我分担！

车上只我一人有驾驶执照，我开累了便停在路旁或加油站休息。车上没有冷气，很闷热，我们走走停停的虽然累，但很开心。回到华盛顿放下阿耀，再谢过郑则勇五叔的收留，我又北上多伦多，把潘同学放下，同学们还特地为我开了送行会。送行会后我再和谢同学沿加拿大1号公路奔驰，去往阿尔伯塔。

加拿大的天气已经转冷，树木纷纷变成红色和黄色，一片缤纷，景色迷人。沿途都有同学认识的留学生，我们先一一打电话联系好，晚上到他们住处打地铺借宿，他们听说我们的游历，都很帮忙。我们分别在里贾纳、萨斯卡通、曼尼托巴省的温尼伯如此度过三晚。

到了卡尔加里，谢同学带我去举世闻名的度假圣地班夫国家公园一览。学校快开学了，我赶快独自开往温哥华，经西雅图由美国5号公路回加州。1976年9月27日，我抵达旧金山家中，已是伯克利开学之日。

这是我毕生难忘的旅行。我独自驾车近3万公里，历时93天，经过美国21个州，加拿大的10个省，横跨美加东西岸。旅途中幸得各地同学朋友在招待和收留，我实在不胜感激。旅途中有多次遇险，露营遇黑熊是第一次，第二次是在加拿大曼尼托巴双向两车道公路，上坡时想超过货车，但汽车马力不足，差点和迎面而来的车撞上。还有无数次开车打瞌睡差点儿出事。虽然我每星期都在各地公用电话亭给母亲打昂贵的电话，她还是见我回来才安心。弟弟说母亲为我这次旅行还担心得生过病。

到家后我还剩下400元，还了二弟的一百多，基本上等于我出发前买完车所余的二百多元。我住学校附近，回校上课用不上车，因此以1100元把车卖掉。这一趟远游我开了18,000英里，汽车没有换过轮胎，也没大修过。卖车价差200元，再加上保险和汽油，这次旅行共花费约1200美元，每英里用了6.7美分，每天约花费13美元。旅行中同学们资助了约一半的费用，即六百多元。而我得到的友情、经历、处事经验和美好的记忆，却是我毕生永恒的资产。

**我的人生心得**：勇于不断地自我挑战，不浪费青春，充实自己。

# 学习时期之五

## 决心自立门户

1976年秋,在加大读书的最后一年,朋友介绍我到核桃溪一家约300座的中餐馆,做星期六晚的企台。餐馆生意很好,每个周末都要排队,我的薪水加小费有近百元一天。

在餐馆我认识了一位数学博士,他毕业后找不到工作,在这里做了两年多企台。因为收入颇丰,慢慢地他也想放弃寻找专业对口的工作。而餐馆的主人只是中学毕业。这更坚定了我的信念:一定要自立门户做老板。于是我暂不准备念MBA了,因为老板鲜有高学历的。

1977年我从加州伯克利毕业,在校园和家人合影

我又认识了一位漂亮的中学生，周末在餐馆工作的新移民，只有17岁的孙小姐。我们常常在一起，周末更四处游逛。由于自我放松，荒疏了功课，我的成绩大幅下跌，而同学们都是优秀生。为了保住我的学习成绩，我不能再和她常见面，不久我们便分手了。1977年春天，我离开了打工五个月的这家中餐馆。

今天的大学生，毕业前一年要找公司实习，以期毕业后立即获得公司录用，这种方式在70年代并不流行。我们只是毕业前半年左右，去学校"求职中心"看各大公司招人的告示，若有合意的，再和招聘人接洽，安排时间面谈。

1977年，美国经济低迷，不过我也有许多同学找到会计工作。我觉得这工作太闷，我的理想是做餐馆老板。毕业前两个月，我在报纸上看到聘请"餐馆助理经理"的广告，这个职位的工作时间长，薪水又只有会计的一半，可经济大势不太好，我也只能接受了这个工作。1977年8月，我在旧金山Tanforan购物中心里的一间三明治快餐店内做起了助理经理。

快上班前，我和挚友Luke开车去拉斯维加斯玩了一周。我们常开车去北加州的塔霍湖、雷诺等赌场玩，但从未到过最大的赌城拉斯维加斯。我们开的还是他那辆破旧的Bonneville，刹车不大好，没有冷气。在大沙漠日间温度高达41℃的高速公路上奔驰，我们打开了车上所有窗户，汗流浃背，沙尘满面，嘴巴、鼻孔里都有沙粒。

我们住在星尘酒店，当时最好的酒店之一，如今已拆除。那时候拉斯维加斯还只有一条主街，以及老市中心的一些酒店、赌场和购物中心，给人的印象是空荡荡的城市，并没有想象中的繁华和美丽。附近的胡佛水坝和米德湖反而风景秀丽，沙漠中一片深蓝的大湖，蔚为奇观。我们每人预留了20元的备用金，便进赌场一试手气，希望赢

1000元便打道回府！

第一天手气还好，小赢一点，晚上我们看了场声光俱佳的歌舞演出。第二天在酒店吃过99美分的自助早餐，便进赌场玩轮盘和21点。赌法仍是渐进式的，先下小注，若输了再下大注。怎知21点居然连输五盘，两人只剩下不到3元，只能去玩一分钱的角子机——以一分硬币投入，吐出的也是一分的硬币。这机器真行，我们中了多次1000个分币（合10元美金）的大奖。每次中奖，角子机都铃声大作，引来众人围观。我们一直赢到这部吉祥分币机没里有硬币，赌场再也不补充，才依依不舍地离开，拿了十多磅重的一分钱去换钞票。赌本增加到四五十元，我们充满信心，又一鼓作气再投入21点赌战，结果没过多久又输光了。第三天我们便开车回旧金山。从此以后，我虽多次到过赌场但很少去赌，以免浪费宝贵的时间和输钱生气。

我工作的快餐店老板，是一位伊朗来的移民，为人刻薄。他在多间大型购物中心都开了快餐店，仅在Tanforan商场他就拥有三明治店、Swanson冰淇淋和汉堡店各一家。三明治店长弗兰克，白人，60岁左右，他不愿做疲于奔命的老板，二十多年来都只当经理，替别人经营快餐店。因为我不怕多干活，他和我的关系很好，我们手下还有一个全职工人和三个半职的中学生。经营这家餐馆很简单：售卖餐食、进货、烤牛肉、焗肉饼、准备蔬菜、做沙拉、计算成本等，弗兰克都一一教给我，慢慢的都由我来负责，他便可以提早下班。我三四个星期后便全都学会了。有空时我会到快餐店对面的冰淇淋店和汉堡店帮忙，也学习如何经营和管理。

我的一位香港朋友陈先生很想开餐馆，但他的儿女不愿意，嫌他啰唆又不会英文。我在放假时和他到处物色开餐馆的地点，给他当翻译跟地产经纪谈判，从中获益不浅。我发现当时旧金山的中餐馆愈开愈多，但中国厨师却供不应求，甚至有中餐馆因为大厨离开、找不到合适的人手而关门，尤其是远离市区的村镇餐馆。当时生意最好的是中国城两家口味偏辣的四川、湖南餐馆，每天都排长队。我认识到如果自己不会厨艺，想开餐馆是行不通的，于是我立志去学厨艺。

> **我的人生心得**：年轻是本钱，应该勇敢去闯，去体验。赌博是自毁，不能因短暂得到而沉迷。

# 学习时期之六

## 学煮中餐

在中文报纸上，我看到一则广告，离家只有20多分钟车程的戴利城一家中国餐馆招聘有工作经验的助理厨师（帮厨），我便去应聘。玉龙酒家是家一百多个座位的广东菜中餐馆，老板是姐弟二人，来自台湾，父母是南京人。他们都在台湾出生，在眷村长大，是第一代美国移民。

弟弟杰克面试我，用国语问我从哪里来，来了多久，之前在哪些餐馆做过什么职位。我用广东话回答：从香港来了一年多，在首都华盛顿做过busboy和帮厨。我还告诉他我不会英语。他说一个星期上班六天，每天上十个小时，每月薪水只有600美元。我计算了一下，这比法定最低时薪还低，但我还是答应了。唐人街以外的中餐馆很难找到人做低薪、时间长的厨房工作，因此杰克同意录用我。我的工作是厨房最低下职位：切菜码和操作油炸炉。餐馆让我一周内辞工来上班，在1977年底，我辞去了工作近半年的三明治店经理职位。

上班第一天，广东大厨看我不会切菜，也不会炸春卷，便告诉杰克请我回家。

餐馆有一位大厨、三位帮厨，帮厨中有一位是老板杰克的弟弟建名，刚从台湾来美。餐馆生意很好，缺人操作油炸炉，如炸春卷、云吞，为甜酸咕咾肉等菜品预炸食材。炒锅到油炸炉约6米之遥，上客时厨房忙起来，大厨和帮厨很难同时兼顾两者。老板没办法马上找到人手，便让我留下做几天看看。建名对我很好，教我如何控制炸食物的时间，如何看颜色断生熟。美国的不锈钢电油炸炉都是自动控温，很容易上手，没几天我便用得非常熟练，加上建名帮我切菜，大厨也不再嫌弃我是生手了。

昔日生意兴隆的加州戴利城玉龙酒家，可惜于2021年结业，现已人去楼空

建名在台湾大专毕业，从部队退役后因哥哥餐馆人手不够，申请他移民来美，从下飞机那天起就在这玉龙酒家工作，半年很快过去了。因为不懂英语，他只有在厨房学厨艺。他与广东大厨虽有语言隔阂，但相处得还不错，他在外面也认识几位台湾来的厨师朋友。建名性情刚烈，常因厨房和企台之间的小事与另一位做企台的哥哥大吵，有几次甚至动武。

建名的父亲早逝，母亲把家里五个小孩养大，大姐很照顾四个弟弟，他排行老四。他们是国共内战后撤退到台湾、在眷村长大的外省籍小孩，生活比较困难，成长过程中因为语言及习俗问题，与台湾出生的本省籍同学常起冲突。外省籍同学在校园内外往往是少数，便结成帮派以抵御本省籍同学的多数，最有名的是竹联帮、四海帮，本省一方则也有天地盟等派别。双方格斗所用的武器比较原始，早期用小铁棍和螺丝刀，后期发展到用武士刀对杀。

建名脾气比较暴躁，在校时就为外省籍同伴抱打不平，常和本省人打架。他的哥哥也是易怒的年轻人，彼此合不来。建名想自己出去开餐馆，但他钱不够，也不会英语。我也想开餐馆，我需要一位厨师和出资的合伙人，因此我们一见如故，做了好朋友。每到餐馆放假我便和他到处闲荡，我们也讨论许多前景，有空时他教我一些新学来的厨艺，我也教他英语。

在厨房做事的，大多是低等教育水平，绝大部分人不懂英语。读过书会英语的，不做这工钱少、体力消耗大、工作时间长的低下工作。厨师们大多每天工作约10小时，每星期五到六天，月工资五百多到六百多美元。我从来不敢跟他们说我是加州大学的毕业生，否则他们觉得我高他们一等，我就很难和他们打交道了。

有一次放假，建名带我去他台湾厨师朋友家串门，我认识了20岁的小路。小路的父亲是当时做湖南菜很有名气的路师傅。由小路介绍，我进入唐人街杰克逊街的会宾楼餐馆学做帮厨。

辞去做了两个多月的油炸炉工作，我到会宾楼做了真正的帮厨。老板岳伯伯一家原籍山东，二战后去韩国定居，70年代初期移民美国，开了这家北方餐馆。岳伯伯是餐馆业世家出身，自己就是大厨，在韩国汉城开过多家中餐馆，现在年纪较大，只在人手不够时才到厨房帮忙。平时厨房的工作都是他太太岳妈妈和香港来的二厨冯师傅负责，炒菜、调料和采购等工作则落在他儿子小岳老板身上。

我每天跟着岳妈妈学切菜、切肉、腌肉、包饺子等杂活。好几次切菜时我不小心把手指切伤流血，在岳妈妈督促下，包了胶布便继续工作。最近我在一家中餐馆吃宫保鸡丁，吃出一个卷成圈的胶布，顿时想起手指伤口给酱油腌痛的往事。我是从来没有吃过饺子、锅贴的广东人，岳妈妈督促我一个人和面、分剂和擀面，供岳妈妈和洗碗杂工两个人包饺子，我稍微手慢一点就要挨她骂。

我菜切得不整齐，速度也不够快。为了锻炼我，岳妈妈给我的工作是白天切全部餐馆日用的菜码和用机器切肉，晚上则是抓菜码给冯师傅和小岳老板炒菜。我手脚不够快，岳妈妈常说我"手软"。肉切得太大或太小都要挨骂，腌得太咸或不够入味也要被数落。我一个人抓菜码难免出错，也要受两位厨师的气。餐馆晚上的生意比较好，周末有时客人会排队。如果我白天菜码备得不够，临时切菜，拖慢了出菜时间，就会被整个餐馆臭骂一顿。我的刀法和厨艺就这样在血泪中锻炼出来，切出的蔬菜粒大小一致；整个餐馆的用菜我原来要五六个小时才能准备好，两个月后，只要两三个小时便全部搞掂。

四个月很快过去，我在众人的吵吵骂骂声中练就了基本的厨房技能，切菜和抓码很快完成并很少出错。小岳师傅有时还教我掌勺，最后冯师傅还教了我兑汁炒菜。

陈先生又来找过我几次，我们一起去旧金山物色店面考虑开餐馆，但本钱要四五万美元以上。我打工一年多，总共收入七八千，手里只剩下五千多。我没有经济条件做出资50%的股东，但如果只做出资20%的股东，却要投入好几年的时间专心经营餐馆，又实在得不偿失。

**我的人生心得**：基本的功夫要从磨炼而得，人工少、工作时间长、任劳任怨，是达成目标必经之路。不气馁，继续为理想而奋斗。

## 学习铭记

  锁定目标,从基本做起。名牌大学商科毕业,却装成不懂英语,做厨房打杂,每天工作十个小时,薪水微薄。餐馆每个人都可以吩咐我做事,尤其是老板没事便拿我出气,毫无尊严可言。直到厨房不懂英语的厨师们知道我懂英语,他们请教我不懂的事我都可一一解答和帮忙,情形才有所好转。

# 初出茅庐

1979--1983

# 初出茅庐之一

## 开中餐馆

1978年秋,我偶然在旧金山《星岛日报》上看到,德州新发展的城市休斯敦市中心附近,有一家中餐馆出让。餐馆原来装修的成本42000美元,现在只售24000美元,价钱还可再议。旧金山的餐馆已趋饱和,很多餐馆只能保本,休斯敦是石油中心,需要大量新移民,餐馆售价也在我和建名能负担的范围内。刚好我念社区大学时打工的那家餐馆的周老板也搬去休斯敦开中餐馆,我联系他们后,便搭飞机去了休斯敦。

我按地址找到韦斯特海默街224号,这家中餐馆距休斯敦市中心只有1.5英里,地处红灯区,晚上车流量很大。餐馆由方先生和陈先生两对夫妻合伙,各占一半股份。四位都有正职在身,实在无暇兼顾,餐馆只开晚餐,每天下午6时至11时营业,白天关门。从前这是家越南餐馆,一年多前由这两对夫妻合伙出资买下,重新装修了厨房。厨房里有三个从旧金山运来的全新炒锅炉头,大冰箱、洗碗机等一应俱全,前厅有八十多个座位,桌椅、地毯等情况都非常好。他们还把42000美元的装修单据拿给我看了。

在银行工作的陈先生每天下班后,便和方太太在餐馆工作,直到打烊吃完晚饭,临近午夜才能回家。据他们说,每晚流水约有200

美元，扣除员工薪水和房租，每月只能打平或小亏。二位老板都没有从餐馆支薪水。那晚我在餐馆逗留到打烊，看到一晚上只有十来桌客人。两位股东白天工作8小时，晚上还得在这餐馆做五六个小时，坚持了一年多。餐馆营业不佳，受厨子的气，又不敢多请人手，方太太到餐馆工作还得带着不到一岁的小婴儿，搞得心灰意冷。

我对二百多美元的营业额半信半疑。如果每天流水150美元，减去55元日租（每月租金1700）、50元的食物成本（33%）、大厨40元（月薪1200），以及企台的薪水、电费、杂费、税费等，每月至少赔一千多美元，再加上股东投入的时间精力，这餐馆确实是很难经营下去。据他们说，幸好每年4月和10月有两个周末的艺术节，就在韦斯特海默街上举行。餐馆地处艺术节的中心区，光是卖啤酒和春卷，周末两天便可卖四五千美元，不无小补。

餐馆地处红灯区，可开到凌晨2点。我估算请两个厨师、一个企台，中午流水做到100美元，晚上做到250美元，每天营业额350美元，每个月进账10000美元，那就有钱可赚了。

我只有六千多美元存款，但我有的是时间。建名还没有看过这餐馆，我只能还一个我负担得起的数字，便还价10000美元，5000元头款，5000元分一年免息偿还。两位股东非常不高兴：他们的开价已很低，24000元已经是亏了不少。但形势比人强，他们挂出餐馆三个月仍未卖出，也有点心急。双方讨价还价后，最终定为12000美元，先付首期6000，餐馆过户后，余下的6000美元分期一年还清。和建名通过电话，我当场付了500美元定金，又答应一个月内再付1000美元押金，其余4500美元在交店时付清。

谈完之后，我又去拜访周老板夫妇在休斯敦西南区的中餐馆。他们的生意很不错，周末时客人还要排队呢！这更增加了我在休斯敦开餐馆的信心。

回到旧金山，我拿了照片和合约去和建名商议。他也很希望自己创业，不想被家人瞧不起。但做决定前他要看到餐馆，他也想趁机看看外面的世界。机票很贵，我们俩各自请假一周，从奥克兰坐Amtrak双层火车经过洛杉矶、凤凰城、德州的埃尔帕索、圣安东尼奥，抵达休斯敦。两天一夜的行程，穿过大沙漠，最后抵达树林密布的东德州。休斯敦已是深秋，很多树林已染成一片黄红色，煞是好看！

我们从市中心火车站坐出租车到餐馆，考察了一天。两位老板看我们没有经营餐馆的经验，怕日后收不到余款，答应餐馆过户后留店指导我们半个月，并帮手做4月艺术节的生意。建名和我意见一致：物有所值。我们加付了1000元押金，拿好收据，说好1979年3月成交过户。第三天，我们便坐火车原路返回加州。

我自有6000美元加上母亲借给我的4000美元，建名有6500美元加上他3500美元的奥兹莫比尔轿车，这就是我们合开餐馆的出资。我们俩签了一个协议，把钱存入一个旧金山银行户口。

建名提议沿用戴利城"玉龙餐馆"的名字，因为此餐馆生意兴隆，带给他们家好运，他的哥哥姐姐都赚到钱买了不少物业。我们约好在1979年1月底辞工，预计用半个月采购所需用品，印制菜单等等，再花三天时间前往休斯敦，用两天时间找附近的公寓安顿。

1月底很快到了。怕休斯敦没有中餐馆用品，我们便在旧金山买足了所需的碗碟、调味品。建名给他的蓝色奥兹莫比尔Cutlass Supreme装上拖车球，我们租了个中型U-Haul拖车，把行李、餐馆用具、什物装好，从旧金山出发。建名从未到过拉斯维加斯，我们途经那里特地玩了几个小时，度过一晚。次日黄昏途经亚利桑那近大峡谷时,我们遭遇一场大雪。车轮没有装雪链,又拖着沉重的拖车,不时打滑,有几次差点儿冲出路面跌下山崖。我们只有缓缓地向前行驶,幸好一位亚利桑那州警看见我们在大雪中打着双跳灯,得知详情后打开警灯为我们引路,我们跟着警车开了一个多小时,才脱离险境。

到达休斯敦,第一件事是找个离餐馆近的住处。我们找到了距餐馆一个街口、步行只需三分钟的一套两室一厅一卫的公寓。方太太替我们找会计师注册了新公司。到休斯敦第三天,我们把4500美元现金付给方太太,她也和业主谈好,把租约转给我们。

建名把餐馆大厨炒了鱿鱼,只留一个帮厨,当晚我们便接手营业。我们留下了唯一的企台、台湾来的李东亮先生。那时他正在休斯敦大学读会计研究生,日后成了我终身的朋友,也是我现在的会计师。陈先生和方太太留在餐馆帮忙,教我们如何订购蔬菜、肉类、外卖盒等,又把我们介绍给熟客认识,有空还帮着洗碗。第一天晚上,我们只做了79元8角的流水。

我们决定每周营业7天。星期一至星期六的上午11时至下午2时、下午5时至凌晨2时开门,星期天只开晚餐时段。餐馆靠近市中心,中午的生意是可以预期的,至于晚上,韦斯特海默街同性恋酒吧林立,附近的餐馆生意都不错,每晚9时到11时街上车水马龙,是做生意的好地段。我们餐馆每天营业时间长达12个小时,我和建名基本上每天要在餐馆工作14个小时。我们已把自己的所有投入了这个餐馆,没有退路,只有背水一战,"不成功便成仁"。

| **我的人生心得**:又一次离开舒适区,完成创业的理想。

# 初出茅庐之二

## 日以继夜经营

开餐馆时我24岁,但外表看起来不到20岁。方太太和陈先生介绍我认识各家供应商,并把相关的账户转到我们名下。供应商的业务员来到玉龙餐馆,都问我"找一下老板",我告诉他们我就是,每每他们立刻改口说"那找你爸爸。"

为免得别人误会我们太年轻,没有生意经验,到时候付不出货款,比我大两岁的合伙人建名特意留长了胡子,看起来比较成熟。这才让供应商放心,给我们30天的赊账期。

我与留起胡子的合伙人建名

营业了几天,晚上的生意每天才一百多美元,中午也只有二三十美元。方太太建议我们一定要登广告做宣传,让客人认识这家新开张的餐馆。我和建名钱不多,买不起广告,最好的方法是请报纸的美食专栏作家写文章介绍餐厅。我打了多通电话给当时休斯敦最大的两家报社:《休斯敦纪事报》和《休斯敦邮报》。

纪事报的记者找不到,但邮报记者听我介绍说是旧金山总店来休斯敦开分店、地道风味的中国菜餐馆,第二天就来了。我向她介绍建名是台湾名厨世家的后代,又推荐她品尝新菜,炒了一个宫保鸡丁。刚好她喜欢偏辣的口味——当时美国受欢迎的中国菜以脆炸、挂汁、甜口的美式广东菜为主流,代表菜式是甜酸咕咾肉和柠檬鸡,而宫保鸡丁这种口味辛辣、配酱料炒出的菜并不多见。她吃过宫保鸡丁配叉烧炒饭和炸春卷后,赞不绝口,仔细采访了我们开店的经历,并带走了我们的菜单和旧金山总店的图片,为我们写专栏。

那位记者特别在邮报周末版"星期美食专栏"登出"中餐连锁店在休斯敦立足"、"台湾中菜名厨莅临本市"的消息,又在文章中大赞宫保鸡丁的美味。

星期一早上,我们特别多备了菜和肉。厨房里除了建名和帮厨,还聘了一位刚从越南乘船出海获救的难民陈先生做杂工和洗碗。我又请了一位餐馆杂工和一位白人太太在前厅做临时服务员。我们预计餐厅能有半满已经很理想了,谁知中午12点半已开始有客人站在门口等座位。

我们从来没有接待过这么多的客人,前厅后厨都手忙脚乱。午餐是套餐,客人点菜后先上蛋花汤或酸辣汤,然后炒好菜盛入14英寸椭圆瓷碟,配蛋炒饭加春卷上菜。餐价由1.99美元的甜酸咕咾肉到3.29美元的龙虾糊不等,平均餐价约2.5美元。客人用完餐,我们要赶紧整理桌子,摆好用餐垫纸,放上红色布餐巾,再摆好叉子、汤匙和餐刀。后厨三个人也因太多订单而乱成一团。

就在"满堂红"的关键时刻,厨房抽油烟机的皮带忽然断了,无法排风,厨房里顿时烟雾弥漫,油烟也涌进了挤满食客的前厅。我真是欲哭无泪。建名和我商量,立刻关门,不再接待新的客人。在座客人由我逐一询问能否等餐,如果不能等,我们赠送酸辣汤一份和春卷一条。餐馆当天损失了不少生意,但中午和晚上的流水确实因这篇美食文章而增加了5倍多。

此后,餐馆中午的生意蒸蒸日上,每天都有八十至一百多位客人。

晚上,这条街所有的同性恋酒吧和脱衣舞场所都开到凌晨1点左右。我们餐馆正对面是全市最大的女同性恋酒吧,斜对面是全脱的脱衣舞酒吧"快乐屋",邻街的"下流莎莉"是著名的男同性恋酒吧。这些酒吧的老板来用餐,我们常常多送一两道菜,又陪他们聊天。于是他们准许餐馆把外卖菜单放在他们店里,我们也多了不少同志及游客的堂食和外卖生意。尤其"快乐屋"的黑人老板艾尔是我们的老主顾,常常打电话来叫外卖请员工吃饭,不忙时,厨师和洗碗工都争着去送餐,令我哭笑不得。这一来,餐馆晚上的生意也旺起来了。

每年韦斯特海默有两次艺术节,分别在4月中和10月中的周末举行,为期两天。很多店主都把自己门面前的空地捐给艺术家,让他们展示及售卖手工艺品、画作或雕刻。我和建名这两个饥渴的创业者,哪能放过这天大的机会,拱手让别人赚钱,必须狠狠把本钱赚回来。接手餐馆才一个多月,我们在陈先生和方太太的指导下周密布署,在店前人行道摆摊,准备大干一场。

艺术节前一天,我们请供应商送来比平时多10倍的啤酒、汽水,请越南华侨开的春卷工厂送来1000条春卷。我们也腌了猪肉做叉烧串，但烧叉烧太费时间，就改为油炸。

星期六中午开始人潮汹涌。下午3点多，我们的春卷和叉烧都已卖完，幸好春卷工厂老板及时补货送到。晚上我们赶快去超市买猪肉、汽水、啤酒，连夜串叉烧。春卷和叉烧串都是1美元一份，汽水5角一瓶，啤酒1美元一瓶，连签语饼也能卖1美元四个。陈先生和方太太也在场帮忙。星期天晚上，我们忙着数几千张堆积如山的一元纸币，真是开心！两天下来，营业额五千多美元，有50%多的纯利。我们当下就把还欠餐馆的钱还掉一半，也就是3000美元。

为节省食材成本，每星期有一两个早晨，我和建名两人去休斯敦唯一的蔬菜批发市场Airline买菜，这里的蔬菜价格往往比供应商送来的菜便宜30%到40%。我们常在批发市场的垃圾箱内看到一箱箱熟透了或运输损坏的蔬菜，尤其是熟透的番茄最多。我们就去捡出好番茄带回餐馆用，芹菜、洋葱、胡萝卜也常能捡到免费的。

餐馆的生意一个月比一个月好。到了11月，感恩节来临，这天全国都放假，我们两个人没地方去，决定继续开门。但厨房两位厨师要放假，两位服务员也休息了，我和一个临时杂工在前厅工作，厨房只有建名和一个洗碗的。我们本以为这天不会有什么生意，没想到整条街的餐馆都休息，只有我们营业，结果客人爆满。

这么多客人，很多还是熟客，每个人都在等着我招呼。客人点餐后往往要等上一个钟头才能出餐。我手上端了太多的水杯和饮料，一不留神，把水和冰茶倾倒在一个客人身上。我只有赶忙道歉，并免收餐费，客人说他的衬衫和裤子要送去干洗，我乖乖付款。实在没办法，我只好关门，不再接待新客，先把现场等着的客人伺候好。很奇怪，客人知道我们缺人手，不仅耐心地等待，还有两位熟客起身帮我给在座的其他客人递上饮料。当晚我们累到脚抽筋，回到公寓倒头就睡。

到了圣诞节，雇员不上班，我们也不敢开门了。同栋公寓一位白人老太太，见我们是初来乍到、没有家人朋友的单身汉，请我们到她家和几个朋友共度圣诞，至今我心里一直很感谢她。

餐馆也是交友场所，空闲时我会与客人聊聊天，熟客偶尔赠送春卷、炒饭等，大家都成了好朋友。哪知很多男同志客人，我对他们的友善被误以为好感，常有送我棒球票、足球票的，邀我出去吃饭的亦不乏其人。我一一拒绝，但他们并不死心，常常来吃饭找机会与我谈天，若见到我和其他男客交谈，还会吃醋，弄得我啼笑皆非。

有天下午6点多，来了个30岁左右的白人在近门的桌子坐下，叫了鱼香肉丝和炒面。我见他神情不对、四下张望，便很留意他。果然他吃到三分之二，趁我去给别的客人拿茶水，冲出门外狂奔。我追出来，他发动了摩托车正要开溜。我跳上去，拽住他的衣服，但摩托车加速的力量太大了，我重重地摔在马路上，两只手肘都磨破流血。幸好后面没有车开过来，否则我可能性命不保。

有位身高仅一米多的中年侏儒带了小狗来吃晚饭，快吃完时，把餐碟放到地上给狗吃剩饭，邻桌客人见了当场反胃。我只好马上把这家伙请走，告诉他不准再带狗来。不久他又来了，补付了上次的饭钱并道了歉。看在钱的份上，我不再计较。一星期后他一个人来了，可能喝了酒，吃到一半睡着了，在桌上流了一大摊口水。我把他叫醒，他说忘了带钱，我哭笑不得。以后他再来，我们都安排他坐最靠里、灯光较暗的专位，其他客人看不到，也便于我们看管他。其实这位侏儒人很好，常被人欺负，好不容易有这家餐馆同情他对他好一点。他也成了我们的常客。

每晚餐馆打烊后，厨房都用碱水洗地，前厅也一定用吸尘机吸过地毯。但休斯敦天气太热，每家店的墙和门缝做不到密封。好几次关店离开后我们发现忘记拿钱包或钥匙，又折回餐馆，进厨房一开灯，只见密密麻麻的大小蟑螂在地上穿梭觅食，几只大小老鼠在后面追着蟑螂吃。它们一见灯光四散而逃，我们拿起杀虫药喷洒洗菜盆底和切菜桌底，蟑螂即如雨点般应声掉下。而外面的垃圾桶和小巷，则是1公斤左右大老鼠横行的世界。久而久之，我们亦和蟑螂、老鼠"达成协议"——白天是我们的世界，晚上是它们的世界。

市政府卫生局的督察每隔一两个月会来餐馆检查，方太太早已告诉我们如何应付。他一来我们便请他吃饭，再做两个菜让他免费带回家。有时晚上他和朋友来吃饭喝酒，我们也不收他的钱。久而久之他成了朋友，还颁给我们卫生奖牌！

餐馆的生意慢慢地稳定下来，平均每天有500元以上入账。

**我的人生心得**：所谓"天道酬勤"，长期坚持每周工作近百个小时，造就了我不怕劳苦的习惯。

# 初出茅庐之三

## 餐馆出让

但我们渐渐对餐馆的工作感到厌倦。

我们日以继夜地工作,每周只有周日半天的休息。大半年过去了,我们的收入虽比打工的时候要高,但体力、精神长期透支,身心都非常疲惫。每天两人从餐馆回到公寓就是洗澡睡觉,除了知道今天是晴天、阴天或雨天,其余世事一概不知。在餐馆的时间长了,彼此间也难免因小事摩擦,容易生气上火;企台和厨房发生误会,口角和冲突也是家常便饭。

餐馆占去了我所有的时间,连伟光表弟结婚我也不能回旧金山参加婚礼,更遑论回旧金山探望父母家人。

一天,餐馆来了一位从香港来的客人马先生。我和他聊起来,得知他也是从香港来美国的移民,大学毕业后在洛杉矶开了一家中餐馆,也和我一样把所有时间放在经营餐馆上。结婚后他卖掉餐馆,搬回香港,和家人开了家贸易公司,现在常回广东买烟花和爆竹出口到美国。由于中国刚开放,出口货品利润比较高。他说现在比做餐馆时要开心得多,他的太太在香港不用工作,专心照顾刚出生的小孩,还请了一位保姆做家务。他只要去展览会接订单和拜访客户,公司其余事情由他弟弟负责。他走遍欧美和中国,也有很多空闲时间和家人在一起，赚的钱比开餐馆时多很多倍。

马先生那天是要去阿拉巴马州拜访客户，在休斯敦转机，要等候半天，他利用这个时间租车到市中心区一游，走错了路，找到我们餐馆吃晚饭。我们谈得非常投机，他告诉我开餐馆是中老年人维生的依靠，却是知识青年的坟墓。这番话对我无异于醍醐灌顶。尽管那以后我再也没有和他见过面，但是他的金玉良言，改变了我的人生。

休斯敦的土地和房子很便宜。中城（市中心和医学中心之间）的房子只需七八万美元（现值约70万美元），莱斯大学附近的房子也只需10万美元（现值约100万美元），6号公路边的土地只需约10美元每平方米。休斯敦在飞速发展，每个月新到移民过千户，包括越南难民、港台移民等。我看好休斯敦房地产的发展前景。我觉得世界上有钱的人，大多是靠房地产起家的。

当年德州的大学毕业生数量有限，法律规定，凡持有大学文凭者，通过考试便可拿到房地产经纪执照。现在不一样了，要先考下房地产销售员执照，有了两年工作经验，再上课修足学分，才能去投考正式的经纪执照。

餐馆慢慢上了轨道，我便用三个周末的时间读了地产速成班，考下经纪执照。但拿到执照也没有用，因为餐馆的工作捆住了我，我没时间去做地产生意。

合伙人建名也支撑不住了，他要回台湾和旧金山走一趟。好不容易等到放暑假，我请最小的弟弟和妹妹来休斯敦帮几个礼拜的忙。哪知建名离开才几天，餐馆隔壁的披萨店晚上打烊，员工离开时忘记熄灭披萨炉的炭火，夜间起火把厨房烧了。救火车迅速赶来，并未酿成大祸，但他们的厨房还是毁了，餐厅也因烟熏、积水造成损坏。我们的餐馆和披萨店原来同是一个500平方米的单位，业主将这单位从中间一分为二，只有一道石灰板作隔墙，浓烟很容易跑过来。我们去餐馆开门，才知道昨晚发生了火灾。

1980年暑假，弟弟妹妹来休斯敦玉龙餐厅帮忙

1980年，妹妹在休斯敦玉龙餐厅门前

我们的所有餐具、家具、墙面、地毯等都受烟熏破坏，还有少量积水，只好关门修葺，并致电保险公司申请理赔。我和弟弟妹妹重洗所有碗碟，用清洁剂擦洗家具，又租了洗地机洗地毯，但两天过去仍不能完全清除烟味，结果还是请了专业公司清理，保险公司也赔了我

们部分损失。兄妹三人为了复原清洁，搞得疲惫不堪。

两个多星期过去，建名回来，带了喜糖、太阳饼给我们——他回台湾找到一个做头发的姑娘结婚了。我一番追问，原来他在台北往台南的公车上认识了这位本省籍的女孩子，三天后两人闪电结婚。更离奇的是过了大半个月，他的新婚夫人在台湾和他通电话时说，自己已怀孕了。建名问过移民律师，要让他的太太赴美团聚，最快的办法是她先用旅游签证来美国，再办绿卡居留。

弟弟妹妹的暑假即将结束，要赶回旧金山，而建名的太太也来了。她非常活泼健谈，虽然刚来美国不懂英语，但毫无畏惧地在餐堂帮忙，怀了孩子还端着装满饭菜的托盘跑上跑下。我们的午餐比较简单，菜单上只有十多个选择，她只用十多天便把菜单记熟，我就让她做午餐企台。这样，我上午就有时间去学做房地产经纪了。

贝莱尔是很好的学区及住宅区，当时每栋房子只卖六七万美元，我认为做房地产经纪的时机很好，便找了一家Red Carpet Realty加盟连锁店当销售员。我和老板说好，如果有东方客人全由我接待。我前后接待了两位台湾太太，一位姓沙，另一位姓石，上门要找房子。我带她们到处看房子，都在六七万美元的价位上，沙太太看了几家就没下文了，石太太则因还价太低、要求过多而没有交易成功。每位都花了我好几个星期，到头来却是"飞沙走石"！

我仔细一算，美国房地产交易的佣金为6%，买卖双方的经纪公司对半分，我所在公司拿到3%；我再和公司对半分，我只能拿到1.5%。卖出一栋6万元的房子，我拿到手只有900美元，再以15%的客户成交率来计算，每个上门的客户，我平均收入只有135元，但要赔上大量精力和时间，实在不划算！我想如果要在地产经纪的职业上赚到大钱，必须去做金额大的交易，那就是商业房地产了。但是我一没有背景二没有人脉，能怎么做呢？

我认识了在台湾长大的广东人邓先生。他从洛杉矶的台湾进口商蔡先生那里买得台湾产太阳镜，每星期六、日两天在休斯敦的Westpark跳蚤市场摆摊售卖。每周能卖到六七百美元，利润有60%。每月仅工作八天而收入过千，实在很吸引人。

餐馆的营业额每天已达到700美元。我以前在旧金山会宾楼的同事范师傅有兴趣来休斯敦开餐馆，因为要在旧金山盘下一家餐馆太贵了。我和建名都厌倦了每天工作十多个小时的劳累生活，商量之后，我们决定以42000美元的价钱把餐馆让给范师傅。我准备以后专心做房地产，而建名想开发廊，如果生意做不好，最坏的打算是跟小邓一起去跳蚤市场卖货。

1981年，在我们用12000美元买下这家餐馆两年之后，范师傅接手餐馆。他不懂英文，要靠别人翻译。他让自己不识字的老婆管理餐厅的服务员，造成许多混乱；他又特别担心自己的调料秘方被人偷去，对手下的厨师全无信任。范师傅夫妇没日没夜地操劳，连两岁的孩子也顾不上照料，1982年，餐馆的日营业额已经做到了900美元。尽管如此，范师傅终于还是觉得太辛苦，决定出让餐馆，回到更方便的旧金山湾区。我劝他再等一等，他还是以接手时的42000美元价钱卖掉了餐馆。

1983年，这家餐馆的日营业额做到了1100美元。新的老板以120000美元的价格转让了休斯敦玉龙餐馆。直到最近，范师傅还对我说，后悔当初卖得太便宜。我想，是教育程度不高和对人不信任，造成了他的不走运。

> **我的人生心得**：人生要多学技能，力求上进。

# 初出茅庐之四

## 房地产经纪

卖餐馆前的那几个月,建名与他怀孕的太太和我同住在狭窄的公寓内,颇多不便。我们便以450美元月租,换到了一套更大的三室一厅两卫,在休斯敦旧中国城Chartres一栋新建的公寓楼里,楼下是"一定好"中餐馆。在跳蚤市场卖太阳眼镜的小邓因为投资失败,也暂时搬过来住,三间卧室又住满了,客厅做了小邓的仓库。

二弟拿到化工学士学位后,在硅谷AMD(美国超威半导体公司)工作。卖餐馆前,我在休斯敦中城Greenly街看上一处二室一厅一卫的独立屋,房子后面还有个两层的小独立屋,是一房一厅一卫,可出租六百多美元。这处房产总共卖价七万多美元,首期付20%,也不用去银行贷款,只需按月向房主还尾款。我和二弟合伙买下这套房子,把前后的住宅都租了出去。

小独立屋的房顶漏水。为了省钱,我向隔壁邻居借了一张长梯,带上堵缝枪,爬上六米多高的房顶去补裂缝。

上到屋顶刚要干活,哪知梯子放的位置不正,给风吹倒了。我一个人在陡斜的屋顶坐着,不知如何是好,只能拼命呼救,周围房子距离都比较远,没人听见。过了良久,我脚也发软,喉咙也沙哑了,幸好隔壁的太太从她的院子里看到我,连忙请邻居们把梯子扶好。我魂不附体,蹒跚地走下来,从此再不敢做修屋顶的工作。

这是我和二弟毕生第一次买进房产,每个月都紧张兮兮地看房价升跌。大半年后,房子涨了约8000美元,我便在中文报纸登告示,在买房的价格上加了一万美元出售。有位建筑师朱先生,也是个小开发商,以八万多美元把房子买去。但他的条件是首期付5000美元,余下的七万多分成两部分:我们还欠原房主不到五万美元的尾款,由他接着按月偿还,应付给我们的两万多美元,我们也要同意他分期偿付。我们见有钱赚,便答应了。

哪知他买了房子,便把前后住宅的租客都赶走,更把前面的房屋拆了一大半,便宣布破产,不还我们的钱,也不付原房主那里的分期。我们无可奈何,只能让原房主收回破屋和土地,亏损了一万多美元离场。同一地区的旧房子,今天的价值在五六十万美元。出师不利打击了我对房地产生意的信心,但也教育了我以后应做长线投资,不能贪图短期利润而冒险。

小邓介绍我认识了洛杉矶的进口商蔡锦荣先生。蔡先生从台湾留学日本,是早稻田大学的博士生,他从摆地摊做起,1980年初拥有了专事进口台湾太阳眼镜的公司Sunny Sunglasses[1],接着在洛杉矶买下一处生意很好的跳蚤市场,又和兄弟合开了从台湾进口、批发五金工具的公司CTT[2]。

身为大老板,蔡先生和太太都衣着朴实,十分节俭,但他做生意毫不吝啬。他来到休斯敦看到所有的跳蚤市场生意都非常好,便邀请他的合伙人泰国华侨李先生、迈阿密的黄先生过来考察,并委托我帮他们寻找开跳蚤市场的地点。

---

1 公司网址:http://www.sunnysunglasses.com
2 CTT公司网址:https://www.calhawktools.com

德州当时有个"蓝色法案（Blue law）"，为了让小商业生存，所有的大小商场、百货零售店在星期日不得开门营业。休斯敦是美国南部新兴工业城市，是新移民和墨西哥、中南美洲偷渡客的天堂。同他们在家乡时一样，西裔习惯在假期和闲时去跳蚤市场闲逛购物，星期天休斯敦每家跳蚤市场都人潮汹涌。小邓摆摊的Westpark跳蚤市场，每到星期六下午和星期天，付2元钱停车费的人都要排起长队，市场里每个通道都是人头涌动，每个摊位都生意红火。

我卖掉餐馆后，与小邓配合，在休斯敦城北Airline跳蚤市场旁找到一块54亩的土地，地主开价五十多万美元。我没有地产交易的经验，也没写过商业买卖合同，不知应从何入手。幸好得到一位有地产经验的张先生指点，我才把这笔生意做成了。由于我同时代表买卖双方，这笔生意我赚了5%的佣金，两万多美元，当时对我已是天文数字。土地过户后，我们又说服蔡先生买下隔壁临公路一块30亩、叫价二十万的土地，佣金是3%。凭我第一次买房的经验，这两块地都争取了地主贷款——买方付20%的首付款，余款分10年还给地主，年利率7%，不用去银行贷款也不查信用，很快便交易过户了。现在这两块土地加上建筑物，价值超过千万美元。

交易完成后一个多月，某个星期天，蔡先生和李先生都来到新的跳蚤市场。我们正商量如何开展业务，忽听门外数声枪响，又有人大喊救命。出门一看，只见两位西裔男士相隔100多米，靠着摆摊的桌子蹲下，正用手枪互射，宛如西部片的牛仔枪战。旁边有位女子中了流弹倒在血泊中，两个互射男子中的一名也中枪流血。我们吓得魂不附体，匍匐返回屋内，连忙打电话报警。不久救护车和警车都来了，把两个开枪的男子带走，原来他们是为了争一个女人而决斗。中流弹的女子伤势严重，由直升机送医救治。

李先生和蔡先生都住在洛杉矶，他们特地请我代管这跳蚤市场[1]。市场摊位星期六租金6美元，星期天是10美元，只有靠近Airline街面的几十个摊位是满的，靠里的位置只租出寥寥十几个摊位。尽管这是份没有薪水的差事，却能使我彻底了解跳蚤市场的操作情况。

蔡先生业务繁忙，但他很看好休斯敦的工具市场。除了跳蚤市场由李先生管理，CTT在休斯敦开的分公司，也由李先生经营。

李先生原是泰国来洛杉矶的留学生，一位虔诚的佛教徒。读书时为了生活，他每晚从地毯公司的垃圾桶里捡出边角料，裁成长方块，当作门前脚垫在跳蚤市场摆摊出售，做的是无本生意。70年代末，美国流行魔术贴钱包，初上市时要二十多美元一个。李先生认为机不可失，买了几部缝纫机来加工钱包，但生产速度太慢。他摆摊的跳蚤市场刚好是蔡先生的，蔡先生觉得魔术贴钱包大有可为，也很相信李先生的为人，就投资数万元让他买机器开工厂生产钱包。工厂的生意好到不得了，所有跳蚤市场和小店主都来进货，五十位缝纫工每天工作10个小时，钱包还是供不应求，股东们都赚了很多钱。

好景不长，过了大半年，竞争对手多起来了。先是洛杉矶新开了加工厂生产钱包，继而又有商人进口台湾制造的魔术贴钱包，钱包的批发价由7美元跌到5美元，再跌至3美元以下。李先生也要找出路，他和蔡先生决定从洛杉矶搬来休斯敦，开拓新的工具市场。

得到他们的信任后，我又帮李先生在休斯敦湖边找到一栋三十多万美元的房子，成交后我有3%的佣金。蔡先生和李先生在半年内通过我买了超过100万美元的房地产，我从一个没有经验的地产经纪变成熟练的经纪人，也和蔡先生、李先生成为毕生的朋友。

---

[1] https://www.instagram.com/sunnyfleamarket/
https://www.facebook.com/Sunny-Flea-Market-165054825094/

**我的人生心得**：助难友，诚信待人，不斤斤计较，自有回报。

# 初出茅庐之五

## 成家与集资

餐馆出售交接的过程中,房地产的生意不太忙,于是我答应范师傅帮他一两个月,直到餐馆上轨道为止。餐馆生意好,午餐、晚餐都需要三个企台,刚有了一个空缺。有朋友介绍,一位台大毕业、留学英国伦敦经济学院政治系的硕士生蔡小姐来找一份暑期工作。企台本来流动性也大,因此她虽然只工作一个多月,我也接受了。

我负责训练新的企台,她很快就上手,工作勤快。她人生地不熟,需要车子接送上下班,刚好我有时间,担任了"护花使者",就这么日久生情。她离开休斯敦前我们还开车去大峡谷沿路玩了一个星期。她回英国读书,四个月后又飞回休斯敦和我在一起。跟建名一样,我也希望成家。1982年年初,我和蔡小姐在旧金山39号码头的越华酒家摆酒结婚了。

婚后,我们到台湾台中住了一个多月,期间到她的家乡竹东、横山拜访她年迈的祖母及北埔母亲家的亲属。他们都是客家籍,清朝时从广东梅县迁往台湾。亲戚们非常好客,每天都安排我们吃饭、喝酒,他们的客家话和我家乡说的广东、宝安客家话有区别,也可勉强听懂。适逢新春,竹东、横山地靠中央山脉,周围都是山林,春雨绵绵,气温比较低,除了穿厚衣服,晚上还要生火取暖。我也遍尝了地道的客家美食，如麻糬、客家酿和粄条等。他们把我看作家中成员，让我受宠若惊。

客家人有很多相似之处。他们在北宋时期（一千年前）因战乱迁徙四方，原有居民多已占据了平原的水草丰美之地，后迁来的客家人只好居住在比较偏远的山区。为了自保，客家人大都群居以便互相照应，并防外侵。山区土壤比较贫瘠，生活辛苦，因此客籍人大都勤奋工作，家族关系密切，守望相助。北埔岳母家是富农，拥有很多山地，历代种植竹子，经营造纸、农作物等生意，家人合心，不分彼此，十分难能可贵。

我们也去各处体验台湾风土人情。我最难忘的是夜市小吃，从竹东、新竹一带的客家风味小吃，到台北的士林夜市、台中的逢甲夜市和高雄的六合夜市，真是百吃不厌。10块台币便可吃到蚵仔煎、鱿鱼羹、串烧臭豆腐等。小吃摊位上装有驱蝇机，一个小电动马达，一根铁丝穿过，铁丝两端系有绳子。一排排摊位放眼望去，只见各色绳子兜兜转转，蔚为奇观，让我这个外地来的土包子大开眼界。每晚我们总要在夜市逛三四小时，吃饱了喝足了，才安心回家睡觉。

在夜市还曾看到有人狂奔，后面有穿白色制服戴白色钢盔的宪兵追赶。原来是宪兵巡逻抓开小差的"阿兵哥"，街市上凡是理平头的年轻人，都是检查身份证的对象。

80年代初的台湾，正在经济起飞阶段，很多人都未出过国，他们对我这操广东口音国语、从美国回来的华人极感兴趣。我常和亲戚朋友们一谈就是数小时。台湾人非常好客和热情，在街上到处都可以交到新朋友。记不起哪一位新朋友请我吃槟榔，我一生中头一次吃这种苦涩、难以入口的"绿色食物"，片刻后就感到浑身发热，脸红，头晕。咀嚼后吐掉槟榔渣，嘴里竟有回甘之感！在台湾中南部，槟榔小摊到处都是，每家都有自己的独家配方，大都以石灰为主。但每见到那些红唇黑齿的槟榔客，便令我对槟榔望而却步。

台湾的饼店除了卖著名的太阳饼、凤梨酥，还有红豆蛋黄酥、绿豆糕、芋头酥、松子饼、草莓酥等等，更有一斤多重的喜饼。下午喝高山茶、吃两三个饼，然后午睡片刻，我认为是人生一大乐事。

我们游览了台北故宫、中正纪念堂，穿过横贯公路去花莲看太鲁阁，也去了日月潭、阿里山等闻名遐迩的美丽景区。一个多月不用工作，我都发胖了。

回美后，我又开始为生活奔波，到处找土地和买主。我认为做地产生意一定要主动策划，仅靠买卖佣金，只能赚点零用钱和生活费。

越战后，越南国内的经济、政治问题和中越战争，使美国在70年代中至80年代初迎来越南难民潮的高峰。很多越南难民被安置在休斯敦，其中一半为越南华人。他们进军各行各业，修车厂、工厂、餐馆和杂货店里都有他们的身影。我们住的中国城公寓附近，开了很多餐馆和杂货店，生意都因新移民而兴旺。我认识的一些老板因难民潮发了财，有闲钱想投资房产和土地。

在FM1960公路东边，靠近59号公路，我找到一处三千多平方米的小块土地，临公路的宽度约130米，纵深不到30米，可用于建购物商场，总价二十多万。我先用2000美元保证金把这块地占住，利用保证金合约中规定的60天"可行性研究期"，去找投资合伙人。在"可行性研究"期限内，这块地不能与其他人交易，如果我在期限内决定不买地，可以拿回保证金，但要付给卖家商定好的少量补偿；如果过了期限而我未能继续执行合同，就会失去保证金。

结婚后，我自己有五万多美元存款，但向银行贷款购买土地，要先付40%头款，也就是8万美元。我把这块地的投资分作4份，每份付2万元头款，余款以10%的年利息分10年摊付。我很快找到另外三位开餐馆和杂货店的投资者，共同买下了这块地。

我把这块土地挂出售卖，叫价12.5美元一平方英尺（134.5美元/平方米）。不到半年，一家汽车修理连锁店把价钱谈到12美元一平方英尺，我将这块地卖出。一买一卖，我们赚了14万美元还多，总利润的25%之外，我还赚到买卖时各3%的佣金，总共是约5万美元。这对刚入行的我来说是一笔很大的数目。

80年代，休斯敦的石油价格下跌非常快，房地产价格也连带滑落。找愿意投资地产的人还比较容易，但投资回报足够好的土地却寥寥无几。那时候报章上常看到接手房贷的广告，愿意接手还房贷的人不用付首付款，房主还倒贴你500到1000美元，真是触目惊心。我不想让客户承受损失，于是转行专心做批发生意，只偶尔帮朋友购买房产。

**我的人生心得：投资因时而异。首次投资告捷，打好日后投资的信心基础。**

# 初出茅庐之六

## 摆摊卖五金

回想起来,我从事工具批发这一行,是时势使然。

80年代初的美国商品市场,是美国货和日本货的天下。台湾的经济正在腾飞,他们相对廉价的商品大量冲进美国市场,虽然品质略差,但价格只有美、日商品的一半甚至更低,非常吸引人。美国传统超市一般不愿采购质量良莠不齐的小工厂产品,这成了美国东西两岸进口商获取市场的良机。他们进口台湾商品卖给美国内陆城市的批发商,批发商再卖给大大小小的零售商和跳蚤市场。当时最大的台湾商品进口集散地是华人聚居的洛杉矶,产品以礼品、玩具、鞋类、雨伞、五金、太阳眼镜等为主。批发商最初都集中在洛杉矶城市中心区附近的批发区,后来生意做大,所需仓库的面积也愈来愈大,才在大洛杉矶地区散布开。

休斯敦那时是全美第五大城市,地大,移民多,劳动力与物价比加州低廉,附近化工厂星罗棋布。墨西哥和中南美的新移民买不起昂贵的工具,就买便宜的进口货。墨西哥又尚未开放进口,很多人买了便宜的工具再运去墨西哥卖。这为休斯敦造就了一定规模的工具区域市场,但还不具备洛杉矶进口商那种销往全美的优势。

CTT休斯敦分公司刚开业时,知道的人不多,他们需要把CTT牌子的产品推销出去。刚好房地产市场在走下坡路,我便和负责人李先生商量,先从他那里拿一批货试售,等卖出后再付款。

1982年的一天早上,我开着二手的1976年产卡迪拉克Deville载满CTT的工具去找客人。首站拜访韦斯特海默街1822号的"南部五金",我开餐馆时,常去那里购买五金工具。我把我的成本价加上30%多,报给老板的女婿马蒂。他查了工具连锁店Ace的价钱,发觉我报的价格只是Ace的一半,又惊又喜。他告诉我会全部买下,但为了确保这不是水货,给他的发票一定要写上CTT的抬头。我答应了,这一票八百多美元的货我卖了1200。一个早上便赚了三百多美元,我喜出望外,下决心做批发生意。建名这时也想做批发,我们便把休斯敦分了区,各自经营,不互相竞争。

80年代初,美国各地都有许多独立经营的五金店和汽车零件店。他们大都加入各类协会,成为某个协会的加盟店,但也可以自己进货经营。他们的货源都是昂贵的美国货或少量日本货,进货量少、运费贵,如果从我这里进货则可节省40%以上的成本。很多大超市不卖工具或货品不全,形成廉价工具及进口货的市场真空,经营五金工具的周末跳蚤市场和拍卖行也就有了生存空间。

我买了一辆红色的二手雪佛兰P30步入式货车用来做买卖。我到休斯敦西南区五金店和零售店一家家地推销,再写单子去CTT订货,上货后立刻送货,每天都忙得很。我发现事前规划好每周固定的路线是最有效率、最省时的做法,可以一点点把客户培养起来。西南区很多家汽车零件店、五金店,都是我的固定客户。平时太太在家听电话、接订单,我出去进货送货。我们星期一至星期五做批发,周末则到跳蚤市场去卖货。

红色的雪佛兰P30步入式货车

德州在1961年通过了蓝色法案,很多大型超市和购物中心都在星期天关门,不能营业,因此德州到处都有跳蚤市场,生意都相当好。Westpark跳蚤市场当时是休斯敦生意最好的一家,我好不容易租到一个在市场中间有上盖的狭窄摊位。第一次摆摊,我带了十多箱工具去试卖。记得其中一件是成本20美元的2吨千斤顶,我标价28美元一个,客人还价26元,我没有卖。另一个客人站在旁边,给了我30元把千斤顶当场拿走,把我看傻了。一个上午我已把货卖得七七八八,提早打烊,我明白以后要多带一些货来了。

在跳蚤市场租摊位要轮候登记。我等了几个月,又给市场租摊位的负责人送了礼,总算租到靠近市场入口处、有上盖的两个摊位。我星期四把进货单给CTT,星期五下午把卡车装满货,停在家附近59号高速公路的高架桥下。为了省钱省时,我没有租仓库,晚上把货存在车上,用蓝色塑胶布覆盖,以免货物被人看见。第二天清早,我开车去市场卖货。货车的后轮胎常常因承重而压扁了1/4,车尾下坠。如今回想,这种存货方式实在太危险,如果有人连车带货一起偷走,我可就损失惨重了。

早上7点多到了市场，我们先在地上铺好木托盘，盖上蓝色塑胶布，再把货卸到木托盘上，归类整理，标好价。有些价钱特惠的或新到的货品，写上大标牌"ON SALE（甩卖）"。市场规定晚上8点半前所有人都要离开，我们直到傍晚6点左右才把没卖完的货搬上车运回家。沉重的工具搬上搬下，体力消耗很大，星期一早上我通常会晚起，下午才出去跑生意。

五金工具在店里卖得很贵，而在跳蚤市场，我只在成本上加价35%便卖了。我的价格往往是五金店里同样商品价格的一半甚至更低，还可以讲价。再加上我们的手动、风动、农具扳手及套筒等产品都比较齐全，每个星期天午后都是我们营业的高峰时刻，等待付款的顾客要排队。我和太太两个人实在吃不消，又找了朋友的两位小亲戚来帮忙，太太用收银机收钱，那两位就帮忙招呼客人。我则负责回答顾客问题、讨价还价、卖货、补货等工作。

摆摊期间多次碰上大风雨，我们来不及盖好摊位上的货，工具和纸箱都泡了水，我们的衣服也湿透了。雨停后，我们把淋湿的货物一件件用布抹干，再擦上WD40防锈油，翌日或下周继续卖。还有几次碰到下雪天气，但为了做生意我们岂能轻易言退，于是戴上手套、帽子、围上围巾，坚持摆摊。

后来我们又到Hillcroft街和South Main街上一家新开的室内跳蚤市场租了两个摊位。我们的货可以放在摊位内锁好，不用再搬来搬去，因此太太一人看摊位便可。我们在这里经营了一年多，到1984年太太怀着大儿子伟德时，仍是一个人上下货、看摊位。直到孩子出生前一个星期，我们才忍痛放弃了那两个很赚钱的摊位。

CTT的货品不是很齐全，我也到詹森道的Acme Tools买台湾工具，老板杜克先生和他的三个儿子都很平易近人。我的工具生意里，最好卖的是进价2.2美元的40件套筒扳手、8美元的6英寸砂轮机、0.75美元的16oz木柄锤子、2吨千斤顶等。各种规格的农具、扳手、螺丝刀、气动工具等都非常抢手。

因为我卖货的量比较大，CTT给了我特别待遇：批发给休斯敦西南区各家工具零售店的工具，以及在那两个跳蚤市场销售的货，只卖给我一人，不卖其他客户。我的生意和生活都渐渐安定下来。我一个星期工作七天，没有度假和休息，很累，但很开心。市场里也有竞争者，但同类的工具，我往往用低价甚至成本以下的价钱竞争，让他们知难而退。

太太怀孕，岳父岳母要从台湾搬过来，我也买了Sugar Creek大道一处四个卧室、300平方米的房子，准备迎接小孩的诞生。

**我的人生心得：吃得苦中苦，方为人上人。**

## 初出茅庐铭记

从开餐馆、做房地产经纪到摆地摊，最后变成进口商，无一不是从基本做起，一星期工作七十个小时以上，劳心劳力，辛苦但非常充实。记得好几次摆地摊卖工具时狂风暴雨来袭，因为还有客户在，我们来不及去把货物盖好，结果部分工具和包装湿透了，我们也变成落汤鸡。我望着行雷闪电的天空发呆，默念"吃得苦中苦，方为人上人"。

# 创业时期

## 1983--1990

# 创业时期之一

## 进口电风扇

我做五金工具批发零售,做了差不多两年。一个星期工作七天,每天平均工作超过九小时,劳心劳力地打拼,但仔细结算,赚的钱依然很有限。我认真计算过,进口并售出一个40英尺货柜的工具,获利5000美元是轻而易举的;只有做大销量、卖出一个个货柜才能真正赚到钱,只有拥有自己的批发客户,才更能掌握自己的前途。

如果我也进口台湾的工具来做批发,就是直接和CTT抢生意,人情道义上说不过去。而且工具品种太多太复杂,需要投入的成本太高,我必须选卖得快、有利润、投资小且品种单一的产品。我想到的首选是电风扇。

德州南部地处亚热带,一年里有八九个月气温都在30℃以上。盛夏时,我们地摊上零售的电风扇每星期销量都在百台以上。最好卖的是16英寸落地摇头扇,其次为16英寸台扇。很多汽车没装冷气或后座冷气不足,因此汽车上用的12伏6英寸电风扇也相当好卖。销售电风扇不需要美国电器安全UL认证,跳蚤市场的零售价格比普通商店里便宜30%。我们决定进口台湾电风扇作为试金石。

我在台湾的出口杂志上找到几家卖电扇的贸易商,经过电报联系,最后选择了Amherst。他们的价格比较便宜,而且回电报相当快，也及时把样品空运给我们，经过测试，质量尚可。我付3000美元定金订了一个货柜，然后直飞台湾考察工厂并验货。

我一直以为Amherst是生产电风扇的工厂。直到老板许先生带我去了台中市中港路沙鹿镇龙井区的明恒风扇厂，我才知道他是贸易商。大部分贸易商，公司在台北，真正生产产品的工厂则都分布在中南部。

台中的中港路还没有完全开发，我们经过东海大学和清泉岗机场往西北走，经过多处荒凉的坟场。工厂所在的沙鹿镇，前后都是稻田，马路只宽3米左右，但近2.5米宽的大货柜车却进出自如，令我惊叹。工厂厂房不大，只有两千多平方米，平时由几位股东带着工人一起工作，一天大约可以出厂十个40英尺货柜。我仔细询问了为什么不到50个工人却能日产万台电扇。原来这和台湾其他产品一样，都是由各家配套工厂生产好部件，只是最后在电扇工厂组装，包装好后再装柜出口。

在工厂里，我看到大小卡车、客货两用车、小汽车送来电扇的零配件，有些是装在竹箩里送来的。到厂的零配件由工人点数后堆放好。零件供应商的分工也非常细：落地式电风扇的铁底座由铁工厂生产、包装好送来；风扇外壳等注塑件，由家庭注塑工厂分类送来；电路开关由电子工厂做好，风扇的"心脏"——马达，则另有工厂把铜线绕好、测试、组装好，检验合格后送货。

所有的配套零件工厂都在附近，组装工厂只要准备一两天的零件量，因此不需要很大的堆放场地。零件工厂也给组装工厂放账，后者签收零件，不用立即付款，通常一两个星期给前者结一次账。零件周转很快，订货也非常方便迅速。明恒工厂还带我去看他们的一位供应商：一户人家的三层楼房子，家里买了两台塑料注射成型机放在楼下，楼上住一对夫妇和三个八岁到十多岁的孩子。平时爸爸负责买原料、维修机械、送货和接单，妈妈和另一位工人负责生产。孩子放学后也帮忙，连8岁的小孩都会把注塑的电风扇部件叠好，放在箱内，等候运出。

整个台湾的工业生产就是以这些家庭小厂和做组装的中小企业为主力。台湾在70年代至90年代创造的出口奇迹，这些日以继夜开工的大小工厂功不可没！

每天下午五六点下班时间，满街都是工人的摩托车，车头车尾往往挂着买回家做饭的青菜、肉类。一次我由工厂回台中，途中停车买水果，开乘客一侧的车门时不小心，一位骑车的女士应声倒下。不待我们去帮忙，她自己爬起来，扶起摩托车，也不跟我索赔，继续赶路。台湾全民都不计较，努力而敬业，不论是面摊的伙计还是大企业的老板，都不分昼夜地工作。从台中到台南，随处都能看到货柜车。在餐馆、工厂或菜市场，到处都能听到人们讨论如何赚钱、如何创业，全台湾一片朝气。

我和太太开的是二人公司，平时只有我一人装车卸货，人员开支不高。当第一批电风扇于1983年年中抵达休斯敦，我请了两位临时工帮忙卸货柜。本地的批发商大都是从加州的进口商处买货，再在德州批发给商店、地摊。我们是德州为数不多的电风扇直接进口商，因此价格非常有竞争力。除了自己零售，我也批发风扇给五金行、汽车零件店和小超市等，生意相当好。旺季时，一个40英尺货柜的电风扇，我一个多月便卖完了。

有一件事对我们打击甚大。我卖给贝敦一家小连锁超市——有六家分店的吉布森杂货店数千美元的电风扇，给了他们一个月的账期。到期后对方没有付货款，还继续订货。在我犹疑之际，这家超市突然宣布破产，我们的血汗钱就这么付之东流。这次教训之后，我就向客户规定，没收到预付款概不发货。

电风扇的销售旺季将尽，我们发现还剩下约200台退货，都是在运输时造成了损伤的。本来这次进口风扇的生意是有赚头的，可是减去坏账和坏货，利润就所剩无几。灵机一动，我想：何不把这些电风扇拿到拍卖行拍卖掉？

*1984年进口销售的电风扇，那时我们只有250平方米的仓库*

1980年代初到2000年，拍卖在远离大城市的小镇非常流行。小镇拍卖的商品，以古董和清仓货为主。乡镇的小店、地摊贩、节日摊贩、当铺乃至慈善筹款者等，进货渠道有限，买货数量也不多。在纵横数百英里人口稀少的地区，拍卖行分布在各个小镇，从星期一到星期六轮流开门，好让零售商能及时补货，免得货架空出。工具和进口产品相当紧俏，一些批发商从美国西岸买入廉价的进口货物，或买进关店清仓货、工厂生产过剩的货物或退货等，用中型卡车运往小镇拍卖行拍卖。

拍卖场多是简单的铁皮房子，也有的设在旧的大零售店如K-Mart。拍卖行收取的佣金通常是货物卖出价的10%到15%，可以议价。每次拍卖会有几家到十几家批发商参加，拍卖次序由批发商出价竞投而定。先出场的商品通常会有更多客户竞投而卖出好价，最后出场的商品，则剩下的顾客已寥寥无几，他们身上的钱也花得七七八八，那就很难赚到钱了。拍卖经纪需要由州政府发给执照才能经营，而前来竞拍的小零售商也都要有州政府发给的营业税执照，证明买货不是自用，否则要向州政府交营业税。

拍卖前一小时左右，批发商要给前来竞拍的零售商展示样品并解答问题。通常拍卖行会提供饮料和简餐，如甜甜圈等。零售商参与竞拍要先登记并交上保证金，以免拍得货品后不付钱。拍卖开始，批发商把货品放在桌上或台上，大家都能看到摸到，经纪喊出价格，竞投价高者标得拍品。

我去的是在休斯敦北边的小镇亨茨维尔举行的拍卖会。9个批发商竞投出场顺序，每人把愿出的价钱写在纸上交给拍卖经纪。我只有二百多台电扇，就写了103美元。第一顺位由出价450美元的人获得，我拿到第四名，只比第五名多出两美元。我把小部分完好的电风扇和大部分运输中受损的电风扇包装好，混在一起装满一卡车。拍卖前，我把三款电风扇各安装好一台，让买家试用。开拍后，电风扇的单价很快从一美元叫到了十多美元，最后我的电风扇全部售出，扣除15%的佣金，我可以收回成本。

到工具拍卖时，我看到一款4件套（6、8、10、12英寸）的活络扳手开价只要1.5美元。我自己店里同类产品的进货成本约4美元多，批发价一般是5美元多，我就参加了竞投，以2元1角竞得200套。到付款时我才发现，是每把扳手2元1角,每套就要8元4角。真是损失匪浅。

对于拍卖损坏的商品，我一直有心理负担，另一方面，我对小镇拍卖流程上的不严谨也持有戒心。后来我只卖货给批发商，由他们去拍卖，自己再也不出现在拍卖场上了。

自从互联网出现，小镇拍卖的经营者渐渐难以生存，而今拍卖行业已经式微。

**我的人生心得：分工合作小到个人、家庭，大到社会、国家，我们要做好本位。**

# 创业时期之二

## 踏足中国

休斯敦人口增长很快，当时已是美国第五大城市（现在是第四大城市）。除了CTT，有十多家分店的全美最大工具进口批发商Buffalo Tools也在休斯敦新开了分店。新入行专做进口中国工具的King Machinery开了洛杉矶、新泽西两家店后，也来休斯敦开分店。最令我讶异的是King从中国进口的工具，批发价比从台湾进口的便宜约1/4，质量也比台湾的好，只是包装比较粗劣或没有包装，卖相不好。

有一天，King Machinery的陆老板从洛杉矶来视察休斯敦分店，刚好我在店里买货。大家都是香港人，我趁机向他打听了中国出口工具的种种问题。他告诉我，他的香港公司多年来代理欧洲轴承进口到中国，也把中国的工具等产品外销给香港市场，继而用他在中国工具行业的关系发展美国市场。他也提到了中国的出口公司很难打交道，以及出货不准时、包装和品质不稳定等问题。

但对我这个饥渴地寻求机会的年轻人来说，这些都不是问题。我看到的是他卖得这么便宜还能赚到钱，还到处开分公司。如果真像他说的这么困难，为什么他的生意能愈做愈大，货源和品种愈来愈多？我买他的货，再加价35%批发给小店，也能脱手；而Acme、CTT和Buffalo等进口商，卖的都是很容易从台湾进口的工具，我进货后只能加15%到25%的利润卖出。

中国刚开放，台湾商人有恐共症，大多不敢去中国。美国人也因语言、卫生和风俗问题，不愿去中国，他们要买中国货，大多是经香港中间商中转。我如果自己进口中国货，就不会和CTT的朋友抢台湾货的生意。电风扇只是季节性产品，光靠进口电风扇很难生存。如果我长期批发别人已经打出品牌的工具，只能卖给小店以及自己摆地摊，虽然目前收入不错，但是没有前途……

此时是1984年9月，我已买下并住进休斯敦郊区中高档住宅区的住房，以迎接第一个儿子伟德的出生。

1984年年底，我第一次进入刚成立不久的中国驻休斯敦领事馆。我告诉商务参赞，我要去中国买工具。他给了我数家进出口公司的资料。参赞是北京来的，当然向我推荐中国机械进出口公司北京分公司。谢过他后，我拿了资料回家做功课。中国还是计划经济，工具只能找中国机械进出口公司（CMC）下属的各省市分公司购买，如要买小型机械如砂轮机、台钻等，则要向中国机械设备进出口（CMEC）的各个分公司购买。这些名堂我一时也搞不太明白。

我很向往去看北京的长城、天安门等名胜，因此首先给北京市机械公司发了电报，随后我又发电报给数家省、市机械分公司，洽购工具。根据公司回复情况和路线的便利，我选择了访问三家公司：北京机械、河南机械和上海机械。

拿到中国签证，1985年年初我经旧金山、东京飞往北京。北京机械公司派车到机场迎接，来接机的是刚从部队退役的张黔南先生和大学毕业刚分配工作的卫静小姐。北京的街道上汽车稀少，男女路人都穿深蓝色衣裤，寒冷的街道上挤满黑白色的自行车，秩序井然；沿途的树木都光秃秃的，天是暗沉沉的，我仿佛来到一个黑白的世界。

他们带我去长安街上离天安门不远的民族饭店住下。一路上我经过中外著名、耳熟能详、在书本中常看到的天安门、广场、故宫、中南海、人民大会堂。有感于中国历史的悠久，中华民族的伟大，我内心的震撼与感动难以言喻。

入住旅馆后，我们随即前往位于朝阳区的机械公司造访。公司在一栋四层楼内，没有电梯，房子装修很简陋，但公司上下都很热忱。我见过李总经理和关经理，便去会客室谈业务。北京机械库存工具的到岸价格比美国King Machinery的还便宜一半左右。他们的海外客户不多，离国家给的创汇指标还有一段距离，需要发展新客户，但他们对我这刚满30岁、看上去还像大学生、第一次踏足中国的小伙子信心不大。接着我又和农具科刚毕业参加工作的小焦洽谈购买把斧、小农具等产品。晚上他们请我吃了一顿涮羊肉，我平生从未吃过这么美味的北方菜。

第二天他们开车带我去北京近郊的常营看产品库存。原来国内的工具厂大都分布在苏、浙、辽、鲁、蜀等地，且距城市较远，运输不方便，如果订新货，往往要等三个月以上才能交货。为了方便出口，各进出口分公司都备有一定的存货，便于客户订购。因为我是新客户，张科长请经理特批，给了我很好的现货价格，尤其是断线钳和把斧，我记下所有价格，拿了一些样品。

常营是回族聚居地，最有名的还是涮羊肉，我们就又吃了一顿。这次来访，最有趣的是看到家家户户用来取暖和烧饭的蜂窝煤，和在露台堆放的冬季蔬菜——大白菜。

离开北京，我飞往郑州。河南机械的库存没有北京机械的多，规格也不齐，砂纸砂布是河南的主要产品，可惜我没有这类客户。但这次我认识了刚从华南工学院毕业，后来又到洛杉矶创业的李伟明先生。我也看到了中国的母亲河——黄河！

从郑州再飞往上海，来接我的是上海机械两位工具科的老业务员。上海机械已有多家美国大客户，如Great Neck、Olympia等；我这名不见经传的小客户，采购量小，对他们完成出口任务没什么帮助，他们也就不大感兴趣，给我的货价比另两家都贵。这回我学到了，要做进口中国工具，一定要买库存，而不是买正常报价的货。上海机械有6件套扳手的库存，报给我每套1美元的好价钱。他们没有带我去看仓库，也没有带我去见总经理，但请我去上海外滩的地标和平饭店吃了一顿地道的上海菜。

上海给我的印象不太好：我喝不惯上海有漂白粉味道的白开水，要泡了茶才能下咽；还有臭味冲天的苏州河令人难忘。

1980年代的上海

在上海停留两天后，我便飞回美国。首次踏足中国大陆，仅逗留不到10天，我看到了文革后的中国，制度还未完善，人民生活比较艰辛。我知道香港和台湾是中国未来发展的缩影，幸福和发展是可预期的。这次中国行也使我暗下决心，今后要把全部精力用于经营中国工具产品。

> **我的人生心得**：看到了腾飞前保留50年代色彩的中国，得知了伟大民族的演变史。

# 创业时期之三

## 进口工具

我拿到了价钱极好的中国工具,只有King Machinery到岸价的一半。但我还没有大客户,也还没有足够的仓库和财力买更多货。我唯一的机会是拿到休斯敦本地批发进口商的订单,那就只有Acme Tools和离我仓库不远的同光工具(TK Tools)是我理想的客户。

过去两年多,我每个星期都从Acme Tools进货,老板杜克先生和我相熟。从中国回来,我就把样品准备好,加了20%的价格,去见杜克先生。临行前我发觉样品里缺了台虎钳和大号断线钳,只好用King的货,把King的牌子抹掉,充作自己的样品。为了证明我要和他做的生意都是真的,我把去中国的飞机票、长城的相片和中国的地方粮票都拿给杜克先生看。我特别请杜克先生开出60天备用信用证,也就是说他收到货以后才需要付给我货款,不用担心我交不出货。杜克先生同意购买七万多美元的工具。

我立刻找休斯敦唯一的本地华资银行亚美银行,开背对背信用证(Back to Back Letter of Credit)寄往中国。以前我做风扇生意时,就通过亚美银行开过信用证。在富有贸易经验的银行家王先生指导下,一张六万多美元的信用证开给了北京机械公司。

接着,我去找同光工具林老板。他在休斯敦新开的公司规模不大，但他岳父是台湾上市公司同光企业股份有限公司的CEO。林老板和我相熟，他也给了我一张三万多美元的工具订单，并付了一万美元作定金。我再加上自己三万多美元的订单，凑成另一张六万多美元的信用证开出。

UGS公司（我公司全名United General Supply Co., Inc.）开出两张信用证给北京机械，总数是十二万多美元。我又开了张一万多美元的信用证给上海机械购买扳手等工具。两张信用证到了北京，惊呆了张科长和李经理他们——北京机械每年出口营业额只有一百多万美元，都是出自白人贸易商，谁能想到我这不起眼的中国裔毛头小子竟有这等能力。而这也成为我日后开展中国工具贸易的奠基石。

第一批货到了美国，发给客户，他们都很满意。但这时Acme Tools公司财务上出了问题，银行不再贷款给他们。同光工具也因为台湾公司股票出事而无法继续经营下去。我只能自己再去寻找新客户。

同光工具每两个星期都开卡车往外州送货，以往谈话中我得知他们批发的大客户在阿拉巴马州和田纳西州。我也知道CTT在密西西比州的大客户Wood Sales。我开车十个小时拜访了Wood Sales，伍德先生很好客，不光给了我订单，还把别的州数家批发商介绍给我。循着地图，我一家家找到地区性大批发商，他们都是从洛杉矶进货的分销商，非常欢迎我这个价廉物美的新供应商到访。我进口的中国工具一下子全卖掉了。

1985年8月，我第一次参观了在芝加哥举行的全美五金展，认识了山东工具、江苏工具等大出口公司。他们已有固定的客户，报价不低，订购工具需要开信用证。我想我的本钱不多，应该集中财力向一家公司采购，成为他们的重要客户。这远胜于分散购买，那样的话我对各家公司都只是无关紧要的小客户。

年前我刚开始进口电风扇时，从银行开具信用证，需要付50%保证金，余款90天内付清。后来银行见我生意不错，准时付清了十多万美元的信用证余款，就给我优惠，我可以仅付银行30%保证金，开出信用证，其余在货到后90天内付清。我用6万美元本金做生意，一年最多买进三十多万美元的货，那么赚到的钱也就能维持家庭开支而已。要把生意做得更大，我需要中国的外贸公司支持，对我放账，也就是允许我收到货后30至60天才付货款。

1985年8月底我回中国，首站北京。我开了十二万多美元的信用证，一下子成了机械公司的重要客户，李经理亲临民族饭店，接我去全聚德吃烤鸭。我再次订了若干个货柜的工具，但问到北京机械能否放账，张科长解释说：还是先要多下订单，10月份公司副总关经理会带队到华盛顿特区，参加北京市与华盛顿特区缔结姊妹市的座谈会和贸易展销会；等他们一行造访休斯敦并视察我的公司之后，应可以办到。

这次在中国，我去了山东、浙江、江西等省份的机械公司拜会。我集中资金向北京机械购买产品，其他公司只是结识外销业务员和经理，下了些小订单，没有深交。我对工具生意愈来愈熟练，结交的出口公司、业务关系也愈来愈多。

终于到了10月，我到华盛顿特区出席姊妹市缔结大会。华盛顿特区市长、若干国会议员、陈纳德将军遗孀陈香梅等出席了大会，北京方面则由副市长韩伯平率领各进出口公司的负责人和外销人员参加，还办了一个小型的产品展销会。华盛顿毕竟是美国的政治中心，做生意的人少，客户出席的不多。中国刚开放不久，北京的官员和外销人员大多是第一次到美国。我租了车，带第一次到访的北京机械关经理、老张、小焦等人游览国会山庄、白宫。这也是我旧地重游，驾轻就熟，我还抽空找到当年收留我睡客厅的郑则勇的五叔叙旧。

华盛顿会后，老张和小焦乘飞机来休斯敦探访，我请客吃了他们从未尝过的龙虾大餐。几顿饭之后，外面餐馆吃不惯，我就让岳母做饭菜在家里招待他们。我还带他们到NASA太空中心等地参观，但不敢带他们去我那仅有250平方米的仓库，那里只有少得可怜的存货。临别我到机场送行，他们才想起忘记看仓库拍照片用来写报告，啼笑皆非。

当年来美国的中国人不多。两位走了不久，就有两名FBI探员到我公司访问。FBI问了他们来休斯敦的行程和目的，尤其关心他们游览太空中心的行程。

回到北京，关经理和李经理正式批准与我们合作，发出了第一批十多个货柜到休斯敦。这可把我们忙坏了——这么大批量的货还不知道要卖给谁，仓库也装不下，十多个货柜的运费也付不起。幸好运费是包括在货款里，北京机械给我的付款期限是最优惠的90天。我只好租下隔壁250平方米的仓库应急。

北京机械的货源源不断地发来休斯敦，但我手上只有几个客户。我必须赶紧开发新客户，快速把货售出，汇出到期的账款，再订新货，这才能愈做愈大！北京发来的货只有十多个品种，每个品种的数量却很大，如6英寸钻石牌老虎钳就有一个货柜，5英寸的剑鱼牌管子台虎钳又是两个货柜。

1986年2月初，货柜抵达休斯敦，光是卸货我们就花了一个多星期，500平方米的仓库，边卸货，边出货，才勉强能放得下。

我正式成为工具进口商了。

> **我的人生心得**：幸运之神往往会眷顾努力不懈的人。

# 创业时期之四

## 走遍美国

20世纪时,美国有很多小镇店家,进货大都依赖附近的批发商,而批发商则从东西两岸的进口商、美国工厂或卖倒店清仓货的公司进货。批发商要的品种比较多,我们刚开店,货的品种少,但市场上少有从中国进口的便宜工具。我卖的工具,价钱比King的便宜20%,比台湾货便宜40%到50%。我买的是中国各机械公司的库存,产品包装简单,不能打上我公司"Lee Tools"的商标,大都保留原品牌,如剑鱼牌、钻石牌、铁牛牌,或者没有品牌。我也顺势告诉批发商,这一来向他们买工具的客户就无法从包装上找到货源,可以保护他们在各自地区的利润。而像King的货品上都有"King"的商标,他们既卖给批发商,也直接卖给零售商,这就不能保护大的批发客户——小零售商在大批发商那里进过一次货,便知道下次可以直接去源头进货,价格更低,他再也不会光顾批发商了。

拉斯维加斯每年有两次百货展览会,一次在3月,另一次在8月。我报名参加3月的展览会,但报名太迟,楼下摊位已全满,只在僻静的二楼租到一个小摊位。我的信心打了折扣,能不能找到新客户还在其次,我甚至一直担心怎么才能把带去参展的货卖掉。

我平生第一次参加展览会,完全不知道应该提早把货品运到会场,直到参展的前几天才弄明白流程,但已经晚了。我只好自己带了七大箱沉重的工具,如把斧、台虎钳、锤子、大扳手等,打包好用飞机托运。当时航空公司托运行李的制度不健全,我办好登机手续,给了搬运行李的工人20美元,三四百磅重的七大箱行李便全部托运了。我坐在飞机上,还担心飞机是否因过重而不安全。

虽然摊位在人气不旺的二楼,但我们是全场最便宜的工具进口商,消息不胫而走。一场展览会下来,我接待了十几个大客户,Mill and Mine、Wood Sales、Bobby Smith等等东南部的批发商都下了订单。不仅现有十多个货柜的货悉数卖出,我还接到很多以后的新订单。

我给北京机械一口气下了二十多个货柜的订单。1986年年中到北京时,李经理给我英雄式的接待,我还出席了一场由市长陈希同主持的出口座谈会。我的生意发展太快了,北京机械的财力、货源、品种和服务方面,已不大能满足我翻了十多倍的业务需求,我感到有必要多发展几家出口公司的业务合作。

我用进账的货款买入其他进出口公司的货,和各公司建立关系,继而要求放账。我先后和江西机械、湖北机械、上海设备、山东机械、河南机械、辽宁机械等建立了关系,渐渐的各公司对我有了信心,开始给我放账,我和他们的生意亦愈做愈大。

同时,我在美国马不停蹄地寻找各州客户,推销工具。美国东南部的批发商很分散,彼此距离十几公里到二三百公里不等,我每天最多只能拜访两三个客户。幸好我找到两位推销员阿尔莱和蒂米,他们和我一同穿州过省拜访客户,展示新货品。平常我不在时,就由他们外出接订单传真过来,再由公司发货给客户。

东南部客户对便宜工具的需求很大,怕我们不给发货,他们付款都比较准时。他们常会打电话来下订单，但是这些客户都要看到最新的货，要最好的价钱，因此我每两三个月便开车去拜访他们一次。洛杉矶的进口商老板都守株待兔，不会不辞辛劳地离家半个月开车去各个州拜访客户，也不会每天把样品从车上搬上搬下好几次给客户展示。只有我一个黄面孔在美国各州顾客间奔驰，我虽然很累，但很有成就感。

我曾到阿拉巴马州弗洛伦斯市把工具卖给一位名叫安德森的烟花和杂货批发商。而他正是多年前我开餐馆时偶遇那位香港烟花爆竹出口商马先生的客户，当年马先生还提起过他。真是无巧不成书。

二弟在加州大学拿到化工学士，毕业后在AMD做电子芯片工程师，晚上修硕士课程。获知我去中国做生意，他也很想学做生意，1987年他来休斯敦加入我的公司。我们常到中国出差，也一同去美国各地参加展览会。当时重要的展销会有五个：1月芝加哥的O'hare EXPO，3月和8月拉斯维加斯的ASD消费品展览会，3月的芝加哥家庭用品展览会，8月的芝加哥工具展。我们一年至少去三次芝加哥，大都是开车去，沿路拜访客户，最多时一年开了五六万英里。除了美国西北的几个州不去，我们的足迹遍布美国四十多个州，生意蒸蒸日上。

1988年年初，公司的年销售额已达三百多万美元，仓库面积3000平方米，员工有十多人。

为了方便携带样品沿途拜访客户、参加展销会以及停在休息区小憩，我特意买了一辆二手加高加长的GMC豪华商务车。车厢内可以来回走动，装有地毯、电视，后部有个大沙发，中间有一张桌子和四个可躺下的座椅。车尾装有拖车球可带拖车。

1988年3月，为了参加芝加哥家庭用品展览会和相隔五天的拉斯维加斯ASD消费品展览会，及招待北京机械的朋友到访，我和二弟开车带着北京的小焦和老张，车后拖着满载工具样品的拖车，从休斯敦出发，北上芝加哥。会后我们马不停蹄地去拉斯维加斯，辗转大峡谷，再回休斯敦，中途还拜访数个客户，两个星期走了一万公里。在科罗拉多州的大章克申，我们带着载重拖车下陡斜山路，不断刹车，刹车片都冒烟了。我们每开十多公里就要停下，去路边加油站给刹车片喷水降温。

在1988年秋芝加哥的展览会上，我们遇到一家乡下五金店，看中他们摊位上锤子的手柄。店主说他们的大锤子是在阿肯色州的鲍曼手柄工厂买的。那时没有互联网，回程我们路过阿肯色州，便到较大的五金店去问他们的货源，问了好几家才得到工厂的电话和地址。工厂所在的市镇贝茨维尔太小了，在地图上找了半天才找到。开车找到工厂时已是傍晚，幸好鲍曼先生就住在工厂后面。我和他谈到晚上10点多，经过样品测试，鲍曼买下我们的山东日照产锤头，装上他们工厂做的胡桃木柄出售。我们的锤头比他工厂正在使用的产品便宜25%。

鲍曼定期开卡车到各家五金店和乡村商店推销并送货，所以他也可以兼售我们别的工具。我们在休斯敦可以买他生产的美国木柄，装在我们的锤头上售出，一举数得。于是鲍曼手柄工厂就成为公司的基本客户直到如今。鲍曼先生和他的儿子雷伊是很典型的诚实的美国乡下人，穿蓝色牛仔裤，操美国南方口音的英语，只吃汉堡包和牛排。

在佐治亚州，我们还找到专做拍卖市场的鲍勃批发公司。除了做批发，鲍勃自己开的拍卖行每两周拍卖一次货品；每星期有四天，他自己开中型卡车去附近城镇的拍卖行卖货。他每两个月都从我们公司购买一个货柜的工具。

鲍曼手柄工厂

在宾夕法尼亚州兰开斯特，我卖货给阿米什人开的店。信奉基督教、守护相助的18世纪德国移民阿米什人到现在都还驾着没有橡胶轮子的马车，不开汽车，不坐飞机，家里不用电灯、电器，只用手工工具。他们每100户为一族群，有自己的学校、教堂和长老，不上普通学校。他们穿自己做的传统德国服饰，男性蓄胡须，女性穿传统长裙，只和族人通婚，尽可能自给自足。阿米什人的商店通常都没有售货员，顾客自己拿了货在钱箱按价付款。阿米什人的社区开了很多手工家具工厂，产品行销全美。

我还在伊利诺伊州卖货给Continental公司，他们拥有三十多辆卡车，专门开到各小镇做卡车工具大甩卖。我还找到专门收购关店清仓货物的批发、零售商，如缅因州的Mardens和内布拉斯加州奥马哈的Omaha Tools等等，向他们推销中国工具。

最有趣的是我飞去洛杉矶，把中国工具卖给两位台湾工具进口商。我在美国东奔西跑，客户遍布四十多个州，营业额愈来愈大，需要进口的货品也愈来愈多。1989年，我公司的年销售额将近700万美元。

**我的人生心得：努力寻客，行万里路，卖万吨货。**

## 创业时期之五

### 刚开放的中国

80年代中期,中国还处于社会经济刚开放的阶段,民风淳朴,食衣住行亦有特色。

大部分人都穿蓝色。女士穿蓝色的衣服或长裙配长丝袜,在办公室上班的男士则穿白衬衫、西裤,偶尔也穿袖口缝着商标、外表千篇一律的西装。

公司、工厂大都是国营的。在国内城市到饭店吃饭,一律要用地方或全国粮票。我通常会给进出口公司的科长和业务员们带一些手信,如免税烟酒、巧克力等,换取他们的粮票。我口袋里常备面值一斤半的全国粮票,在北京买面食则需要面票。猪肉的供应充足,不用肉票。

曾经的全国通用粮票,现已成为收藏品在网络上出售

80年代中国产品的包装还比较落后。1986年底,北京电讯钳厂通过我购买了一台美国制AMPAK Skin Packaging吸塑包装机。机器到了北京,因为要完成清关手续,我也就在北京停留近两个星期。

电讯钳厂买的是四千多美元的机器,他们需要我帮助翻译设备说明及解释如何操作。工厂付不起民族饭店五十多美元一晚的房费,给我安排了附近的小旅馆。那是一间四人房,我和三个陌生人合住。房间里只有四张单人床,也没有衣柜可以存放衣物行李。

早春时天气还冷,房间里有暖气,但没有独立的卫生间和浴室。每天晚上我们都要排队用暖壶打两壶热水,在搪瓷脸盆里调上冷水冲身,再用自己带的小毛巾擦干。同房的另一人来自唐山,他工厂的同事在北京住院,厂里特地派他过来陪同,每天早上9时去医院照顾病人,下午5时回旅馆。我觉得社会主义的人情味真是不错。另两位房客随来随走,不固定。

房费每天只要四元多人民币,合美元75分。只有旅馆的管理员才有房间钥匙,我的财物从未丢失过。工厂借给我一辆自行车,我早上去工厂一趟,下午便可以到处逛。我不仅游览了天坛、地坛、什刹海、颐和园、故宫等名胜古迹,还体验到普通中国百姓的生活。不过最让我受不了的是旅馆房间里每个人都抽烟,每晚我都要等他们都睡了才能入睡!

我用美元换的代用券,比人民币吃香,可以在友谊商店买到市面少有的进口商品,包括电冰箱、电视机等。用外国护照加代用券,还可以优先买到火车卧铺票、飞机票及入住星级旅社。黑市上代用券兑换人民币,比面值高10%以上。但是火车卧铺和飞机因座位有限,很多时候用代用券也买不到票。

有一次，我临时从江西南昌坐火车前往湖北武汉，在向塘火车站只能买到当天过路车的站票。车上的人非常多，我拿着两件行李挤不上火车，只有请江西机械的两位外销员朋友帮忙，我先从窗口爬进车厢，他们再把行李从窗口递给我。开车后一小时，我好不容易挤到列车员那里想补卧铺票，但卧铺已全部售完。我私下给了列车员80元人民币（当时约合一个普通工人半个月的薪水），不久，他便叫我进入另一节车厢，把他自己休息用的卧铺让给我。

还有一次，我从西安坐火车到郑州，时值隆冬，天降大雪，气温零下十几摄氏度。偏偏软卧车厢暖气坏了，我把带着的所有衣服都穿上，还是冷，后来我患了感冒。

2023年，我乘坐的硬卧车厢内的景象

我有很多次坐火车从北京经武汉到广州，参加每年的春交会和秋交会。机票和软卧票都很难买到，往往只能买到硬卧的中铺或上铺。我最怕睡上铺，因为车厢内没有冷气，很多人因为太热无法入睡，就一直在谈话、抽烟，所有的烟都往上熏，令上铺的我无法呼吸。每隔十多分钟，我就要爬下去透一会气才能再回去睡，一个晚上能睡三四个小时已算不错了。冬天在软、硬座车厢内，更是烟雾弥漫，从车厢一头都看不到另一头。

我有很多时间在餐车度过。火车餐厅的菜品虽然有限，但全是厨师在车上现炒出来的，味道还不错。餐车客人不多，可以看书休息。餐车用餐虽然不需要粮票，但菜价是街上餐馆的数倍，大多数旅客都吃不起。餐车里常见的多是外国来的旅客和可以报销餐费的干部。

凡持有护照或回乡证的外宾，在国内买机票都有优先权。但很多时候买到了机票，也不一定能拿到登机牌，因为飞机票往往超售，到办理登机时，有关系的人才能得到优先照顾。因此一听到机场广播宣布可以换登机牌，人人都拿着机票冲上去排队，以免上不了飞机。

有次我从南宁飞往上海，航班因天气延误，大家都在候机室苦等了十多个小时。广播终于通知去2号柜台换登机牌，大伙一窝蜂拥向柜台。我和刚认识的尼日利亚华侨王先生相谈甚欢，忘记了排队，眼看要排到队伍最末尾，甚至可能上不了飞机。这时王先生看航空公司的柜台工作人员尚未到来，便请我看好行李，他走上柜台宣布：持护照的排2号柜台，持国内身份证的排1号柜台。话音刚落，一大群人便争先恐后地拥往1号柜台，我们就很从容地变成2号柜台前的第一位和第二位客人。

当航空公司的服务员出现在2号柜台办理登机，大家又一窝蜂回来排队。王先生说这招在非洲很管用，他以前曾被别人愚弄多次，我实在哭笑不得。

关系在中国非常有用。一次我从四川成都乘飞机去上海，去机场的路上堵车，眼看赶不上飞机。那时还没有手机，送我的外贸公司业务员在路边找了个公用电话，打给公司外销经理。经理的亲戚是一位四川的高官。结果航空公司没让飞机按时起飞，一直等到我上飞机。

我常搭乘国产的运-7，这种飞机技术上比较落后，在能见度不好的情况下常常不能起飞。有次我从山东青岛去辽宁大连，由于天气原因，在青岛的流亭旧机场足足等了两天，飞机才飞到海对岸的大连。这要是坐船，一夜也就到了。其他我常坐的机型还有苏联的伊留申客机和英国的三叉戟客机，这些机型都不太安全，乘坐也不舒适。

每到一个新的城市，我都趁机参观当地的名胜古迹。我去了四川的杜甫草堂、乐山大佛，江西的庐山，浙南的雁荡山等。我还在三峡水坝建成前，坐江轮从重庆穿过雄伟的长江三峡到达武汉。我也曾乘船经京杭大运河由杭州到南京，拜访了南京的中山陵。全国治安都很好，我从来没有丢失过财物。

中国城市里我最喜欢的是杭州。我小时候，父亲曾买过一幅西湖刺绣画挂在家中，告诉我们将来他退休后第一件事就是去看杭州西湖。但他在1987年退休三个月后便因癌症而长逝。杭州距离上海只有约170公里，公路四通八达，也有很多航线到全国及世界各地，西湖和西边的山丘形成一片广大的风景区。杭州既有大城市的优势，亦有旅游城市的特色，这也是后来我选择在杭州设立中国办事处的原因之一。

外贸公司和工厂那时皆是国营的，外贸公司是外贸工厂出口和采购唯一的渠道。有个流行的说法："外国大客户是出口公司的上帝""外贸公司是工厂的爸爸"。每次外贸公司的销售员陪我到工厂，厂长和书记等都借请客的机会大吃大喝一顿。我第一次和江西外贸的业务员去江西九江湖口把斧厂，厂长和十位工厂领导轮流向我敬酒，那晚我喝了二十多碗白酒，足足醉了一天多。

开放初期的中国，吃喝是唯一的娱乐。很多时候吃喝从中午便开始，不仅食物油腻而且还要喝酒。下午我回旅馆小睡一会儿，晚上又要接着喝，让人难以招架。有段时间，我一直觉得很累，回到美国经医生检查，发现我的肝脏已出现肿大。医生说如果继续这样喝酒，可能导致肝硬化甚至更严重的肝癌，吓得我魂不附体，再也不敢乱喝酒了。

**我的人生心得：我怀念这有人情味、慢节奏的小康社会。**

# 创业时期之六

## 中美洲开店

休斯敦是美国南部最大城市、吞吐量最大的港口，也是通往墨西哥、中美洲的大门。墨西哥、中美洲的批发商需要大量的中国工具，他们不辞辛劳，从家乡开车或坐飞机来美国买货回去售卖。

我们的店开在休斯敦批发街上，每星期都有很多墨西哥、中美洲顾客来找工具。大客户要的货，我们用货柜运过去，小客户自己开车满载而归。从公司肇始便为我们工作的丁小姐，专门负责向美墨边境的美国客户推销。在墨西哥的蒙特雷，我们发展了一位犹太裔客户，他每星期都从我们这里买一两个货柜的货，我们答应他不再卖货给墨西哥城外其他大客户。

墨西哥的进口关税很重，美墨边境有很多带货的"水客"。边境规定每人每次入境墨西哥可携带250美元以内的免税货品，一些边境居民便成为"蚂蚁搬家"式的带货客，他们从美国边境的商店取得已代购好的货物，带往墨西哥交给接头人，每天往返十数次。美国边防已麻木，眼睁睁看着车载人带的水货从美国涌去墨西哥；墨西哥的警察则忙着收取"小费"。

一位危地马拉的客户A，每两个月都来我公司进五六千美元的货回国去卖。他们一家人由危地马拉城坐长途车或飞机到休斯敦，在休斯敦买旧面包车，装满货开回危地马拉。他说危地马拉的工具批发价很高，是美国批发价的两倍。我觉得他们人不错，也想看看墨西哥和危地马拉的工具市场，说不定有机会可以和他们合作，便决定跟他们的车走一趟。

1988年年初，A一家三口从危地马拉坐飞机到休斯敦，住在他亲戚家，先后买了两辆车龄10年左右的道奇面包车，再向我买了五千多美元的工具。货很重，有台虎钳、千斤顶等，平放约占车厢一半高度。临行前他买了十多个旧车胎、一些汽车零件、睡袋、修车工具等装上车内。A开一辆车，我坐他旁边，A的儿子J开另一辆车带着A的太太。我们便朝美墨边境的麦卡伦出发。

墨西哥边境关卡要了"小费"，我们便顺利通过。开了十几公里，来到内陆的另一个关卡，又要付小费。快进入坦皮科时，我们的车给联邦警察警车拦住，要200美元小费，说我们没付墨西哥关税，最后我们付了50美元过关。联邦警察的权利很大，也是要钱最多的单位。晚上我们在坦皮科一家普通旅馆投宿，两个房间仅需10美元一晚。翌日，我们向墨西哥湾城市韦拉克鲁斯前进。

路况不佳，车载过重，我们先后爆了三个轮胎，只好停在路边换轮胎。快到韦拉克鲁斯时，我坐的这辆车水箱漏水。天已经黑了，我们只好找了路旁一家破旧的修车店修理。这家店总共只有四个电灯泡，一个在店的门面，一个在店后面的修理厂，另两个则放在店主口袋里，哪里要照明，就把灯泡插上那里的灯头点亮。从店面到后面修理厂有一段距离，我们一路走，他一路取出灯泡、装上灯泡。

花了两三个小时才修好水箱，我们到韦拉克鲁斯已是晚上10点多，又遇上大雨，所有餐馆都已关门，我们只好在路边摊买Taco（玉米饼卷肉）吃。因为生意好，餐碟不够用，老板只用吃剩的玉米饼把上一位客人用完的碟子抹净，就给下一位客人奉上Taco。雨很大，Taco酱料里混入了雨水，饥寒之下也只好吃下去。为了省钱，A在附近的海滩租了两个车位，把车停妥，车上的货摆放平整，我们四人钻入睡袋睡在货箱上面。白天太累了，我们都睡得很好。第二天早上，大家去带淋浴的公共卫生间洗冷水澡。

A说在车上睡觉既省钱又可以看住货，一举两得。他又说昨晚太辛苦了，要享受一下海水浴，吃一顿海鲜再走。我们上午便海泳、晒太阳，冲身后，往附近一家用棕榈叶搭成的简陋餐馆用餐。我们每人都点了一条大珊瑚鱼，四条鱼连饭和饮料等，只需5美元，实在太便宜了。

我们开车经过一片沙漠，到墨西哥东南恰帕斯省的一个小镇时再次爆胎，附近刚好有轮胎店，收费0.25美元换了轮胎。下午饭在路旁一家农人开的餐馆吃，这"农家乐"在碎石路旁摆了两张桌子，插上太阳伞，0.75美元即可吃一客牛排套餐。我们吃饭，鸡在桌下吃我们掉下的食物碎渣，狗摇尾坐在一旁等着吃骨头。这顿饭所有的食物没有一点浪费。

恰帕斯省人的服饰色彩鲜艳，这和其他地方的墨西哥人不一样。他们大都有印第安人的血统，世世代代居住在山区，很多人不会说西语。他们在山上种植咖啡等作物，过着非常简朴的生活。

晚上，我们停在路旁的加油站里，睡在货物上度过一宿。一早继续上路，很快到了墨西哥至危地马拉泛美公路的边防站，进入危地马拉。两国以河为界，我们过桥入关，奇怪的是桥下有很多人扶着在河面架起的绳索，涉水过河。原来走桥下不用出示进出边境的文件，又不用付过桥费，而两国边防人员对这些人皆视若无睹！

车上的货价值五千多美元，A却只报称两千多美元，危地马拉海关不相信，要等候审批才能放行。A不知要等多久，于是安排我坐上在边境拉人拉货回危地马拉市、付款即可上车的皮卡。我和几位陌路人同坐在皮卡车斗内，车子中途停下几次，大家买椰子解渴充饥，也上厕所。我不会说西语，幸好沿路治安还好，我坐了七个多小时的车，平安抵达危地马拉市第十区A的家里，他的大儿子在家等我。A一家三口和两辆车，这天深夜才回到家。

危地马拉工具批发价格果然是美国批发价的两倍。如果从中国直接发货过来，便可赚得更多。我决定在市中心批发区找一家店面做工具批发。我在第三区租到一家三百多平方米的店面与仓库，我认为可以从休斯敦先发来一个货柜的货，派一个雇员过来试营业，于是和A商量，成立一家合伙公司。

回到休斯敦，我筹备半个月便发出了第一批货。一个月后，货柜一到危地马拉，我们的店便正式开业了。我从休斯敦派去一位在墨西哥出生的雇员帮忙，店铺生意不俗，于是我打算发出第二个货柜去危地马拉。正在这时，我发觉危地马拉人排斥墨西哥人，而我的雇员因为水土不服也不想久留；同时新公司的钱和货常常丢失，细查之下，是我的合伙人A在账目上动了手脚。

但我又没有时间亲自照顾这个店。这许许多多的麻烦事，导致在开店两个多月后，我就决定把店关掉。

我把剩余的货送给墨西哥的一位客户寄售。本来我想在墨西哥开分店，但想到墨西哥有一位大客户每年向我采购一两百万美元的货物，我不想影响他的生意，就打消了这个念头。无论如何，这次3000公里的旅程和开店的经历，给我日后去中南美洲发展生意提供了一次宝贵的热身机会。

**我的人生心得**：失败为成功之母，初次的尝试，奠定了我日后在南美成功开店的基石。

# 创业时期之七

## 遇险，新尝试

从1986年开始，中国工具从国内各进出口公司大量涌入休斯敦我们的公司，我迫切需要扩大业务规模。从我在迈阿密的客户、老朋友黄先生那里，我听说加勒比海地区的工具生意利润很好，也想直接和那里的客户做生意。我的首选目标是波多黎各，它是美国的海外领地，说英语，文化和做生意方式都和美国相似。他们买了货也转销给加勒比海其他岛屿，因此货物销量颇大。

这年夏天，我和怀着第二胎的太太拜访迈阿密的黄先生后，租了车开去佛罗里达南部的基拉戈岛游览和浮潜。这天下午，我们沿1号公路回迈阿密，路过一家麦当劳。天气炎热，她想吃冰淇淋，我也想喝可乐提神，于是把车停在麦当劳店后背阴的停车位。太太带了5元钱去买吃的，我摇下前窗放倒座椅躺下，打算休息片刻。

车前突然有一位身材高大的中年非裔向我走近，我看见他右手用棕色的手帕覆盖，左手紧握着手帕的另一端，我立刻心说不妙。还来不及反应，他已走到我驾驶座旁，一把扯开手帕，露出一支手枪，他用枪指着我头部，示意要我下车。我只穿了一条泳裤，所有衣物、现金、机票、证件等都在车上，车子如果给他，我不知道何去何从。我想了一会儿，再仔细看他的枪管。这是一支0.25口径的左轮手枪，但是我看不到弹头，我想可能未上子弹，便萌生了和他拼一下的念头。

曾经看过007电影，记得可以把半开的车窗摇高夹他的手，我也想照猫画虎。我摇高车窗，他移动枪管指向我后脑。想到他可能用枪柄打我后脑，我知道这行不通，只好停下，假装摇错方向，再慢慢把车窗摇下来。他一直很镇定地盯着我。

灵机一动，我突然把车钥匙拔出，用右手扔出右边车窗，落到离我三个车位远的一辆车底下。我用手示意他自己去捡钥匙。他非常愕然，想了一会儿，用枪指着我，慢慢往车前方向退去，他的手指在扳机上没有松开过。我也把双手放在方向盘上让他看见，然后慢慢开车门走下来，手放在车门上让他放心。看他走远后，我才赶快去捡车底下的钥匙，迅速上车，开往公路对面的公用电话亭拨911。我又到邻近店铺找保安诉说此事，保安却害怕地说这与他的工作无关，管不了。过了好几分钟，还没有警察来，而太太已站在麦当劳门口等我。我只有硬着头皮开回麦当劳接她，然后赶快返回迈阿密的酒店。

在车上，我愈想愈怕。那天晚上我吃不下饭，也睡不好。如果我太紧张看错他的左轮弹仓孔，我的头就可能挨上几枪，就算他枪膛内只有一粒子弹，我也很可能丧命。即便他真的没有子弹，要是用枪托狠狠打我头颈，我也会受重伤。幸好抢匪没有嗑药、很有经验也够镇静，否则我后果堪虞。我双手始终在他可见的范围，不让他疑心我去拿武器，可能亦是他不动手的原因。后来我听说，迈阿密有的劫匪专挑租车的游客下手，我车身上有租车公司的标志，这才是主因。

小时候，母亲曾带我拿了生辰八字去算命。算命先生看我面相，加上生辰，再看"称骨歌"，说我在33岁有大难，如这个大难能平安度过，以后命是好的。记得有"平生原有滔滔福，可卜财源若水泉"的句子。真是巧合，按阴历算，这时我刚好33岁。

翌日我飞往波多黎各，拿到很多订单。可能真是"大难不死，必有后福"！

陆续有多家中国进出口公司在洛杉矶开了办事处，也放账给美国的各家进口商。我们面对的竞争愈来愈大，存货也愈来愈多，而利润在减少。更有某些公司一早便计划好赖账，这以CF公司为代表。公司老板是台湾移民，他们的工具，售价是我们进货成本的80%左右，弄得我都要从他们公司进货，再转卖给我的客户。因为包装箱上都印有CF的牌子，我的部分客户后来就直接找CF公司购买产品。为了竞争，我们也不得不降价求售，不光损失利润，还损失了部分客户。这样的低价策略搞了一年多，CF公司欠下五家中国进出口公司两千多万美元的货款，宣布倒闭。

在没有网络的年代，工具零售的利润很好。工具经过进口商、批发商和零售商，加上了各自的利润，零售价通常是货品到岸价的3.5到4倍。我也想过开零售连锁店，但租店面开支很大，又和我们现有的客户产生竞争，影响批发生意，想来想去没有头绪。

我们的雇员丁小姐，离开公司自立门户，做进口玩具生意，大部分卖去美墨边境。我太太十分记恨她，甚至在公司门上写"丁某与狗不得入内"。我告诉她，丁小姐做她的玩具生意，我们做工具生意，井水不犯河水。但丁小姐确实又进口一些工具，我也无话可说。

男人生另一个男人的气，过段时间可能就想开了或者忘记了。而女人对另一位女人生气，很多时候会用尽一切方法要压倒对方，令对方不能生存，哪怕"杀敌一千，自损八百"。

我太太一口气从香港贸易公司万利玩具（Manny Toy）进了二十多个货柜。那时我们进口什么货都卖得好，但玩具我们没有任何经验，连基本的客户都没有。这可把我弄惨了。以前我每两三个月去德州美墨边境推销一次工具，现在这么多玩具存货，逼得我和妻弟几乎每两个星期便开6个小时车带货去边境推销，在各个城市之间辛苦奔波，每天拜访十多个客户。边境主要城市间有300公里之遥，往往需要三天时间才能跑完。直到圣诞节过完了，我们还有好几个货柜的玩具卖不出去，只好半价廉让出手。这段时间里，工具的销售量也下跌了很多，真是赔了夫人又折兵。

辛苦卖了半年玩具，我们累坏了。季后我们算了一次账，玩具生意没有赚到一分钱，劳民伤财，真是令人丧气。此后我再也不做不熟悉的生意了！

1987年春天，我们萌生了做成本不大的"卡车大卖"的念头。

五金工具在小镇卖得相当贵。还没有网络的年代，小镇居民或农家要么在昂贵的当地五金店买工具，要么开车一小时以上进城，从Builder Square、家得宝等大型连锁店购买。卡车大卖，则是批发商从各进口商处或自有货源进货，由四人开一辆皮卡、一辆53英尺货柜车，到各地小镇卖货。他们在抵达之前，都会在地方的报纸大量刊登广告，列明工具售价、卖货的时间地点等。卡车大卖多在周末两天举行，地点有酒店、私人会所、会议厅，甚至市政厅。乡下租用这些较大型场地的人不多，租金相当便宜，400美元一天已是天价了。会议厅已装修好，有冷暖气，只需布置一下便可使用，非常合算。缺点是展销场地和停车场间有一段距离，没有叉车可用，人力搬运货物相当辛苦。每次展销，平均都有过万美元的流水，纯利可达三千多。我认识全美的三家"卡车大卖"公司生意都不错，常常从我公司进货。

我想试做这利润好而本钱不大的生意。除了自有的货，我还从CTT、Buffalo处买了多个品种的工具产品，选了距休斯敦约100英里，10万人口的博蒙特市作为试金石。我租了旅店的会议室作卖场，并随当地报纸发出一万多份彩色传单。

我和二弟租了U-Haul货车去布置卖场。半路上车子水温升高，车头冒烟，原来水箱的水管破了。车子抛锚在路旁，我们要步行到2公里外的加油站，打公共电话找人来修车。路旁没有灯，我们打着手电筒走在车流繁忙的10号州际高速公路边，煞是惊险。

打完电话，再走回车上等救援车来。车内非常闷热，水箱没水，我们不敢开空调，打开车窗，蚊子又非常多，叮咬无数，也只能忍受。三小时后救援车到，车子修好继续开往酒店，第二天再去布置场地。

尽管我们在地方报纸附上大量传单，做足宣传，但这次卡车大卖的人流和销售额都不大理想。后来我们从客户口中得知，原来大半个月前印第安纳州的Homier刚来做过卡车大卖，而且是在同一地点，在同一家报纸登了广告，卖相似的商品。我只怪自己事前没有调查清楚。

扣除开支，我们这次劳师动众只赚得数百元纯利，又剩下大堆存货，实在是不值得。卡车大卖只做了这一次便罢休了，我们又接着寻找其他更好的发展途径。

| **我的人生心得**：大难不死，必有后福。坚决继续新的尝试。

# 创业时期之八

## 锤子工厂

1988年，美国市场上刚开始流行玻璃纤维手柄的锤子等打击工具。好奇心驱使，二弟和我拜访了密苏里州一家专做玻璃纤维拉出成型的工厂，和加州洛杉矶的Nupla公司。两家工厂的生意都非常好，他们用的锤头有美国和台湾两个产地，但成品锤子都打上"Made in USA（美国制造）"的标签——美国法律规定，产品有超过成本50%的部分在美国生产，就可以算"美国制造"。

我断定新兴的玻璃纤维柄锤子会在美国市场慢慢地取代木柄锤子。当时市场上的主流产品来自美国、日本、台湾三个产地，台湾的玻璃纤维柄锤子价格最低，品质也不差。中国产的锤头，价格只有台湾锤头的60%。因此我们计划购买中国锤头，自己开厂生产玻璃纤维柄来组装成品锤子，再以略高于台湾货的价格，把这"美国制造"的锤子销往全美。

一位台湾贸易商介绍我找到了台南市忠泰锤子厂。何先生经营的这家工厂专门生产玻璃纤维手柄。他是工人出身，文化程度有限，但非常勤奋好学，到日本一家台湾人合作开的工厂学会了玻璃纤维手柄的生产技术。何先生答应卖给我们技术和机器设备，但我们必须承诺不会把机器和技术转移到中国大陆去开工厂。随后，我和二弟在美国以对半股份成立了公司United Manufacturing, Inc.(UMI)。

我和二弟在台湾逗留了一个多星期。他原本就是化工工程师，很快便学会了生产技术。我们用模具生产16英寸、18英寸的手柄，用于1磅到2磅的锤子，用拉出成型技术生产36英寸（1米）的玻璃纤维柄，装上6磅到20磅的大锤头。我们买了射出成型机，生产出一种手感很舒适的塑胶手柄，看起来像美国货和台湾货的混血儿。

我们选了两家中国的锤头工厂来合作。3磅到30磅的大锤头用山东日照工厂的产品，1磅至2磅重的小锤头则选浙江瑞安锤子厂。两家锤子厂都是国营的，产品质量不错，但问题是锤头锻打成型后，安装锤柄的孔靠手工冲打，孔位时有偏差，需要加以筛选，而我们并不能挑出全部瑕疵件。

生产手柄的机器在1988年底运到美国，我们在公司附近租了一间300平方米的仓库安装设备准备开厂。开一家工厂是非同小可的事。麻雀虽小，五脏俱全——从拉电、装机、买原料、调配方、请工人、试生产，足足忙了一个多月，最后再经消防局查验通过，才正式投产。

我们公司的客户都是批发商，我们的工具产品还没有直接卖进Builders Square，Home Depot等全美连锁店，也没有进入Ace等加盟连锁店。客户出的价钱不高。

虽然我们生产的锤子是"美国制造"，但中国锤头孔位不准，导致手柄安装时有偏差，有时工人施加胶水过多，滴到其他部位，影响了产品美观。16oz锤子本来定价2元5角，批发商因为产品瑕疵要压价，只能卖1元8角。

而且就在那时，中国出口了一款偷工减料的锤子，也是射出塑胶柄和铸铁锤头；锤柄用力敲打数次便会断裂，锤头也会生锈，但批发价压到了1美元以下。这对市场冲击很大,我们的锤子批发价一度跌到1元5角,已经亏本!

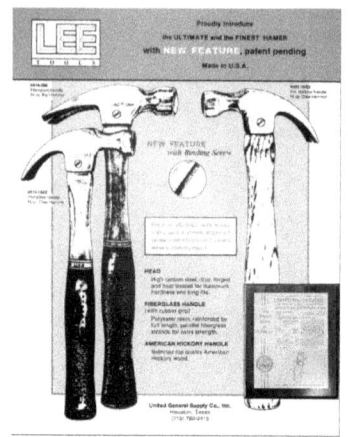

专利产品,用螺丝紧固锤头的锤子

大锤头的情况略好。但我们的挤塑机生产速度太慢,每天开工8到10小时仍无法满足订货需求。锤头仍时有孔位偏差,有些锤柄偏了,次品锤子只能廉价出售。后来我们计算了生产成本,由于人工费用太高,产品售价太低,锤子工厂没有利润。

1989年买进的公司现址

80年代后期，因为石油价格一直下跌，休斯敦人口锐减，房地产不景气，Harwin批发街上有一半的房地产在出售。1989年，有一幢9000平方米的家具店要出让，房主已破产。我们只付10%的头款，以250万美元从保险公司购得这处房产，用作公司新址。前面1500平方米为批发、零售部，楼上是办公室，另外七千多平方米是仓库。这幢楼一直使用至今。

挤塑工厂也随我们搬入新址而迁到仓库后部，厂房和办公室约占500平方米。虽然眼下不赚钱，但我们对未来仍满怀希望。

浙江瑞安锤子工厂的厂长曾表示要和我们合作，生产玻璃纤维柄锤子，宁波市的书记也说可以给我们土地建厂房。中国的土地还很便宜，只有三四万元一亩，我买下三十多亩地应该没有问题。但一来中国的生活比较辛苦，要让二弟常驻国内我有顾虑；二来我答应过台湾锤子厂的何先生不把技术转移到大陆开工厂，因此我最终还是放弃了这个机会。做人不能失信，至今我也以此为荣。

1990年初，第一批中国制造的玻纤柄锤子在广交会上出现了，我们如梦初醒，知道大事不妙，在中国开厂的机会更加渺茫，而UMI的前途很不乐观！

机会来了！美国的Estwing（ES）锤子工厂找到UMI生产玻璃纤维柄。ES提供美制锤头，UMI生产玻璃纤维柄装上，包装好，运回ES工厂。UMI每支锤子收取1.2美元的代加工费用，ES派工程师来检验质量，非常严格。他们开发了三款新的玻纤柄锤子，最初的订单数量不大，ES保证日后产品会销售到美国各大连锁店，但进展缓慢。每月虽然有五六千支锤子的订单，UMI还是处于保本状态。

努力了两年多，新公司却没有赚到钱。有一天二弟对我说，在加州圣何塞有一份很好的半导体工程师工作,他必须在一个月内离开。我很舍不得二弟离开,但形势比人强,我也无话可说。

我只好和一位墨西哥客户商量,由他派人来休斯敦学习,然后把手柄工厂迁往墨西哥蒙特雷,以节省人工成本。而我们给ES交付了几批货后,因存在质量问题,ES要求退货,以后也不再订货了。真是可惜!

这件事给了我很大的教训。除了投入二十多万美元和两年多时间而未见成效,我最大的损失恐怕是没有抓住机会把工厂设在中国,拿下土地。而今那块土地已值人民币400万元以上一亩。当时中国人工很便宜,工人也很容易找到,建筑成本也很便宜,又有5年免税政策,我们有固定的客户和渠道,销售上不成问题……天时地利皆在,只是欠缺正确的方向。我深感痛失良机,日后应引以为鉴!

> **我的人生心得:逆水行舟,必败!**

## 创业铭记

在迈阿密被劫匪用手枪指着太阳穴,事隔多年仍历历在目,我今天犹有余悸。创业固然要冒风险,这一幕令我明白,一旦没有了生命,什么金钱、齐家、理想等等宏图伟略,都将化为乌有。

# 进军南美

1991--1998

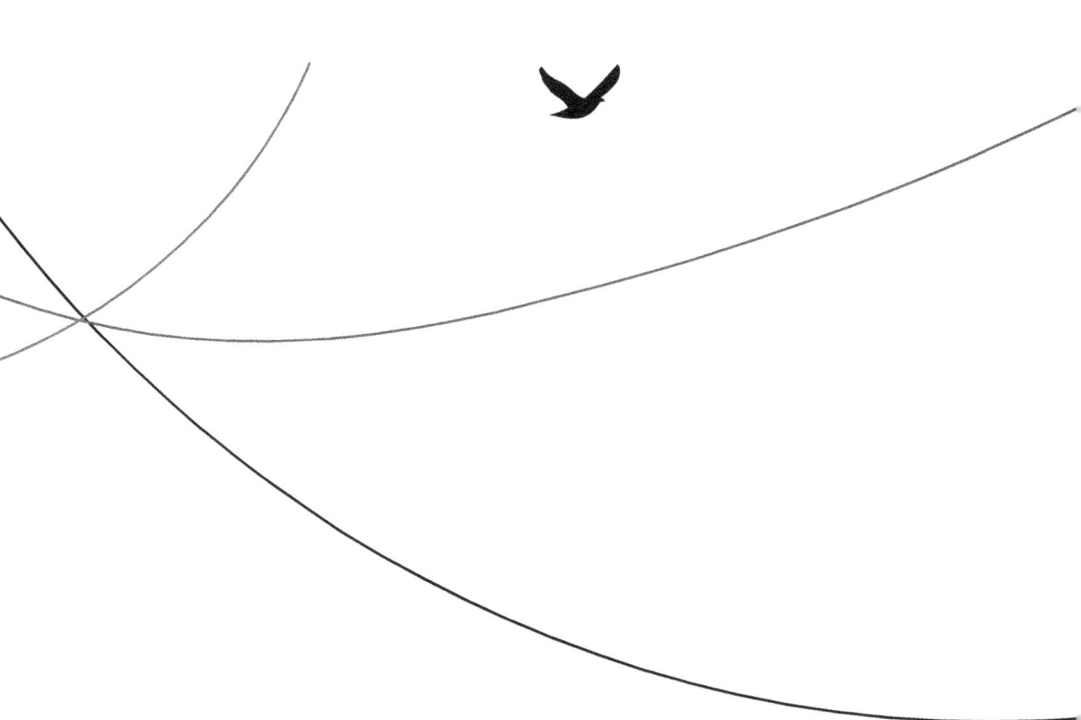

# 进军南美之一

## 问路新市场

1989年,我们在美国(包括转售墨西哥)的销售总额超过1000万美元,客户基本固定,公司的制度也建立起来,有内部和外部的销售员,我不用再频频造访客户去拿订单。公司有了二十多位雇员,会计由妻弟的太太接任,妻弟在公司担任仓库管理并随我拜访客户。

刚开公司时,我在中国看到什么货便宜,便当场买下,结果错误频出。现在改由公司采购部用电脑出订单,下单前都要通过程序审核,只有碰上价格非常好的库存货才会立刻下订单。

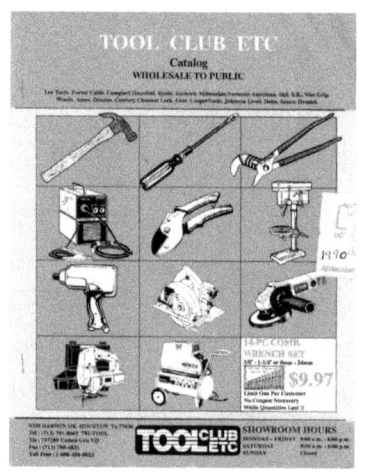

1990年Lee Tools的零售目录

这些改变，使我有时间去发展新的市场和客户。我请了外援Jack给我们做市场拓展，他是美国Handy Dan的采购经理，该公司曾拥有一百多家大型家庭装修连锁店。我和Jack参加了在迪拜举行的美国产品展销会。美国制造的工具尚未普及到中东市场，我和美国工厂说好做他们的代理，把产品销往中东。

迪拜港是中东大港，港口停泊了许多500吨级的货船，它们向东驶往伊朗、巴基斯坦、印度等国家，向西方、南方则去也门、东非等国家和红海地区，日夜无休。货船所载货品以日用品、礼品、轻工纺织产品为主，特征是体积小、价值高，利润率高；而工具笨重、价值不高，所以销量不大。批发街上有许多印度、巴基斯坦移民开的批发店，竞争激烈。如果客户要的货店内没有，只需稍等一会儿，店员便把样品从别的店调来。客户只需多付1%的费用，店主便会把货凑足送往指定地点。迪拜港的货物吞吐量很大，多以中国产廉价商品为主，是著名的走私中转站、小客户天堂。

迪拜为期两日的展销会，我们共卖出九个货柜的美国货，七个卖给一位沙特阿拉伯客户，另两个货柜卖给了本地零售商。展销会令我大开眼界，我看到世界各地都在开放，我们的市场不一定要局限在美国。

1989年，中国发生了"六四"天安门事件，国内港口、铁路的运行一度中断，中国的出口受到影响。事后，国家为了挽回出口颓势，出台了诸多政策，例如若外国买家在1989年下半年到中国，均由相应地区进出口公司的副总经理或总经理亲自接待。出口贸易的付款方式也变得宽松，更多公司可以向我公司放账。美国是中南美市场的门户，为了开拓新市场，各外贸公司老总都表示全力支持，鼓励我发展中南美洲的业务。

由朋友介绍，我认识了一位台湾来的进口商陈先生，他在智利北部港口城市伊基克的保税区内开店，卖台湾进口礼品和玩具。他说他在当地的生意很好。陈先生从我这里买了一个货柜的工具，还邀请我到伊基克参观。

1990年夏，我和公司一位同事去南美，做了一次全面的市场调查。第一站我们从休斯敦直飞秘鲁的利马市。秘鲁当时是藤森总统执政，政府军和"光明之路"游击队开战，首都到处有持机枪的军队把守，进了机场，车子和乘客要搜查三次，才到安检处；街道上我们都担心随时会有炸弹爆炸。做这里的生意太辛苦、太危险了。

第二站是智利首都圣地亚哥。智利国土狭长，全国人口1300万，首都人口500万，国家比较进步和文明。海岸线从北到南有4000英里，港口很多，人口分散，货运费很贵。只有北边的伊基克是通往玻利维亚和秘鲁的门户，还有可能做生意。

第三站是400多万人口的巴拉圭，这里人均月收入仅约100美元。巴拉圭和台湾关系很好，台湾居民不用签证便可入境巴拉圭，台湾大使是以前蒋经国的爱将王昇。巴拉圭军政府腐败，该国的居民居住证很容易拿到，这一来巴拉圭成为台湾逃犯、黑道和冒险者的乐园。在巴拉圭首都亚松森和第二大城市东方市，台湾黑道横行，到处收店家保护费，当地政府视若无睹，军人当然也从中分到一杯羹。

东方市是位于巴西、阿根廷和巴拉圭三国交界的内陆城市。内陆国巴拉圭没有港口，巴拉圭与巴西政府协定，进口货物由巴西港口转入巴拉圭。巴拉圭利用此协定在巴西边境开设了一个自由免税港——东方市。白天，东方市的大街上和购物中心处处都停泊着来自巴西的旅游大巴，或是单帮客的私家车。不要小看街上那一家挨着一家不到100平方米的店铺，店后都有数百平方米到数千平方米的仓库。进口商的销售量大,利润也好。

在这里我认识了一对来自香港、做进口电动玩具生意的夫妇,对我这个从美国过来的香港人,也算是"他乡遇故知"。他们很热情地招待我,告知此地生意非常之好,但他们要付黑帮"专利费",每个货柜要两三千美元不等。如鞋子、雨伞、桌布、玩具等商品都是台湾黑帮的"专利",如果不付钱,就会有麻烦。诸如某店主在街上遭蒙面人射杀、某仓库遭纵火等等,时有耳闻。巴拉圭军政府的驻地军人对商家的安全问题充耳不闻。赚钱固然重要,但如果人身安全不保,那这里实在不是久留之地。不过我也发现,邻国巴西这南美最大、人口最多的国家,消费力很强,一旦开放,前途是非常光明的。

南美洲地图

看过三个国家，只有智利的治安最好，政治清明，有一定的市场，人身安全有保障。不久后，我又只身再往伊基克了解市场状况。

伊基克位于智利北部，靠近北边的秘鲁、东边的玻利维亚，和东南的阿根廷。这三个邻国还未开放进口，关税在20%以上，还要缴各种其他税收。走私客从智利带货到这几个国家，赚取货价的40%是轻而易举的事。所有进口到伊基克保税区的货物都不用付智利关税和19%的营业税，只须付保税区少量捐税和杂费。保税区内到处都可看到皮肤黝黑、穿传统印第安人服装的买家。做进口生意的大多是台湾人，也有几家中国来的国营贸易公司，大多经营易于走私的轻工产品、礼物、玩具等。

有一个真实的笑话，说印第安妇女如何走私。她们穿上了传统长裙，有十多层，每层裙子内侧都缝上口袋，可以容纳一两公斤的走私货；十多层裙子里便装了20公斤、价值数百元的货物。玻利维亚边防很少雇女缉私员，几乎没有男性边防人员会要女性脱下裙子查验，于是走私者每天大摇大摆在智利、玻利维亚边境带货，进出自如。也有走私者买通海关人员，用货车拉货入关。

秘鲁边境也和玻利维亚的相仿，因为秘鲁政府军与游击队的内战，边境口岸更添混乱和腐败。

伊基克的仓库不太贵，实在很吸引人。但以我在美国的生意规模，对这些蚂蚁雄兵般的带货客实在提不起兴趣——工具太重，他们带货的量不会太大。我认为如果周围国家政治稳定，降低关税，国民均可正当进口货物，那么伊基克这种靠邻国走私客生存的模式便会没落。再者，保税区所有商家都靠客户上门买货，而无法去客户那里介绍货品、推销新货，主动性太差；万一进错货，比较难靠这群旧客户卖出去。

有位台商在日本买了一批旧车，计划进口到秘鲁，改装后出售。他请我入股，我对汽车生意了解太少，不熟不做，只好拒绝。听说后来因为秘鲁治安和经济好转，旧车生意让他们赚了不少钱。

我在伊基克时听到了阿根廷实施经济开放政策的消息。有很多阿根廷人到伊基克保税区成货柜地买货，进口商看到阿根廷买家都眉飞色舞。我刚好有位新朋友是一贯道[1]信徒，他介绍我去阿根廷首都批发区，找他开礼物店的台湾道亲曾先生。这对我来说是天大的喜讯。因为阿根廷是南美第二大国，人口有三千多万，十多年来都闭关自守，如今开放，必然有很多生意可做。两天后我便离开智利，飞往阿根廷首都布宜诺斯艾利斯。

**我的人生心得**：时时刻刻寻找机会的我，把握中国在"六四"后重振出口的时机，到异地寻求商机并取得成功。

---

[1] 一贯道：中国民间宗教，主要流传于港、台地区。其教义源出先天教（罗教系衍生宗教，台湾日治时期宗教调查列为斋教先天派）为主，并融合儒、释、道、基督、回五教教义，早期有借窍临坛、开沙等类似于道教的扶乩等仪式。其信仰者互称"道亲"，表示"因道而亲"。

# 进军南美之二

## 阿根廷开店

二战后的阿根廷,一度是美国之外世界上最富有的国家。但由于政局不稳、军政府执政导致腐败、1982年在马岛战争中败给英国及高福利等原因,到了80年代末期,阿根廷通货膨胀已很厉害。到餐馆吃顿饭,常常是结账时的菜价和进门时已经不一样了,顾客要多付几百奥斯特拉尔。直到1990年,贝隆党的梅内姆当选总统,发行了新货币比索,并以1:1的固定汇率盯住美元。这一来物价得到控制,美元和比索汇率稳定、可自由兑换,对进口商而言实为莫大的机会。

到了首都布宜诺斯艾利斯,走出机场,我的第一印象是这个国家仿佛仍停留在20世纪中叶。到处是欧式旧建筑物和旧款汽车。福特60年代的Falcon已停产多年,美国路上难得一见,而在布宜诺斯艾利斯却到处都是,还有40年代的老爷车在路上跑。

我不谙西语,也因此多付了些车资,但能有出租车司机载我就算走运了。我找到批发区帕斯特乌街曾先生的店,曾先生很好客,听说我是智利一贯道道亲介绍来的,他请我到家里吃饭,并答应尽力帮忙,又安排我在批发区找旅馆住下。他的热心令我十分感动。

阿根廷生活水准很高,街上一杯咖啡一美元多,食物也比美国贵。批发区里,纵横的四五条街为批发主街,商品以从伊基克走私过来的台湾货和中国货为主。也有本地货，价格是伊基克同类商品价格的两倍以上；通过合法渠道进口的工具，批发价是美国价钱的两倍多。

这不正是我心中期望的市场吗？我太高兴了，当天晚上就打电话给太太，告诉她我要多停留几天，要在阿根廷首都找店面，要大展宏图。

第二天，曾先生介绍的一位地产经纪陪我看店面。我们在批发区主街走了大半天，好几个位置很好的店面，业主多是犹太人，一百多平方米的铺子，店主都要收取不退还的转手钥匙费数万美元；加上抵押品和担保人，月租金四五千美元。做工具业务，至少需要500平方米的店面和仓库，要有停车位，方便货车装卸，而批发区街道太窄，停车困难，不符合我们的需求。

在离批发区主街约十个街口，繁忙的单向5车道科连特斯大道上，我看到一处宽约30米的铺面，店门上挂了大牌子："700平方米店铺出租"。打电话询问，这是一位犹太人D医生的物业，他会说点英语，约好翌日一早他开门带我看店。位于高层公寓楼下的这间店铺原来有两层，地面铺位和地下室各350平方米。D医生开价月租12000美元，我还了价，最后以10000美元成交。

我去银行用美国运通卡取了2000美元交给他作为定金，三天后太太又汇来28000美元，共30000美元，付了押金加一个月的租金，一个月后开始计租。租金是比市价贵了一点，但是阿根廷业主都要抵押物（如房契等）和第三方保人作为按时交租金的担保，像我初来乍到，这么容易租到科连特斯大道地点不错的店铺，已属奇迹。

法律规定，在阿根廷开公司一定要有阿根廷公民做股东并担任法人代表。曾先生肯帮我这个忙，做我的股东，持股30%，这样公司便成立了，名为UGS, SA（UGS是我美国公司United General Supply Co., Inc.的缩写，SA是西语"公司"的缩写）。我在阿根廷只认识曾先生一个人，还是经友人介绍，认识不过几天，但曾先生却愿意承担风险，帮助我这个陌生人注册新公司，为我在南美的发展打下基础，对此我总是心怀感激。

在旧金山开洗衣店的三弟工作比较辛苦，他想换个环境。我在阿根廷要成立新公司，他便和我一起赴南美考察，也成为阿根廷公司的股东。他太太是会计，也辞了工同往阿根廷帮忙。三弟有位美国出生的中学同学保罗也想去南美找找机会。就这样我们四个人合开了公司，店面办妥，只欠货物。我根据在阿根廷市场看到的货，再加上美国业务中的经验，配了三个40英尺货柜的货品，每两个星期从休斯敦发出一个货柜。

我们四人在店铺楼上租了一套三室公寓住下，便准备招聘本地员工。阿根廷虽经济不景气，但国民大多是欧洲白人移民，普遍有优越感，看不起有色人种。在他们眼里，中国人像是来阿根廷讨饭的，办什么事都留难，尤其政府部门。对美国来的东方人，他们态度好很多，甚至可以说地位凌驾于阿根廷人之上。但不懂西语很难办事，所以我们请了两位懂西语的中国人在店里帮忙，有时间便请老师教我们西语。

颇多中国人因阿根廷经济不好而离开，唐人街因此只剩下半条街，寥寥数家杂货店和餐馆。杂货店里商品的价格是美国的三倍以上，许多常用食品都没货，蚝油等各种调味品、新鲜中国蔬菜是买不到的，罐头食品如竹笋、甜面酱等常有过期的。首都的中国人开了不少中小型超市和中餐馆，中餐馆以自助餐为主，菜色不中不西，如牛舌煮熟后放酸醋拌，披萨难以入口，只有炒饭还可以吃。我们平时多是三弟在家里做饭菜，或去阿根廷餐馆吃牛排。我们用的调味料、干货和罐头，都是放在公司从美国发到阿根廷的货柜内运来。

第一个货柜快到了。阿根廷的关税、营业税等高达货值的60%到70%，所以每家进口商都报低货价，我们也是低报入关。90年代，阿根廷海关还未采用电脑查价格，一个40英尺货柜四万多美元的货值，我们只报称一万多美元，海关通过报关行索要贿赂5000美元，讨价还价后，以3000美元成交放行。

销往南美国家的电风扇

我们在阿根廷已住了一个多月，克服了重重困难，看到第一个货柜到店真是高兴。我现场从街上请了四个阿根廷小伙在科连特斯大道边卸货。怎知一辆警车经过，说我们阻碍交通，不准卸货，我给了他50美元他才走了。我们继续卸货，几分钟后又来了一辆警车，又要收50美元，否则连车带货拖回警局。半小时后又来了另一辆警车，结果给了五次钱才把货卸完。事后，我们和店铺所在地隶属的第七警察分局商量，每个货柜付给他们"卸柜费"100美元，而且只在晚上8点后卸货，不会阻碍交通。

付了这么多费用，货总算到店了。店面宽约30米，深一百多米，狭窄的店面只容一长列的柜面，后面是货架。我和三弟指挥工人把整箱的货品放在地上，打开纸箱上盖，箱边标明价钱走批发，散货则摆上柜面后的货架零售。刚开店，没有客人认识我们，因此我们既做批发也做零售，以求生存。我定了批发价，批发价上浮50%就是零售价。

第一个货柜的货，品种很多但数量都不大，产品比阿根廷生产的工具新颖几代，但价钱只有他们的2/3甚至一半。头一个星期屈指可数的客人替我们做了宣传，新店物美价廉的消息不胫而走。三个星期后，大部分货卖得七七八八，Lee Tools牌子的工具很快打开了销路。

> **我的人生心得**：看准目标，把握时机。冒可承受的风险，勇往直前。

# 进军南美之三

## 阿根廷最大工具进口商

第二个货柜顺利抵达,很快售完。第三个货柜出了布市港口大半天,工人在店里等到深夜,居然还没到,我们只好去警察局报案。一查之下,原来货柜车出了港口后被人持枪胁持,连车带货给坏人开走。第二天找回了卡车头,又过了两天,警察说货柜在布市工厂区找到了,但柜内空空如也。幸好我们在美国给这货柜买了保险,数月后保险公司赔了货款,但我们仍搭上了关税和运费,损失匪浅。后来我们学乖了,每次付二百多美元给警察作保护费,货柜出港时,前面一辆警车开路,后面有另一辆警车跟随。此后我们再没丢失过货柜。

更荒谬的是过了一个多星期,有人来找我们,说付3万美元,可以把被抢的那批货还给我们,但要先付款。我很生气,当场把此人赶走。事后大家都说,这事是警察和流氓合谋,劝我下次应该考虑把货买回来,真是可笑!

我们是这条批发街上货物最齐全、价格最好的工具批发零售商。阿根廷传统店家中午关门休息三四个小时,我们星期一到五全天营业,星期六开门大半天。客人太多,店里装了号码机让客人取号等待。平时有一位店员在门口查看客户的发票并清点货物,核对清楚才放行,如店内生意太忙碌,客户接待不过来,他会请示我们把店门关上，看店里稍空才放新客人进店。零售店主常常利用自己中午关门休息的时间来我店买货，因此我们的四位售货员和十多名工人全天都忙得不可开交，连吃午饭的时间也没有。

阿根廷员工偷货的情况时有发生，每一家店的店员下班出门时，都要打开包给雇主看，如果雇主有疑则有权搜身。我们从美国买了一个可靠的手提金属探测仪，在员工打卡离开时检查，但仍然常常丢货。

一天，三弟发现一箱打开过再封好的"打气筒"，箱子鼓鼓的，他觉得不对劲，动手一试，标明10公斤的纸箱居然重到提不起来。打开一看，全是钳子和贵重的气动工具，价值约400美元，而一箱打气筒货值只有50美元。原来是客人给我们员工小费，两人串通，偷天换日。那时我们货卖得很好，不愁客源，我们就把这小客户赶走，以后不做他的生意，也解雇了几名员工，杀一儆百。过了一阵，盘点之后发现还是丢货。原来是我们一时疏忽，下班时让信得过的员工拿金属探测仪检查所有十多名员工，后来发现这位可信的员工根本没有开探测仪，让工友们顺利偷货，为此我又开除了几名工人。

阿根廷保护员工的法律很宽泛，解雇员工时双方必须达成协议，雇主或多或少都要付一笔遣散费，以免被告上偏袒员工的法庭，费时失事。公司雇用了一位意大利裔的律师，随叫随到，但每月要固定支付3000美元的律师费。律师很多时间都用在员工调解上。

"六四"之后，中国各外贸公司都急于扩大出口，开拓市场。我去国内时告诉了供应商我在南美开店，这些外贸公司也派团来阿根廷视察，如北京机械的徐科长（后来的中国保利集团党委书记兼董事长徐念沙先生）、山东机械的顾科长等。看到我公司认认真真地做生意，他们心里踏实，也敢对我放账。一家家贸易公司的货柜络绎不绝地发出，我们的货源十分充足。

每天上门来买货的顾客不少，但是我们还缺少连锁店和大批发店这类客户，因此急需一位有经验的推销经理和若干推销员。三弟和我都不通西语，只有靠其他中国人店主给我们介绍推销员，但都不理想。最后我用了上门毛遂自荐的阿拉伯移民后裔卡洛斯做推销经理。他原本是在街头推销香味避孕套的，大家都反对用他，但我一意孤行，因为我看中他的三寸不烂之舌和不屈不挠。

卡洛斯从小在贫苦家庭长大，只受过初中教育。听说我给他机会向批发商和连锁店推销我的货，他欣喜若狂，每星期工作六天，找客户和带客户上门，外加写订单、开发票、取样品等等。他每天早上10点上班，晚上9点多才下班，底薪只有1000美元，但他每月连佣金能拿五六千美元。他自己花钱请了个私人秘书，每天处理他接来的大量订单及货运、收款等事务。公司规定，如收不到货款，要从销售员佣金扣除。我又请了两位销售员和卡洛斯竞争，谁先拿到客户第一张订单，那客户就归谁。如果客户对接待他的销售员不满意，公司有权换人。于是销售员之间竞争激烈，而公司的利润和销售额也节节上升。

1991年10月，我们从中国进口了一个40英尺货柜的100头圣诞彩灯。这是大路货，市场竞争大，价格不高。卡洛斯把彩灯卖给了有十多家分店的某中型超市。我的公司第一次卖货给这家超市，买方对商品质量和如期交货等问题不大放心，只买了300盒在总店试销。11月初，阿根廷还是盛夏，离圣诞节尚早，彩灯堆在超市货架上卖不出去。卡洛斯和我想了个办法：我们以零售价分三天买光了他们店里的试销彩灯。超市一看这么好销，还没有人退货，赶快又向我们买了五千多串圣诞彩灯。

货柜源源不断运来，七百多平方米的仓库不敷使用，我们又向房东D医生租了毗邻的三百多平方米地下仓库。有些体积大的货物，仓库放不下，必须降价售出，这倒使我们的生意越来越好。

在阿根廷刷信用卡收款，银行要收10%以上的服务费，收支票又怕不能兑现，很多时候要等客户的支票承兑后我们才发货。因此大部分交易都是客户上门用现金买货，再叫货车把货运走。开店一年后，我们平均每天都有两万美元以上流水，全是美元现钞（美元兑比索是1:1），还夹杂着假钞。每天算账点钞要花上大半个小时，很费劲。后来我们请了会计专做钞票点算，又买了美元验钞机，才解决问题。我们成了阿根廷工具界的明星，从1993年开始，我们成为阿根廷最大的工具进口商。

**我的人生心得**：机会永远留给有正确目标和努力去干的人。

# 进军南美之四

## 阿根廷见闻

刚在阿根廷开店时,我有大半年的时间在忙店里的生意。除了写订单、买卖货,我一有空便去拜访客户,了解当地市场。Lee Tools的货品新颖,很好卖,批发之后转售的客户都能赚钱,因此很多新品种到店时,客户争着买,我们常常要限量分配。每个周末都有客户邀请我们去家里做客,吃阿根廷烤肉,喝啤酒,我们交了很多朋友。我常常是不太想去的,因为请客的目的不外乎要求放账、减价或某种货品到店时全留给他们,以免竞争。阿根廷刚开放进口,我们是阿国工具店的宝贝,我们是奇货可居。这令我们骄傲起来,只有付现款买货的大客户才去拜访。

大布市占阿根廷全国人口约1/3,但我们也不能忽视其他省份的客户。

阿根廷地广人稀,很多地方开车一两天才能到。南方天寒地冻,畜牧业发达;北部接邻巴西和巴拉圭,常年炎热,农业发达;西部靠近安第斯山脉,盛产葡萄酒、矿产;西北部大多是印第安土著和欧洲移民杂处,比较落后,生活条件很差;中部是工农业、畜牧业的主要生产地。

我们的主要客户都在中部和布宜诺斯艾利斯省附近,如科尔多瓦、圣达菲等地。拜访圣达菲客户时，他请我们去吃了巴拉那河中的巨鲶鱼——二十多公斤重的Surubi，在烤炉中烤了大半天才能吃，肉质鲜嫩，毫无腥味，令我回味无穷。

我也飞到离布市一千多公里、90年代阿根廷最穷的图库曼省和里奥内格罗省去拜访客户。那里的失业率高达20%以上，政客为赢得选票，由省政府创造了大量工作岗位，但缺钱发不出工资，只好印行省政府债券用来付薪水。此类债券只有在当地超市购物和公共事业付费时可用。

布市以外的小城市，中午12点到下午4点是午睡时间，全城的店铺都休息，下午4点后才开门，通常到晚上9点打烊。餐馆在晚上9点半或10点才开始上客，直到凌晨一两点打烊。午夜的晚餐，我们经常吃阿根廷烤肉或牛排，配以红酒，饭后还有甜品布丁；午饭为了便捷，有时吃路边小贩卖的七成以上肥肉、半磅多重的阿根廷热狗。这样的饮食加上平时忙、运动量比较小，去阿根廷一年，我重了十多磅。

我不习惯阿根廷人喝的马黛茶。杯中放入马黛草配方，加热水，插一根金属吸管，围上三五个人，每人轮流吸一口，很不卫生，我从来不喝。另一个风俗是男男女女见面都要拥抱，右脸贴对方右脸亲一下，遇到不剃胡子的人，真令人难受。阿根廷人为表示友好，通常叫我"Che"即老友，但听着像广东话骂人。这我还能勉强接受，最不能接受的是客户或我的工人为表示友好，称我是"Boludo（浑蛋）"，真令人啼笑皆非。

阿根廷人大部分是意大利移民后裔，说的西班牙语带意大利口音。他们也沿袭了西班牙和意大利不守时的习惯，迟到15分钟至半小时是家常便饭，甚至迟一个小时也时常发生，影响办事效率。

阿根廷人把足球赛看得比吃饭更重要。1992年6月，自由杯决赛阿根廷河床队对巴西圣保罗队，市面上电视机卖光，我们店内空无一客，所有员工都围在电视机前看比赛。我希望早点进球踢完，早点进客，怎知竟打成平手。加时再赛还是平手，最后靠罚点球定输赢，结果大热门阿根廷输了。我心想真好！阿根廷人不必喝酒庆祝，可以早点睡。翌日我们店里生意果真比平常的好。

有一次客户请三弟和我去博卡球场看一场博卡对河床的大决赛。场外街道上，随处可见穿博卡球衣的当地球迷，打鼓、唱歌、喊口号，列队入场。四万多球迷穿了各自球队的球衣，脸上涂了代表各自球队的颜色，手挽手唱各自队歌。比赛中时有乐队打鼓鼓舞士气，两队球迷有组织唱歌叫喊，甚至辱骂对方。幸好有大量警察维持秩序，在两队球迷间架有临时筑起的高栏，以免发生冲突。两个多小时的比赛，光是感受年轻球迷的冲劲已值回票价，每分钟都有不同的高潮，绝无冷场。博卡是阿根廷高失业率的贫民区之一，球赛刚好成为年轻人发泄的最佳机会。

在首都，除了博卡、雷蒂罗等几个贫民区以外，大体算是安全的。阿根廷人喜欢体面和友善，连打劫都态度友善。1992年年中，美国公司汇给我16000美元用来付关税，我坐出租车到城中区国家银行取款。我把取到的现金放在纸袋里，出了银行门口，有辆空出租车候客，我上了车坐在后座。未料只驶过一个街口，司机就把车停下，突然两人同时打开左右车门，把我夹在中间，亮出小刀，叫我把钱交出来。

有过迈阿密的教训，性命交关时不值得一博，我把16000美元给了他们。而我钱包里的几百美元、证件、钥匙等，他们一概不要。最后在离我店铺四五个街口处，他们把我放下，说了声"谢谢"，慢慢把车开走。我吓得魂不附体，但仍清晰地记住了车牌号码，回店请员工打电话给警察，又去了第七分局做笔录。但后来警方一直没有下文，此案就这样不了了之。据律师说，这可能是银行员工、出租车司机和警察串通好了干的。

中国山东某贸易公司一行三人，也让布市的出租车司机坑惨了。他们在布市落地，不谙西语，英语也不太懂，又没人接机，从机场上了一部出租车往市中心区去。中途，司机说车熄火了，比画着请他们帮忙推车，三位初到阿根廷的同志不虞有诈，就下车帮忙。推了十几米，司机坐回车上，挂挡发动了车子，但车越走越快，就这样带着他们的行李溜了。三人中只有一人带了皮包下车，保住了证件和钱包，另两人则一穷二白的只好前往领事馆补办证件，以便回国。他们依稀记得车牌，领馆替他们报了警，但警局说，该车牌不是运营车辆的。原来布市有许多用假车牌做生意的出租车，遇到外国人，就顺便打劫。这真是闻所未闻。

为了公司的安全，三弟由朋友介绍认识了掌管阿根廷全国警察的部长，用了部长手下开的一家保安公司。公司从开店到打烊，均由保安公司的休班警察佩带武器驻守，虽然每月费用数千美元，但小警察、地痞流氓、假海关、假税务局等等从此销声匿迹。连第七分局的警察，平时习惯在我店里拿几件工具回家的，也从此不敢上门。我去银行或钱庄，也一定带佩枪保安或休班警察随行。

阿根廷的营业税是21%，又有其他的税捐。如果开足发票，没法和批发区不开票的批发商竞争，只好开部分发票。我们时常用地下钱庄把钱汇出国外。清一色犹太人开的地下钱庄很守信，我常去的一家钱庄在市中心区办公大楼内，把钱和汇款资料给他们，办事员给一张手写字条以示银码和日期，钱便会在约四个工作日内抵达国外的账户。钱庄从没有给过我们正式收据,但钱几乎一定在四天内抵达中国、台湾等地,汇到美国的还要快一天!

**我的人生心得**:到一个陌生地方,交学费在所难免。沉得住气,努力不懈,才能融入陌生的社会。

## 进军南美之五

### 扎根，开花

阿根廷工具店的生意蒸蒸日上，我们的仓库和店面渐渐不够用。潮湿的地库造成货物外盒霉烂、工具生锈。空间所限，很多货堆在一起难以查找，好多次我们告诉客人某种产品缺货，没过一会儿却在仓库找到了。再者，长期晚上在大街上卸货也不是办法，迁往更大的仓库刻不容缓。

1992年年中，我开始到处物色物业。刚好距我店西南方四个街角处，有一块约3000平方米的土地，盖有一幢800平方米的仓库，业主要价70万美元，最后65万成交。我请一位建筑师和我共同构思设计，建一幢商住建筑。自住独立的四层楼，四房三卫，第三、四层为卧室，顶楼为阳台；二楼客厅侧门可通往办公室和会议室，会议室连着扩建后的原有仓库，底层与原有仓库并用作批发零售中心。楼前有停车场，可停一辆卸货中的货柜车和8辆汽车。房顶隔热材料和部分建筑材料用货柜从美国运过来，住宅里用的床都是美国Sealy的。

我们打算用这里做阿根廷的总部，也是将来的南美总部。我们要从这里把业务辐射到南美各国。

1992年年底，建筑正式动工，1993年年中仓库完成。我们总算有了自己的家和仓库，上下货方便多了，财务、销售、行政人员都有独立的办公室，员工由1991年的一个人变成45人，另有多名拿佣金的业务员。1993年年底，公司举办圣诞聚餐，员工连眷属超过150人参加，盛况空前。

1994年，三弟在阿根廷新总部前

三弟爱好足球和赛车。公司出资，由员工子弟组建了一支少年足球队。他们身穿印有"Lee Tools, Argentina"字样的球衣，在批发区内打小型球赛。虽然成绩平平，但这毕竟是一大创举。有位客户的亲戚是专业赛车手，参加方程式比赛，我公司前后资助数千元，在他车头引擎盖做广告，贴上了Lee Tools的大贴纸，即使他从未拿过第一名。

1993年，阿根廷赛车队

1994年，阿根廷Lee Tools的足球队

所谓"树大招风"，开始有人举报我们偷漏税，买货的客人出店门不远，就会有税务稽查员突击检查发票。有个客人买了一百多元的货准备在火车站销售，他没要发票，当场给稽查员逮个正着。税务局说我们违法逃税，告上法庭。虽然有律师辩护，但我是公司负责人，也要上两次法庭，法庭上我用西班牙语自辩。紧接着税务局又上门查账，说我们这里不对，那里不对，要罚款总共50万，还要2万美元的"小费"。正所谓"欲加之罪，何患无辞"。几番讨价还价之后，税务局警告我们，如果不从速解决，将在十天内封店。迫不得已，我们付了10万美元天文数字的"小费"，另交了三万多美元的罚金，才把这事摆平。事后税务调查员告诉我，是另一家进口商举报了我们，我怀疑是我们在批发区最大的竞争对手。这事最终不了了之。

在美国，税赋不重，我们下单、收货和销售都通过电脑操作，账目一清二楚，从来没有在税务上出过问题。阿根廷关税太高，海关、税务局、警察等部门都较腐败，大部分商家走私、漏税是公开的秘密。例如进口货物不低报货值，我们的货价就会比同行高20%到40%，也就是说他们的卖价比我们进口的成本还低，这样就没法做生意了。

阿根廷刚开放，所有进口货都短缺。除了工具，我们也进口了其他产品，如BMX自行车、帐篷、气枪、哑铃等；较大型的机械如钻床、铣床、木工机、空压机等，都非常好卖。我们需要常备的货物有500种以上，加上杂货，实是阵线太长，有的产品断货一年半载也属平常。很多时候客户付了我们定金也要等上三四个月。生意实在太好了。

阿根廷最著名的旅游胜地之一巴里洛切，冰川、湖泊，景色绝佳，是本国大中学生毕业旅游必到之地。一对台湾来的夫妇，在巴里洛切开了一家旅馆。那位太太看到我们货品多，批发价便宜，刚好她旅馆的一个铺位空置了一段时间，她便提议由她代理我们的产品，批发零售给当地店家和用户，但要求在方圆两公里内不能再有第二家代理商。我们在该地没有大的客户，我和弟弟商量后，答应了她的条件。

巴里洛切便有了我们第一家加盟店。她又建议我们多进口一些户外旅游用品，如各式帐篷、登山器具、钓鱼用具等。

1995年，Lee Tools在阿根廷的6家加盟店与20家分销店之一

Lee Tools开加盟店的消息传开后，很多人都有兴趣加入。我们也不厌其烦地到不同城市看店铺，并划分独家经营权的范围。南部鲸

鱼出没的旅游城市罗森，城市人口只有3万人，我们就把方圆20公里内的客户都划归了当地的加盟店。又如近一百万人口的大城市罗萨里奥，市内因有两家加盟店，就没有给他们划分经营权范围，直到1996年底。

1993年后，中国的电动工具开始出口到南美市场，品质虽然一般，但卖价还不到阿根廷货和巴西货的1/3。中国货在几年间就轻易拿下阿根廷市场，阿根廷最大的电动工具工厂Daven Pagio因此关门。我那时常去浙江永康、金华等地考察工厂，采购的货物数量不少，除了销往阿根廷，也销往巴西和乌拉圭。

由于采购的品种太多，同时1995年后竞争者越来越多，我们参考美国的Ace Hardware、True Value等加盟店的模式，允许一些小型零售商成为我们的加盟店。总公司对每家分店进行审核，通过后给予一个信用额，只要分店以我公司名义从阿根廷各进口商、工厂和批发商进货，在这个信用额度之下，一概由我公司保证货款按时支付。

当时在阿根廷，许多小商家经常拖欠货款，甚至消失。追讨货款会花费大量人力物力，这令各大商家头疼不已。我们提出在我公司规定的信用额度内，一旦加盟店不付货款，就由我公司补足，这不啻是给大商家吃了一颗定心丸，他们因此都愿意和我公司名下的加盟店做生意，我们则从大商家那里赚取3%到5%的佣金。小商家也深知"背靠大树好乘凉"的道理，争先恐后地申请加盟。我们很快就开出27家加盟店，风头一时无两，每天为这些店准备的货占我们总销量的1/3左右。

可惜这些商人也是积习难改，在这27家店中，有多家不准时付款。这些欠款必须由总公司垫付，我们再向分店讨要，或要求增加抵押物，否则很难维持他们的信用额度。由于二十多家加盟店良莠不齐，且1996年年底我的婚姻出现了问题，要回美国处理，这一加盟店模式最终没有真正运转起来。

火车站、公车站、大小工具店，Lee Tools的货品在阿根廷的东南西北到处都有得卖，Lee Tools的广告牌在各大小城市比比皆是。我记得探访过一家加盟店，位于渺无人烟的巴塔哥尼亚——丘布特省的沙漠里，兔子大如袋鼠的一个小城市。途中在一个小加油站内看到有卖Lee Tools的钳子和锤头，心里真是高兴。

我们的冒险和努力得到回报，Lee Tools在阿根廷扎了根，开了花，并且开始结果，成为这里首屈一指的工具批发进口商。

**我的人生心得**：我在阿根廷的成功绝不是偶然的。除了恒心、魄力、时运，再加上日以继夜的努力才能达成。

# 进军南美之六

## 乌拉圭分公司

由于Lee Tools在阿根廷一枝独秀，加盟店接连开设，邻近国家的客户也想和我们合伙做生意。

二十多岁的法比奥是乌拉圭人，旅居阿根廷多年。他家境贫穷，没有汽车，每次从我店里买了货，整理好放入大型的旅行袋或帆布袋内，然后搭公车或火车去布市附近的城市，逐家客户上门推销。有时运气好外加天气好，他一天能来补两三次货，城市外围的工具店，有不少是他的客户。他让我回忆数年前，自己带着工具和玩具去拉雷多、麦卡伦等美墨边境城市挨家挨户推销，当时吃了不少闭门羹。他不辞劳苦，每天提着七八十磅的货上车下车，我为他的努力感动，有心想给这年轻人一个机会。

90年代初，乌拉圭、巴西等南美国家开始放开进出口限制。布市隔河对岸的乌拉圭，全国人口只有300万，但货物紧缺。首都批发区Arenal Grande只有一条主街三条横街，不到80家批发店，每家店每天都人头攒动。乌拉圭全国大小店铺、地摊等都从那里进货，利润比阿根廷的更好。

我和三弟、法比奥谈好，三个人在乌拉圭合组了一家公司。我和法比奥先到乌拉圭首都物色店址，租下了距批发区中心两个街区的一栋900平方米的仓库。我带头和业主谈判签下租约，为期两年，月租金3000美元。我们制订了经营方针，计划从美国发来三个货柜。乌拉圭人口少，同一种产品不能进得太多，因此一个货柜要装百余种货，每种三箱到十多箱，等有了固定客户，再酌情加大进货量。

Lee Tools乌拉圭分公司1996年购入两千多平方米的店铺和仓库

第一个货柜在1994年中发去乌拉圭。到货前一个星期，我到乌拉圭等候清关，住在法比奥父母亲家里。公司买了一辆菲亚特1000小汽车，我教法比奥开车，自己也可以开车四处转转。周末时法比奥和女朋友到夜总会跳舞，常到早上5点才回家。他的女朋友颇多，他有的是办法：星期一、二、三、四分别陪四个固定女友，五、六、日则是找新女友或从四位固定女友里任选一位。我住在他家，其实扰乱了他的爱情生活。

我睡法比奥的单人床，他睡沙发。到半夜我从床上摔了下来。后来才知原来他的某一位女朋友太重，单人床不堪负荷，床架断了。他用胶水和钉子补好，但我没注意，睡在修补过的一侧，结果又塌了。

有闲时我也到处游览。蒙得维的亚是乌拉圭的首都，这里大部分建筑物都是20世纪初到60年代的欧式房子，新建筑很少见。阿根廷游客是乌拉圭的主要收入来源之一，周末他们来乌拉圭，把在阿根廷赚的钱存入不用记名的银行（如瑞士银行）。分隔两国约100公里宽的巴拉那河口，每天有多班数千吨的渡轮载着车辆和乘客横渡，单程只需两个多小时，非常方便。阿根廷一侧的海滩因上游有大量农药和化工厂而受到污染，乌拉圭一侧的海岸线则多为天然林木，阿根廷人也顺便带家人来度假，享受没有污染的美丽海滩。

乌拉圭的人口三四十年来一直没有增加，维持在300万左右。因为生活费用高，工业不发达，就业机会少，乌拉圭年轻人成群结队到别国去谋生，国内剩下中老年人，生产力很难提高，因此国家要维持高税率，以保证政府能正常运转。而高税率则令新企业裹足不前。

乌拉圭和阿根廷的渔产非常丰富，但两国人喜欢吃牛肉而很少吃鱼。我曾和客户三人在阿根廷的马德普拉塔乘带马达的橡皮艇去离岸1公里处钓鱼，船不用下锚，鱼钩下水不用等，一两公斤重的黄鱼（当地人叫它Covina）非常容易上钩，常常一竿两条。但也要当心，很多鲨鱼也来觅食，有时错钓上一两米长的大鲨鱼，必须把鱼线切断。常有鲨鱼围在艇边游弋，等着抢走上了钩拉到水面的鱼，它们的牙齿很锋利，能把充气橡皮艇咬破，非常危险。对游得太近的鲨鱼，我们只好拔出手枪朝露出水面的鱼鳍下方射击，让鲨鱼受伤离去。

不到一个小时我们便满载而归，带着50公斤黄鱼返回岸上。黄鱼太多，来不及刮鳞清理，只好把整条鱼放在炭炉上烤熟，去掉鳞皮，撒上盐，一人吃两条，鲜美无比。乌拉圭很少有人吃黄鱼，黄鱼能长到10公斤多，烤一条便够全家人享用。

第一个货柜到店，店里还没有货架，也没有叉车卸货。我们买了很多旧的木托盘，和阿根廷店一样，分行放好，用人力把一箱箱货物分门别类放上托盘，箱子割开，标上价钱。店周围是老城区，失业的年轻人很多，新店开门第一天，生意不多，但吸引了许多附近的居民进来闲逛。第二天我们到店开门，发现电脑不见了，店中心屋顶的玻璃天窗破了——夜间有人在屋顶打破玻璃，用绳索垂降进入店内。店门从外边反锁，贼人打不开，只好用绳子把值钱又较轻的东西吊出去。我们损失了电脑和一些电动工具。

1996，Lee Tools乌拉圭分公司货仓

没了电脑，发票全要手工开，费时失事。因美国公司的疏忽，发来乌拉圭的这批电动工具是110V额定电压的，而乌拉圭是用220V电压，因此他们偷回去也卖不掉。我们去警察局备了案，警察局劝我们夜间要安排人在店里值班，我们便雇了法比奥的朋友晚上住在店里，门仍从外反锁。我们祈求晚上千万不要发生火灾，否则守店人都跑不出来。

我们进的货种类很多，但每种只有几箱，因此我定下策略：如果附近批发商的货和我们的货价格差不多，便把这类货的价钱压得很低，以吸引顾客；如果是市场上没有的货，便把价格抬高。就这样我们只用十数箱货，就能把竞争对手半个货柜的货打败。而我们的利润普遍都在30%到40%，甚至更多。

乌拉圭的小店很多，露天市场的小贩不少。我们的工具款式新颖、包装精美，吸引了不少零售商贩。我们店铺一个月销售额有20万至30万美元，在这300万人口的老龄化国家来说，已经不错了。

开业四个月后，乌拉圭最大的两家超市都从我们店进货。很多种工具都可从中国直接进口，以降低成本。只是直接进口成货柜的工具，每款产品量太大，销售速度比较慢，我们需要更大的仓库。1997年，我们搬入现址两千多平方米的仓库，雇了二十多名员工。

人赶上顺风的时候，做什么都顺。中国的供应商也特别支持我，一口气发来了十多个货柜，我可以半年后才付货款。

**我的人生心得**：借着天时地利人和，乘风破浪，势如破竹。正如小米创始人雷军说的，"站在风口上，猪都会飞起来"。

# 进军南美之七

## 巴西分公司

巴西是南美最大的国家,人口和面积约占南美洲的一半。90年代初巴西经济开放是个天大的喜讯。二十多年来巴西一直不开放,经济和政局不稳导致货币贬值。90年代初巴西由军政府改为民主选举制,新货币雷亚尔的币值盯住美元一兑一。由于政局稳定,外国投资增加,巴西货币亦升值,高于美元,加上国内市场货物短缺,非常吸引商人和投资者。

在阿根廷首都,离我们的店约两公里,有位开五金店的客户A君,太太是巴西人,孩子会说葡语和西语。他屡次请我们到他家做客,并言明如我们要在巴西圣保罗开公司,他愿意做股东。可是他们一家已在布市定居,不想离乡背井,必须找一位巴西的负责人。刚好我有一位布市的客户,身材魁梧的卡肖,刚离婚,想去外地闯一闯。我们三人一拍即合,组了公司,我的股份最多,A君次之,卡肖的最少,因为他是出力不出钱的。

1994年,我第一次去巴西,拜访了太太家从台湾移民到圣保罗十多年的一位亲戚,参观了圣保罗批发街25 De Marco,对巴西偌大的市场信心十足。亲戚介绍我认识了麦先生夫妇,他们答应帮我注册公司。我在皮拉蒂宁加找到一处八千多平方米的仓库店面,后面还有两间居室和厨房，可以住三四人。仓库价钱谈妥后，我便准备1995年初在圣保罗市中心附近的布拉斯区开店。

我们在巴西圣保罗的仓库

1993年，一对年轻的兄弟Vino和Kell从巴西里约热内卢到阿根廷游玩，在布市偶然逛到我们的店。我们正在建新仓库，他们见我们卖价非常廉宜，想购买工具产品去巴西销售。1994年我在圣保罗到处物色店址时，Kell兄弟给了我巴西的第一份订单，是一个40英尺货柜的儿童自行车。这宗生意是在圣保罗一家中餐馆的晚餐桌上谈好的。我一句葡萄牙语也不会说，只能用西班牙语夹杂着英语和他们谈生意。饭后，他们给了我一万美元现金作为定金，要我开一张订单收据。那是他们俩的全部财产。我毫无准备，只好把总金额、货物、订金和交货日期写在一张餐巾纸上，交给Kell兄弟。他们呆若木鸡，好像在说，一万美元买一张破餐巾纸，是不是上当了？

三个月后，自行车货柜抵达巴西，他们松了一口气。从此我们成了好朋友！

1995年初，Lee Tools圣保罗店开业了。我从不知道巴西人不喜欢阿根廷人，也不知道阿根廷人说葡语这么吃力。三个月过去了，卡肖还不会用葡语交谈，我的葡语倒是因需要而越来越好。卡肖请了一位阿根廷朋友劳尔来帮忙，好让他有时间外出推销。小贩客户和零售顾客数量有所增长，但大客户除了里约的Kell兄弟外，仍一筹莫展。我们虽然有40%的毛利润，营业额却始终上不去。

在巴西开店，丢货的情况不亚于在阿根廷。我们请了守卫，又发现钱也少了，原来劳尔收了顾客的钱揣进自己腰包。我立刻把他辞掉。我们吃饭用的刀叉和日用品也经常不翼而飞，原来打扫卫生的钟点工把我们的私人物品从铁花窗扔到外面巷口，按时有人接应拿走。真是无奇不有。

麦先生是帮我们注册公司的好朋友，又是香港来的同乡，太太是台湾人，笃信一贯道。我们把要汇出的巴西货币或美元都交给他，经过犹太人的地下钱庄汇出国外，从未出过问题。他们和中国驻圣保罗总领事馆的关系很好，也时常带我出席宴请。

一天，两位联邦警察到我店里搜查，我刚刚去了阿根廷，卡肖在店里独自应对。巴西的调查员说卡肖非法居留工作，要抓他去警局，立案拘留，又说他漏税。卡肖胆小，把那几天的营业收入8万美元给了对方，作为"小费"息事宁人。

我们其实怀疑是自家员工向警方举报了卡肖。卡肖是布宜诺斯艾利斯乡下长大的孩子，我们的巴西员工不喜欢他。他不肯下功夫学葡语，却总因为巴西员工听不懂他的西班牙语而动怒。公司的工作上出了差错，他也总是归咎给工人，自己从不肯担责，没有哪个工人跟他合得来。

此事引起巨大的风波。本来这店已不太赚钱，现在又付了8万美元而没有人证物证，阿根廷股东要求撤股退回本钱。卡肖因其他股东不信任他，又怕移民局再来，也回阿根廷不干了。

巴西公司已开了大半年，我订了数家公司十多个货柜的货已在海上，就快到巴西了。实在欲罢不能，于是我从阿根廷请了一位曾在巴拉圭做生意的台湾朋友赵先生来帮我主管业务，担任公司经理。

巴西公司有一位外务员做得不错，我们的货开始卖给家乐福和Pão de Açúcar等大超市，市场也开始好转。1995年底和1996年超过一半的时间，我都在巴西度过。

2008，广州，与巴西合伙人Vino（左一）和Kell（左四）

巴西有全南美洲最大的汽车工业，汽车工具很贵。巴西本国只生产立式千斤顶，而不生产卧式千斤顶。卧式千斤顶比较安全易用，在巴西开放初期销量奇大，我每月都进五六个货柜的卧式千斤顶，很快便销售一空。但我们的经理和在当地雇佣的销售员仍接触不到连锁超市一类的大客户，我们只能把货卖给中间商。

赵经理有次和一位超市中间商K先生做成一笔2吨卧式千斤顶的生意，订单价值4万美元，K先生保底25%的利润，谈定30天的账期，后来如期支付了货款。接着K先生下了10万美元的订单，仍然是30天账期，而后如期付款。最终，赵经理同意给他八个货柜价值20万美元的千斤顶和60天账期，他向我担保K是信得过的，我们只管等着赚到5万美元利润就是了。然而收到我们八个货柜的千斤顶之后，K先生就此消失，剩下我们面对25万美元的巨额亏空。赵经理追悔莫及，向我认错说，一开始就不应该答应他这笔买卖。

我一年中大约九个月都在南美发展业务，一个月在中国，其余两个月在美国。我每个月都做"空中飞人"，很疲累却很充实！

**我的人生心得：** 在陌生国度里，虽然要摸着石头过河，诚信、忍耐、努力与人和，仍然是成功的要素。

# 进军南美之八

## 巴西的困扰

巴西治安不好,是个公开的秘密。2019年2月,我和大儿子到圣保罗出差,一位巴西朋友告诉我,一次他有要紧事,在批发街拿着手机通话,不意被一位少年从身后把电话掠走,在人群中消失。警察无策,他只好自认倒霉。

这类罪案在巴西司空见惯,都是拜贫富悬殊之赐。据2021年的估计,巴西收入最高的10%人口占去了GDP的44%,收入最低的10%人口只占不到1%;最低工资平均日入不到10美元,一个月的工资只能买到10公斤牛肉。由于贪污、漏税严重,巴西的税率甚高,影响投资与经济发展。

1996年,初到圣保罗的中国某省公派人员C君,半天之内被抢了两次。过程大概是这样的:C君一行人星期六抵达巴西,入住圣保罗唐人街附近的酒店。星期天清早,同伴还在睡觉,C君一个人想逛附近著名的圣保罗大教堂。他身穿西服、打领带,走到教堂附近,抬起左手看时间,突然有人上前抢他的金色手表,扯断了皮表带。C君目瞪口呆,来不及叫喊,眼巴巴看着抢匪逃之夭夭。

C君意识到自己正背着出差用的文件包,内有证件、钱包、旅馆房卡。他立刻把贵重物件放进衣兜,打算再找个好角度在教堂外拍几张照片，然后就回旅馆。他拍完照，正要把照相机收回包内，又有人抢他的挂带皮包，C君拼命把皮包抱入怀中不放，但被拽倒在地，右手里的相机则被抢走了。路人高呼抢劫，本欲弯腰再抢包的抢匪不敢久留，迅速遁走。C君伏在地上，过了一阵见没有动静才起来，赶快回旅馆。因为不懂葡语，没法报警，只报备了领事馆。C君惊魂未定，在旅店休息，再不敢外出。

不仅外国人会遭遇暴力，连本地的巴西人也不例外。朋友介绍我认识了一位姓黄的朋友，来自香港，从小在巴西长大，他的店铺和住宅都在圣保罗国际机场附近。平常他开一辆黑色两年新的福特皮卡去开店和买货，为安全起见，车上手套箱内放有一把上了子弹的9毫米口径手枪。

一天有客人在他店里买了一台价值数百美元的空压机，要求送货，地点在贫民窟附近。他开到一个十字路口，遇红灯停下，忽然有两个青年在乘客一侧的车窗外各持手枪对着他，当他反应过来，已有另一支枪在驾驶位旁对着他。三枪环伺，他只好乖乖下来，汽车连同车上的货和手枪都被抢走。

大部分中国人住的独立住宅都曾经被歹徒入室抢劫，因此很多人选择住多层公寓，出入都有保安把关，相对比较安全。

我和阿根廷来的赵经理住在仓库后面，一天深夜听到房顶有人走动。经理拿出手枪走到仓库，听到脚步声密集。我们猜想可能有两三人，在找地方进仓库，情急生智，赵经理对着仓库墙上开了两枪。屋顶上的人听到枪声，脚步声朝街道方向消失。墙上多了两个弹孔，真的很吓人，但以后再没有人在屋顶走动了

一位葡裔地产开发商M君住在圣保罗高墙围起的高级社区内，社

区门外有武装保安把守，院内时有保安巡视，高墙装有监控摄像机，墙头有带刺并通电的铁网。院内都是整齐漂亮、两三层高、有前后院的新型独立别墅，车库和车道上新车名车随处可见。每家都雇了用人和园丁，很多家都有游泳池，社区有人工湖、健身设备、便利店和幼儿园。相比墙外小贩推着小车叫卖、小孩在街边玩耍、路人在街上喝啤酒聊天，仿若两个世界。

一天傍晚，M君20岁的儿子R君开着一部簇新的大众高尔夫回家，因为高速公路塞车，他图一时方便，驶入贫民区小路。怎料在一个十字路口遇红灯停下时，有两人分别在左右车窗外持枪对着他，叫他下车，用尼龙带绑了他的双手，蒙住双眼推到车后座，把车开到一处住所，用他的电话打给他父母，索要30万美元赎金。

家人吃惊惶恐之际，想起车里装了GPS跟踪器，于是把跟踪器信号打开，立刻找到藏车地点，打电话报了警。警察在当天晚上抓到歹徒救出R君，化险为夷。

此后，M君给每辆车都花费五六万美元装上防弹玻璃和防爆装备，以除后患。

巴西的大城市有很多贫民窟，住户多是从农村迁到城市或世代居住于此的贫民。全巴西有超过6%的人口居住在贫民窟内。区内的土地是霸占来的。巴西法律规定，如果有人占用空置的土地或住宅超过一年，而业主没有采取行动把占用者赶走，则占用者可以长期住下去，不用付任何费用。贫民窟内大部分人都自己盖房子，水电皆是偷接到家不用交费，住户也不用交土地税等税费。街道大多是土路或碎石路，下雨时满是泥泞，非常不便。区内黑社会猖獗，毒品横行，连警察也不敢单独进入。

很多黑社会帮派也是贫民区里的大业主，他们在霸占的土地上盖好简陋的房子，出租给需要者，租金比市内的便宜得多。

风光如画的里约热内卢，由于历史原因，有超过四分之一的居民住在贫民窟内。每个贫民窟互不相连，探望朋友、外出工作都不方便。里约政府便用观光缆车连通各大贫民窟，并与城铁线路接驳，每个缆车站都由持武器着制服的警察值守。

里约街头有成群流浪少年露宿，他们常以纸箱为栖身之所，白天向附近店家讨钱或抢劫顾客。因他们尚未成年，警察抓到了也只能告诫放行。店家生意受损，附近居民也不胜其烦，有的人就雇穿制服、佩武器的州警对这些未成年人施以暴力。最有名的事件是1993年7月某个晚上，州警趁流浪少年睡觉时用机枪扫射，导致七名少年死亡，数十人受伤。2014年巴西世界杯和2016年里约奥运会期间，里约流浪少年死亡和失踪案例比平常增加数倍。

治安、贪污、贫富悬殊和教育等社会问题一直困扰巴西。1995年，巴西人均收入是中国的8倍多，而2018年时，中国人均收入已超过巴西。尽管巴西的资源丰富，人口不多，但估计在将来，稳定的中国人均收入会继续领先并远远抛离巴西，巴西的贫富差距会不断地扩大。

**我的人生心得**：资源贫乏但有教养的国民能超过资源丰富的国民。受过教育的贫穷家庭子弟，也能胜过豪门子弟。

# 进军南美之九

## 中国走私的黄金时代

90年代初,中国经济慢慢得以恢复,商品需求激增。中国的政策保护国内企业,对许多进口货物都课以重税,如棕榈油每公斤课税达7元人民币,进口电器征税超过100%,进口汽车更是在200%以上。高关税壁垒,使得中国沿海成为走私者的天堂。

1992年,一位老友的亲戚吴先生请我帮忙从美国进口三辆二手奥迪车到香港,然后转手卖到内地。1993年我到香港探望吴先生,顺便参观他在大角嘴"上货"的盛况。

中国大陆开放进口不久,国内需求量大,有批文的合法进口与非法走私同时盛行,进口夹带走私是致富捷径。在香港的大小码头如大角嘴、三门仔、长沙湾鱼市场、荃湾和上环等,小货船每天装上大量货柜,往珠江三角洲和沿海各口岸出发。

吴先生租了一艘小货船,上中下三层共可装15个40英尺货柜。他进口美国Tyson牌的冻鸡肉,把六个冷冻货柜的货设法装进五个冷冻柜,每柜由28吨变成36吨,这样就省下一个货柜的关税。

这次内地客户要汽车,他把五个报称是进口水果的货柜改装:货船上层、中层货柜装旧汽车零件,就是把二手汽车拆分成若干部分,放在不同货柜内,最外面堆放几排纸箱装新鲜水果用来遮掩。最下层货柜里是全新的本田雅阁,每货柜可装五辆,在雅阁外边装三排香蕉掩盖。最值钱的货放在船舱最底层,如果不把货柜吊出来,就无法打开货柜门检查。到岸后,这些整车散车都运往广东恩平组装、卖出。汽车大多从日本进口。

吴先生说,有几次他和莲花山的海关说好,新的本田汽车上岸后便会给海关没收,等到海关拍卖罚没物品时,内定自己用低价买回。这批汽车经过拍卖便已上好了牌照,经过这样的"漂白",崭新的本田雅阁便可在内地合法买卖了。

隔壁一艘趸船正有货柜上船,货主和吴先生相熟。他那条船装上了若干个货柜的电器,有欧洲进口的电冰箱压缩机、日本的大尺寸电视机和LD影碟机等,分别放在冷藏货柜内,最外面装上几排冻肉。他说压缩机在香港单价港币120元,在中国码头交货价为港币150元,而内地批发价为人民币二百多元,因此走私数量非常庞大。

吴先生告诉我,对方是老朋友才告诉我们货柜的底细,平时一定要保密,从拆柜装柜的地点、货柜上船货地点到下船目的地都是机密,否则怕有线报"黑吃黑"。

吴先生的目的地是莲花山港。对他的走私船来说,莲花山港区是安全地带,危险的区域是由虎门到莲花山港区之间的收窄河道,这里会有不同地区的海关船,偶尔还有海警、武警或海军船只,执行突击检查。因此货船上正规货物的入关的文件一定要齐备,最外层的货要对,夹带走私货的货柜一定要放在船舱中层和下层,为海关的检查增加难度。通常都是晚上开船,天亮以前抵达莲花山港。开阔的伶仃洋水域比较安全,早上2时至3时经过虎门、南沙等狭窄水域是危险时刻。

伶仃洋地图

如果得到线报截获走私船,或突击检查查出了走私货,当地海关便把整艘船拖到码头卸货,逐柜打开检查。不过大部分情况都能私下解决。吴先生的船有一次给当地海关逮个正着,但靠着后台的势力,最后送给当地海关三辆新的本田雅阁,换得货柜放行。

某天我在香港和吴先生聊天,他说最近有一单"大买卖"黄了。原来他接获线报,有一艘货轮装有六百多吨走私棕榈油,将从新加坡驶往湛江卸货。吴先生和后台用10万元人民币外加分成雇了一艘军舰,从珠江三角洲开到湛江拦截这艘货轮。如果货轮的后台或海关没有及时出现,军舰便会把这船拖到珠江三角洲码头,他便可从中赚得一千多万元。

吴先生在美国留过学,英文不错。照原订计划,军舰截停了走私棕榈油的货轮,吴先生带人上船查货。货轮船长是韩国人,船员大多是印尼籍,沟通有困难。货船船长装作听不懂吴先生的英语,不肯出示货物清单,也拒绝接受检查船舱。吴先生估计船长在停船前已通知了后台老板"黑吃黑"之事,在拖时间等待援军。有军舰壮声势,吴打了船长的耳光,命令他不要装傻。他们终于打开船舱,但刚看到走私的棕榈油，湛江海关的执法船就赶到了。陆续又有两艘湛江海关的船只抵达，阻止军舰押走货船。对方后台强势介入，军舰因为并没有执法权，对湛江海关退避三舍，吴先生最后亏本离场。

吴先生也做"黑吃黑"的买卖。香港有眼线把走私货物在港装柜的消息通知吴先生，吴先生便和自己的后台在内地缉私，大家中饱私囊。那时候地方海关、公安等各自为政，相当混乱。

90年代中后期，吴先生曾在香港做翻版CD走私到内地售卖。1995年邓丽君刚去世时，她的CD唱片在内地洛阳纸贵，翻版工厂都来不及拷贝。为了赶出货，吴先生雇了一批临时工，把邓丽君的彩照纸贴在空白的CD碟上，夹杂在翻版CD中，运到内地销售。竟然从来没有人投诉过。

1995年，朱镕基总理宏观调控政策下，中国经济放缓，消费受打击，进口大受影响，流行的走私货品亦有改变。以前香港转口去中国内地的高价货如高级电器、50万港元一柜的冷冻鸡子（鸡的睾丸）、40万一柜的冷冻俄罗斯鸭掌等不再吃香，反而是平价的废塑胶、废轮胎等不受影响。继续做走私营生的，只有后台硬的才能生存下来。在珠江三角洲和香港沿海，直到今天仍不时能看到从香港三门仔等地出发的走私"大飞"——装有三四个大马达、时速100公里的快艇出没。

90年代后期，恩平遭受水灾，中央多次视察后，走私、改装汽车行业也逐渐式微，取而代之的是中外合资的工厂和企业。吴先生在上海市郊开CD工厂，专门做翻版CD生意，利润很高。随着内地市场的版权正规化，他慢慢转做正版CD生意，2000年后告别走私业，专做CD行业。

走私这一行偏门生意,只是昙花一现,绝非长久之计!

90年代,吴先生曾多次邀我到香港和他合伙,实在是很诱人。但我还是相信,应在美国和南美一步一个脚印,稳扎稳打,实实在在做生意,老老实实做人!

**我的人生心得**:现代利字当头的"文天祥",羡煞不少冒险家。"惶恐滩头说惶恐,零丁洋里叹零丁",亦是我独闯南美的迷你中国版。

## 南美铭记

在阿根廷,我遇到的抢匪、警察、海关、税务局等等上门要挟勒索,都无不满面春风,与你有说有笑、好言相待,走的时候也打招呼、握手,我俨然成为他们的"客户"。那真是一个黑白颠倒、游戏人生的社会。

# 由盛转衰

1998--2003

# 由盛转衰之一

## 家庭巨变

我在巴西、阿根廷和乌拉圭的生意蒸蒸日上。1996年底我去了秘鲁考察，发现秘鲁已和1990年时有天壤之别——政府军与反政府武装组织"光辉道路"的内战已基本告终，秘鲁币值稳定，治安良好，市场逐步开放，进口生意非常之好。过去秘鲁的工具客户都要到伊基克去买走私货，而此时秘鲁国内已有了合法经营的批发街，人们可以放心地从店铺中买到价钱合理的货品。秘鲁还有很多贫穷人口，包括居住在山区的原住民，但主要城市有五百万到一千万的居民，是有消费力购买我们的货品的。

由朋友介绍，我认识了虔诚的基督徒莫伊塞斯和他的弟弟保罗，我从阿根廷调出20万美元，准备在利马开秘鲁分店。

莫伊塞斯在利马郊区找到一处一千多平方米的仓库。仓库价值四十多万美元，因长期租不出去，业主答应以月租金作为部分供款买下仓库，每月三千多元分20年供完。我觉得这是一笔很好的交易。

乌拉圭生意已稳定，主理人法比奥的弟弟和父亲足以维持经营，法比奥便和我商量，给他一些股份，由他去秘鲁主持新门店，看看效果。由于莫伊塞斯没有经营的经验，我便答应了。

90代年中后期，在朱镕基总理领导下，中国沿海的很多国有工厂私有化，由长江三角洲和珠江三角洲率先，慢慢地蔓延全国。一些进出口公司也慢慢地成为私有的集团公司。很多对我们放账的进出口公司，账期由半年缩短为三个月以下。

因中国外汇充足，国家减少出口补贴，工厂货价也比以前高了。民营之后的公司和工厂都要自付盈亏，为提高资本效率，大量削减库存。1995年后，大部分新的公司要求做信用证或现款交易，而货运条款由到岸价（CIF）变成离岸价（FOB）。工厂的包装品质改善了很多。很多大厂获得出口权，不用再通过外贸公司，可以以比较便宜的价格直接同客户交易，这一来顾客可以节省8%到10%。我们当时也直接和上海气枪厂、金华机电厂等工厂做信用证或现金交易。

我们公司的存货超过600万，国内的这些变化使我们资金上顿时紧张不少。因我们货品太杂，阵线太长，加上对外放账也多，短时间内无法改变经营模式。但我坚信，我们有市场有客户，生意可以继续扩展。

1994年，前岳父母、大姐与我一家在阿根廷

自1991年始，我每年有大半年在阿根廷和南美洲工作，一年两届的中国广州交易会和年底回国大采购是必去的，住在美国家里的时间只剩两三个月。家里有岳父母帮忙照顾三个孩子，公司有太太主持业务，妻舅夫妇则负责会计和销售，在台湾的妻姐负责台湾采购，有空时也兼顾我们在杭州新设立的办公室。我认为家人在一起做生意，虽然自己辛苦点，但长远看还是值得的。我虽然不常在孩子身边，但我们每天都通电话。1993年暑假，我还带两个儿子到布宜诺斯艾利斯，上了一个半月的暑期班，学习西班牙语。

1993年，我在休斯敦 Memorial 区 21E Rivercrest 买了3.5英亩（约20亩）土地上一栋700平米的房子，为打球方便，还新建了一个标准网球场。当时地产市场不景气，买房连装修才用了不到100万美元，以我公司三千多万的年营业额来说，是绝对可以负担的。

房子入口有一扇大铁门，进门驶入二百多米的私家道路，经过左边的半圆大游泳池和右边十多棵大树，才到家门口。游泳池分浅池和深池，树上筑有木树屋，有楼梯给小孩子爬上爬下。房子后面古木参天，岳父母种了很多蔬菜和果树。

我的三个孩子上了私立的国际学校，英语课之外，他们还选学第二语言法语。1995年夏天，我和太太、孩子去欧洲度假，太太很喜欢欧洲的生活方式。在孩子参加的法国夏令营，我们认识了18岁的男孩M。1996年年初，我们聘他来美国，住在我家，当孩子们的法语家教，并帮忙接送孩子上下学。

怎知M先生会和比他年纪大一倍的我太太日久生情。1996年年中，我岳父母等亲友告诉我此事，要我多回来住在家里。但我要照顾全盘生意，不可能离开南美，不可能不去中国采购，秘鲁的新公司又在筹建。我坚信我们拥有幸福的家庭，家中还有老人和小孩，经济条件又好，我不相信太太会变心，就没当一回事。

1997年正月，我在南美，岳父母和公司员工都给我电话，请我尽快回去处理家里的事，令我很不安。我知道公司和家庭许许多多的事皆由太太一人负责，她实在太辛苦了。我计划每年大半年的时间回美国住，把南美生意的股份出让或由我弟弟负责经营。我感觉自己像北宋的岳飞，在北伐中节节胜利，却接了十二道金牌要打道回府。

1997年3月，我把南美的生意交代妥当，回到美国，但已为时太晚。太太提出离婚，决定和M带着三个孩子去欧洲居住。我努力挽留近两个月，女方家人也多次劝阻，都没有收效。在匆忙中，我们议好离婚协议。新的奔驰420房车运去欧洲给她和孩子用，房子卖掉，这都是协议的一部分。7月底，我以亏本低价快速把房子处理掉，今天那房子价值400万美元以上。

8月，我租了一套三房的公寓，我和岳父母搬入暂住。我看好一幢300平方米尚未建好的房子，到年底才能入住。

*1996年，与前妻的娘家四姐弟*

6月到8月,孩子们和离婚的太太去欧洲度假,我一个人留下来处理生意、房子等事。我的心情非常恶劣,去看了心理医生,每天吃抗抑郁药和安眠药才能入睡,白天也没有心情集中精神去工作。多亏前妻弟媳帮忙,我才有时间去莱斯大学修了一个多月MBA课程。我还去学潜水,以分散注意力。我没有心情管理公司,更遑论去中国采购和管理南美的生意了。

8月,把房子交给新屋主前的最后一天,我和孩子们回旧居的游泳池游泳。游泳后回到空空如也的大房子,三个孩子哭作一团。7岁的小女儿抱着她平常跳芭蕾舞的架子说:"再见了亲爱的家!"真令我伤悲!当晚我和孩子们回"家",面积只有我以前主卧房大小的公寓里,岳母已经把晚餐烧好和岳父等着我们。一家六人吃饭,只缺孩子们的母亲。慢慢地大家有说有笑起来。家里只有一个小电视,三个不大的房间,我和孩子们合睡在一张床上,反而觉得很温馨。

1996年,与前妻、孩子在圣路易

几天后，离婚中的太太和19岁的M先生带着孩子们坐飞机前往法国定居。孩子们会在瑞士日内瓦的私立国际学校 Collège du Léman 就读。我把孩子送去机场后两小时，便坐飞机往开曼群岛潜水散心去。

**我的人生心得**：钱是赚不完的，多年辛苦两手创出的家业，却可在短时间内湮灭。事业和家庭皆很重要，不能顾此失彼。

# 由盛转衰之二

## 解脱、开店、网络

七天的潜水旅行由休斯敦SSI潜水证学校举办，由老板约翰带领十名学生，先到开曼岛的魟鱼城看遍布浅海的魟鱼，然后坐船去人迹罕至的小开曼岛潜水。我们吃住都在船上，有厨师负责所有人的饮食。平均一天潜水四次，早上、中午、午后和晚上。早上潜得最深，约35米，以后每次都更浅一点，午间和夜间潜水的深度约20米。

开曼的水底地形很奇特，陆地浅滩缓慢向海中伸延100米左右，突然便直落到300米以下少有生物的黑暗深海。6米到30米深处阳光充足、动植物丰富的海底，有美丽的珊瑚、海草，鱼群大小各异，色彩缤纷。常见的海龟、大鳐鱼、友善的鲨鱼，和一群群自由游荡的鱼，令我大开眼界，仿佛进入另一个花花世界。手提电话没有信号，远离世上烦恼，在这几天我脱离了现实的痛苦，整个人融入缤纷灿烂的梦里。夜潜时，穿了长袖的潜水衣和手套，用手电筒看夜间发亮的水母和睡觉的鱼类，犹如进入了一个黑白世界。因为船身常颠簸不定，加上白天晚上潜水，我疲惫不堪，夜里睡得特别香甜！

海里最让我惊讶的，是看到三条十多公斤重的大石斑鱼一字排开，大张着嘴让一群小鱼在牙齿缝中穿来穿去，吃其中残留的食物，也替它们清洁了牙齿，真是奇观。

随后我又去科苏梅尔、坎昆、伯利兹等加勒比海地区潜水。海底景色的确是很漂亮，但是潜水之旅很费时间——飞往别的国家要一天，潜水最少两天，还要等一天让身体降压后才能飞走，一个星期便过去了。再者海底的景色虽然好看，但千篇一律，多看几回便没了新鲜感。

在坎昆，我还由潜水老师和导游带领去石灰岩自然侵蚀形成的地穴潜水。跳入小池塘，再潜入洞穴内，两人一队，互相照应。我们拿着手电筒，在地下没有阳光的洞内观看黑暗的世界。地下水比海水寒冷，要穿厚潜水衣。地下洞穴岔路很多，潜水员要互相照应跟好大队，否则走错洞穴，可能永远走不出来。洞穴内鲜有小鱼，植物也不多，没什么好看的，刺激一次便足够了！

1999年，在坎昆的Cenote地穴潜水

沉浸在这漂亮的世界只是暂时的，数天后我又重回现实。秘鲁业务刚开，生意不俗，但南美洲的生意我没时间管理，只好让出一部分股份，由别人代管。再加上中国供货商付款条件改变、放账时间更短和竞争加剧等因素，南美洲两千多万美元和美国一千多万美元规模的

生意开始走下坡路。

我每天要处理美国和四个南美分公司近200员工的大小问题。每次潜水回来,我加班加点也做不完工作。得不偿失,慢慢地我就不再去潜水了。

*1998,Lee Tools秘鲁利马分公司*

自90年代初,阿根廷比索以固定汇率盯住美元1兑1,币值虚高,而阿根廷的失业率超过15%,外债太高,出口不振,外贸赤字高。我深知比索一定会贬值。我们卖货给家乐福等超市,放账期超过60天,如果比索突然贬值,我们就亏大了。

我到中国也没心情去看工厂、做生意,大多是和朋友游山玩水,如游长江三峡、乐山大佛等。我在南美时也常找朋友出游,去了秘鲁的马丘比丘,及委内瑞拉、阿鲁巴等地散心。1998年,在秘鲁的度假胜地Ballesta岛上,我召开了一次南美各公司领导人和台湾及中国供应商的会议,希望中国的供应商对我们的业务增加了解,尤其是多和新开业的秘鲁公司做生意。但时不我与,没什么成效,十多人吃喝玩乐三四天,坐船看鲸鱼、海豹、企鹅等,花掉两万多美元散会。

*1998，Lee Tools秘鲁利马分公司货仓*

美国的工具批发市场竞争愈来愈大，尤其是洛杉矶的进口商，产品价格低，种类选择也多，导致我们的销售利润直线下降。我们在墨西哥最大的客户也找到了直接供货的工厂。做批发商的空间愈来愈小，只剩零售业务还有些利润。

1998年，我在休斯敦45号公路旁开了第二家Tools Club零售店，希望创出自己的零售渠道。如能复制阿根廷的加盟店模式，短期内覆盖美国南部，我就不必依靠不稳定的批发商，而自己打开产品销路。

回到美国后我才发觉自己和时代脱节，很多事都不懂，连联邦快递（FedEx）也不知道是什么。我去莱斯大学修了管理的速成课程，发现刚风行的网络经济是巨大的商机。中国经济正在腾飞的阶段，但中国工厂缺乏直接对外交易的平台，很多工厂找不到真正的买家，找到的都是贸易公司或中间商。我设想通过我的网络，把中国工厂和外国的大小进出口商和零售商联系起来，让全球的进口买家从网上找到需要的供应商，甚至可以找到工厂直接下单。我们收取一些费用把工厂网页放上网站，让他们能和客户直接联系。另外客户需要翻译、验货、陪同参观工厂和监督装柜等，我公司也可以提供有偿服务。

1999年，我注册了Facdirect.com（"工厂直接"的意思）域名，在休斯敦聘请电脑硕士冯先生负责，另外两位电脑硕士写程序，把工厂的资料录入网站。在中国杭州公司，我聘了三位工作人员专门收集工厂资料，把数据提供给美国公司的电脑部门。万事起头难，经过一年的努力，终于把这网站建好了。

公司只有我一个负责人。除了美国进出口批发业务，我还需要处理南美业务、零售业务、离婚和家庭的问题，等等，加上发展网站。我每天都疲惫不堪，白头发都长出来了。

**我的人生心得**：失意之余，寄情山水，但最终要返回现实。由我一人承担的生意，阵线太长，顾此失彼。

# 由盛转衰之三

## 全线挂红

从1999年开始，什么事都不顺。

1999年，巴西货币贬值近半，我们放账给超市的货款，顿时缩水一半。因货价猛涨，巴西的生意瞬间减少了一大半。加上我有20万美元的货款不能收回，资金骤然紧张。我抽不出空去管理生意，只好想办法出让巴西公司的部分股份。

在秘鲁利马，本来生意还能维持，但我误听股东的话撤换了经理。新经理不只把货便宜处理，货款进了自己口袋，还假冒股东签名把我们已付完约10万美元的仓库变卖了。我们可以告他，但是我基本没精力和时间去秘鲁法庭打官司，于是二三十美万的存货和不动产全化为乌有。

乌拉圭的生意不错，但竞争对手向税务局举报，说我们的账目有问题。公司因为换过多位会计导致文件不全，税务局查了两个月，连本带利罚了三十多万美元。虽可以分期缴付罚款，但公司资金链受到影响。

放账给乌拉圭、秘鲁分销商的款收不回来，但中国的工厂还在出货，导致美国公司的资金十分紧张。幸好阿根廷业务有弟弟负责，生意尚可，公司全局得以勉强维持。我预料阿根廷比索币值太高，对美元贬值是早晚的问题,从1999年开始,每年向银行买比索兑美元保持1∶1的保险。在美国投保100万美元,每年要付2万到3万的保费,2001年时保费加了一倍,100万美元年保费要5万美元。因公司资金紧张,2001年保险到期时,我没有继续购买。

美国的股市行情非常好,很多小公司老板因公司上市而发财,我也想到股市中分一杯羹。1999年到2001年之间,我花了很多时间去做上市的研究和准备,要大干一番事业。我计划在美国找到有财力的风险投资(VC)支持,在美国设服务器建立互联网平台,把进口工具和机械,卖到美国每个角落,进一步推广到世界各地,然后再增加其他产品类别。

我在杭州办公室又雇了三位员工,把搜集到的工厂信息分门别类。2000年时已有一百多家工厂给我们信息,放上Facdirect.com网站。有这个网站,我便可以找人投资了。我找旧金山和帕洛阿尔托的几家VC谈过,他们都不懂外贸,对中国工厂不了解也不感兴趣。继而我在休斯敦认识了一家帮人找投资伙伴的公司,在他们的发布会上介绍了我们公司与Facdirect.com的筹资情况。

*Facdirect.com的负责人冯启丰先生(左一)和三位程序员*

但是我找的VC不对口，不懂进出口业务，对我的公司不感兴趣。我的主营业务阵线太长，没有太多时间去找更多的VC，或参加更多的VC发布会大力宣传公司，久而久之，写程序的员工没有了信心。当时电脑专业很容易找到高薪工作，美国公司的三位程序员提出不加薪则离职。考虑到公司财务困难，我只好遣散Facdirect.com的员工。同年，我听到了阿里巴巴的名字。

公司的两家零售店，各由店长带两三名员工经营。货物大部分是我们自己进口，每星期都刊登当地分类广告Green Sheet和西语报纸整版广告。零售店的销售量不多，但工作量颇大，每两天要送一次货，每个月又要清点库存，客流尚可，但少有盈余。

2000年时，45号公路的店，三个月内发生两次被盗贼在凌晨打破玻璃偷走货物的事件。当时警铃大作，警察赶到只有橱窗玻璃碎落一地，保安公司打电话找不到店长，只有找我去处理及封橱窗，以免给贼人再来行窃的机会。开车40分钟到店后，我到处打电话找24小时营业的封橱窗公司来封住缺口，搞到快天亮才回家，身心疲惫不堪，第二天根本不能上班。这两次失窃后，我觉得经营阵线太长，我一个人力有不逮，而两家店盈利并不多，便决定卖掉或关店。45号公路的店有客人要买下，仍沿用Tools Club的名字。另一家店找不到买家，只好亏损数万美元关张。

我只有两个选择：重振公司支柱——进口和批发业务，或是坐等破产。我抛弃幻想，又开着车一家家拜访客户卖货。暑假时孩子们难得返美一聚，有一年我却只能把他们留在家中和岳父母一起，我去卖货。抛下他们我也很难过，况且钱是赚不完的！我终于想出两全其美之策：何不带上他们去美国各地拜访客户，顺便一道游览？

*1999年，孩子们从欧洲回美国过暑假，9岁的女儿不知道父母已离婚，以为还有一个完整的家，在卡纸上写了"欢迎妈妈回家"*

*1999年夏，我开车带小孩和外甥Wayne到东岸推销产品，路过亚特兰大，到地区销售经理阿尔莱的家商讨业务，与他夫妇二人合照*

接连几个暑假，我开着面包车带上三个孩子和货物样品跑遍了美国各地。我们不仅游览过大瀑布、纽约、华盛顿、费城、阿拉巴马、亚特兰大等地，也拜访了许多客户。晚上我们四人就睡在旅馆的一个房间两张床。孩子喜欢旅游，他们对做生意的兴趣也渐渐浓厚，与他们同行我也觉得很温馨，即使辛苦也值得！

孩子寒假回美，我一定带他们到旧金山和我母亲及弟弟妹妹们一起过圣诞节。孩子在休斯敦时，岳父母全心全意照顾他们，令他们每次都感到真的回到家了。

1999年巴西货币贬值50%，大大增强了巴西的出口竞争力，这使阿根廷的出口大受影响，经济走向衰退。2001年，阿根廷接连出现债务危机和金融危机，造成大量资金外逃。2001年下半年，政府把国民存在银行的美元转换成比索，放弃比索与美元挂钩，在12月更限制每户每次只能提取250比索。2002年1月，新总统上台后，干脆把比索贬值2/3，1美元兑3比索。在阿根廷，我们的大部分产品都销往家乐福等大型超市。我们还有一百多万美元的应收货款和200万美元的货物，因为比索贬值，瞬间变成只值一百多万美元的资产。如果还清欠国内和台湾的账款便所剩无几，更遑论流动资金了。

为了维护十多年辛辛苦苦建立的声誉，我不顾一切地和债权人谈判，很多时候是由美国公司替阿根廷公司偿还了部分债务，其余的则求得分期偿还或折扣。这一来美国公司的资金也告急了，日常账目没法正常运作，两个会计受不了资金短缺的压力，相继辞职离开公司。

人在倒霉的时候，坏事是接二连三地来。美国又有两家欠我数万美元的客户倒闭。银行最怕客户欠款居高不下、营业额降低、公司出现亏损等现象，此时见我资金短缺、欠款有增无减，便勒令我半年内还款，否则拍卖公司资产。这是我一生中第一次遭遇濒临破产清盘的苦痛！

我只好和银行商量给我时间慢慢地还款，同时变卖南美和美国的资产，给在欧洲读书的孩子付生活费和学费等。我感到前所未有的压力，晚上无法入睡，又不能向别人诉苦，因为张扬出去只会造成公司混乱、供应商失去信心、家人担心，于事无补。我只有默默地一步步走下去，希望能走出黑暗。

**我的人生心得**：用有限的时间，做有意义的事情。集中精力，把一件事情做好。

# 由盛转衰之四

## 专利尝试与失败

我曾寄希望于公司能在OTC（场外交易市场）上市，运用股市资金。1999年我把公司财务交给一家会计公司评估，准备2000年申请上市。一位专办上市业务的律师看过公司财务报表后，表示我们的业务涉及区域太广，包括南美和中国等地，相关账目很难搞清楚；而美国法律保护投资者，上市公司的一切经营细节必须清晰透明，因此我们当时的状况不适合上市。

报表上我们的营业额虽然有三千万美元，但年收益不超过五十万美元。上市公司的年审计费就要二三十万美元，每季度又要向证券交易委员会SEC登记，南美的账目也要审核，否则违法，而审核又要花一大笔费用。如果没有经过股东同意而挪用公司的钱就是违法，要坐牢的。

律师说很多私人企业家今天破产，明天就能东山再起。但是上市公司必须受SEC管制，稍有闪失，就有倾家荡产及入狱的可能。风险投资支持的新公司，用的都是外来的基金，比较适合上市。像我们这类传统进出口公司，最好是在私人名下，不用担心失败，大胆地干，晚上也睡得安稳。如果失败了，还可以重新来过。这一番话，把我上市的念头打消了，但我已为此花了不少的时间和金钱。要协助我们上市的那家小公司，在两年后关门了。

台湾和中国的工具，多有抄袭美国产品的，而我们每年进口上千种工具，不可能每款都去查证，尤其是我买中国的平价库存货，不能指定颜色和规格。于是每隔数年，我们便会接到指控侵权或侵犯专利的律师信，如钳子上的黄色胶套接近史丹利（美国工具品牌Stanley）钳子的黄色，橘色夹子套又和Pony（美国五金工具品牌）的产品类似，某种工具的外形和别家注册有专利的产品外形相仿等，层出不穷。我们在休斯敦请了一位专利律师来辩护。

1990年，美国海关收到线报，说我们进了别人品牌的货物，拿了搜查令到公司搜查，看我们报关的货物和真正进口的是否一致，也查了我们汇出给中国的款项和报关金额是否一致，看有没有逃税。最终没有查出问题。

中国工具名牌"钻石牌"和美国工具老品牌Diamond"重名"，美国各工具进口商都曾多次因此碰上麻烦。我们给各中国出口公司的每个订单都特别声明不收钻石牌的货，但是发错货的事层出不穷，我们依旧经常收到夹杂着钻石牌（英文即Diamond）的中国工具。这种情形直到工厂私有化后，才不再发生。

1988年芝加哥工具博览会上，美国历史悠久的S工厂说我们展销的三角尺上打了他们公司的商标。这是台湾工厂不小心打上去的，我们并无意图用他们的标志，后来我们和S公司签好合约，答应不再侵犯他们的商标权。

2001年，我们经济情况不佳，无力直接进口众多品种的工具，很多货都从洛杉矶或芝加哥的进口商处购买。从芝加哥一家进口商那里买的工具中有五箱三角尺，都打有S公司的商标，我根本不知道。刚好S公司请人到我公司零售部买了一把三角尺。因为重犯是重罪，S公司申请到搜查令，请警察来没收我们的三角尺，又请了电脑专家看我的电脑，查我们的单据，找证据告我和芝加哥进口商串通，进口仿冒他们的产品。警察搜查了一整天，毫无所获。S公司又在芝加哥的法庭起诉我们侵权，为此我请了一位有名的芝加哥专利律师为我们辩护，费事耗时。官司一直持续到2004年在芝加哥庭外和解，花了近10万美元。在公司财务紧张时，这实在是雪上加霜。

我知道仅做批发买卖终有一天会被淘汰，我们一定要有自己的品牌和专利产品。早在1988年，我和弟弟鉴于锤头用久了容易松脱，做出在锤头两边打孔、装锤柄时用螺丝固定的设计，并申请到专利。

早在1998年，我因为新房子的车库没有架子而烦恼，思来想去，设计出可以自由调节的铁架，架上美国本土常见又便宜的2英寸×4英寸×8英尺规格木条，可随意组合，每层可承载300公斤的重物，又可以调整高度，如果搬家，还可以拆卸搬走。2000年专利批了下来，我把这款产品叫作"Create-Your-Shelf"，即"自组货架"。当时我没有太多时间去推销，于是找到好友埃韦拉多合作，他负责参加展销会和上门为客户安装，我则负责中国组件的进口和库存。晚上我睡不着时，便找埃韦拉多讨论如何扩大这货架的用途和销量，这让我忘却离婚的痛苦。

我记得在夏天的一个午夜，仓库里的气温仍有摄氏30多度，我们仔细地组装储物货架，尝试各种方案。我们突破限度，把货架搭到5.5米高，然后面对面一同爬到货架顶层。我们惊喜地发现，这货架承载我们两人共150公斤的体重不在话下。我们买来啤酒庆祝胜利时刻，这真的是件创举——据我们所知没有谁家的车库储物架能如此牢固。

*2000年，专利产品Create-Your-Shelf*

2001年，这个产品专利让我们有机会向家得宝（Home Depot）推销自组货架，但是因对方的采购经理没有兴趣而作罢。这让我明白了专利的重要，至少可以引起客户采购人员的注意，那么终有一天会成功。

1999年4月，我认识了我现在的太太，那时她刚进休斯敦大学就读。我生命中出现了一线曙光。1999年初因为空虚无聊，我去上了几节交际舞课，在课上认识了热情的开珠宝店的Tina夫妇。周末他们常请朋友到家里唱卡拉OK，我也在被邀之列。

曹静小姐刚从国内到休斯敦念硕士，一位受邀的朋友带她一起去Tina家做客。她唱"哭砂""笑红尘"等歌曲非常动听。我是天生乐盲，缺乏节奏，五音不全，歌惊四座。Tina请曹小姐给我指导，后来我们合唱了"萍聚""相思风雨中"等歌曲。

她的帮忙令我度过愉快的周末,为了报答,我特地请人生地不熟的她外出吃饭逛街。曹小姐原籍辽宁鞍山,南京大学信息管理系(MIS)毕业,做了两年事,考进全美排第四的休斯敦大学希尔顿学院酒店管理系硕士班。自此我们两人常见面,双双坠入爱河。

与前妻离婚后,我和前岳父母同住了三年,他们知道我已有女友;2000年,前妻的弟弟买了房子,前岳父母才依依不舍地搬出。不久后曹小姐搬过来,我们两人一起生活。

1999年认识我太太,2002年她硕士毕业

2001年,一位秘鲁发明家发明了用矿砂在瓷砖上打孔的技术。我和他签了专利共享协议,申请了美国专利,我叫它"Titan Cut",意思是"切割大力士"。我投资2万美元在中国生产了一批货,在美国试销,结果不尽理想。这项技术用电动圆形钻头在瓷砖上钻出圆孔,附带容器盛放研磨砂和水,工艺并不复杂,但只能应用于水平铺装的

瓷砖，不能在垂直墙面上打孔。而专业的水管工又觉得打孔时产生的泥浆太脏，他们想要更清洁高效的办法。

我带着这批产品去参加德国科隆工具展览会，并带上在欧洲读中学的大儿子伟德一起做展览。展会上看产品的人很多，真正有意购买的却寥寥无几。我在这个产品上花了很多金钱和时间，却没有成功，最后只好把参展的产品免费送人。值得欣慰的是，这次经历让儿子对做生意产生了兴趣。这也令我坚信天无绝人之路，只要继续努力，终有一天会成功找到属于我们自己的产品。

很多时间花在了不赚钱的事情上，公司财务每况愈下。迫于银行压力和资金周转不济，我陆续遣散了公司三分之一的员工。最先裁掉没有创造利润的部门，如网络、零售分店和南美的店，继而辞退薪水较高的员工，用低薪人员取代，最后请部分员工减薪。公司员工普遍士气低落，但为了公司的生存，我也没有更好的办法。

最后的生财策略是分租我手上唯一的资产——9000平方米的建筑物。我把建筑后部的两千多平方米分成数间，租给一元批发店，门面部分租给家具店，楼上办公室部分则租作展示厅。每个月收到的租金够供大部分银行按揭款，节省了公司支出。

为了准时支付国内的货款、还银行贷款和付工资，不得已时，我用A银行的支票写给B银行，再从B银行写支票到C银行，再写C银行的支票存回A银行。因为公司信用尚佳，银行在支票存入当天就给我们用款，而支票兑现流程要走两三天，这样公司便可有数天时间去筹钱。周会计天天和我商量如何付款，如何把钱补足，真是险象环生！有几次，本应收回的货款没能及时收到，只好借利息高达18%的信用卡贷款用来偿还银行、支付薪水等。巨大的压力经常导致我彻夜难眠。

公司每年总有几个产品能赚钱，如铁栏、空压机、气枪配件等，但欠银行的钱仍在二百多万美元，居高不下。公司仅有价值二百万美元左右的货物，其中三分之一是死货，应收货款只有不到20万，公司其实已是负资产。银行警告，要把我们公司清盘以偿还债务。日子真是难过！

公司货品不够，我偶尔也到洛杉矶买工具补货。有家进口商跟我们有同一个德州客户，他认为我在抢他的客户，因此不仅不卖货给我，还把我赶出他们公司门外。过去我是各进出口公司的红人，广交会中我至少要推掉70%的饭局，总经理级别的领导出面邀请，我才出席，今天遭受到这般待遇，实在是令我五味杂陈、不胜唏嘘。

**我的人生心得：不作上市的投机，做好本分。确定目标，脚踏实地，一步步地在黑暗中摸进。**

## 由盛转衰之五

### 合作求存

见公司资金短缺,贷款给我们的大银行Bank One(Chase的前身)请我们尽快换银行。想和我们做生意的银行还有几家,我换了比较小的区域性银行C银行。过了一年多,公司财务再度告急。C银行见我们的销售每况愈下,利润直线下降,要求我们每年由知名审计师核实存货、应收货款、债务、等等。但在这种困难时期,每年3万元的审计支出是个大数目。

正艰难时,墨西哥最大的客户抛开我们,直接和中国、台湾的工厂及贸易商做生意了,我的年销售额又少了二百多万美元。因为美国进口的门槛降低,竞争激烈,这时又有几家欠我们十多万美元的批发客户倒闭了。银行一度请了评估师来看公司物业的拍卖价值,如果公司情况再恶化,便要拍卖资产,如果还不够还账,则要拍卖唯一的物业,直到贷款全收回为止。

整个公司和家庭的生存都系于我手中,我想尽办法令公司生存。除了亲自开车去拜访全美各地大小客户、向他们推销,我还和上海气枪厂合作,在美国成立合资公司,向美国的批发和零售店销售气枪。2002至2003两年间,公司卖了一百多万的气枪、彩弹枪等产品。虽然利润不很高,但对我不啻是一剂强心针,也让银行看到我们还有希望。

2002年，我与美国拥有超过1400家五金店会员的大批发商Handy Wholesale达成协议，把中国的产品直接卖给Handy以提高他们的竞争力。我和推销经理克雷格差不多每星期都去拜会Handy，和他们的副总裁与采购经理见面。我们的目标是与Handy全面合作，为他们进口中国和台湾的货物。Handy当年的销售额差不多2亿美元，但他们不做直接进口业务，都是向进口商买货，价格当然比较高。如果他们经过我公司进口，每年进500万美元的货物是轻而易举的事，公司从中赚取6%，也不是小数目了。

我每天催促杭州公司收集产品资料，除工具外，睡袋、登山器材、BBQ炉、玩具、童车、自行车、橡皮艇、户外家具、PVC水管等等，列出了五百多项产品。美国和杭州的公司员工，日以继夜地为Handy找货和沟通，提供了大批产品资料。

为增加Handy对合作的信心，我更组织了一个中国工厂代表团参加Handy每年两次的展览会，会见Handy的各级管理层。代表团包括五家贸易公司、工厂，分别经营电动工具、户外家具、手推车和杂货等产品。一行十数人目睹Handy十多万平方米的仓库、现代化的输送带、仓库管理设备和办公设备等，较之国内的劳动密集型生产企业，有天壤之别。得知Handy从没有直接进口过产品，他们都很愿意和Handy合作。

我也做东请他们去观赏一场休斯敦火箭队的篮球比赛。公司还在困难时期，没有能力买前排的票，只能买二楼的前排。虽然看得不够清楚，但对当时很少出国的中国厂商来说，这是他们第一次在现场观看NBA比赛，他们至今仍津津乐道。

参展的公司、工厂投入人力财力，将样品运到Handy来布展，并花了很多时间推销产品。虽然Handy很配合，提供了免费的展览摊位，但当时的货物不太对Handy的胃口，他们下单的数量很少，让我实在没法向各工厂、各公司交代。不过这也令Handy对我另眼相看。他们的采购主管对我说，因货不太对口，不能大量下单，深表歉意。

我得到了教训，明白盲目邀请工厂到美国不是办法，让采购经理亲自看到适合的产品才是正道。经过多次与Handy的副总裁等人协商，他们最后同意派两位采购经理和我们一同去中国广州交易会看货，确定采购方案。但是Handy的预算里没有出国这一笔经费。我当然不能放弃这个机会，答应全部费用皆由我公司支付，包括签证费、旅费、食用住宿，等等。

一行四人包括两位采购经理、我和销售经理克雷格，我代他们办理了中国签证。两位采购经理是第一次去中国，他们和家人都不放心，为免生病打了各种并无必要的防疫针。我特别请他们及太太吃晚餐，回答他们的各种问题。最后太太们还是不放心，拜托我们一定要照顾好他们俩的起居和安全，好像生离死别，弄得我啼笑皆非。

我与Handy商谈直接进口一事已谈了一年多，现在应该是收获的时候。此次去中国采购，只许成功，不许失败，否则这趟行程又要花费一万多美元，我没法向银行交代，而公司和员工们的命运也系此一举！

**我的人生心得：把握生存的一切机会，继续努力。**

# 由盛转衰之六

## Handy和广交会

中国解放建国后,为了促进贸易,增加国家外汇,每年春季和秋季在广州举办进出口商品交易会。春交会4月15日举行,秋交会在10月15日举行。

1986年,我第一次参加了春季广州交易会。展览地点是广州市流花展馆,展馆由多栋三到六层的建筑物构成,建筑之间由弯弯曲曲的走道连接。参展商都是各省市的国营贸易公司,展览按产品类别分区,并分为两期进行,每期十多天。工具、农具、机械类产品在第一期。所有同类产品都在同一个区域展出。

80年代,每种产品可供出口的生产工厂只有寥寥数家,工厂不能直接对海外经营,必须通过专门的外贸公司,例如工具一定要经各省市机械进出口公司(CMC)出口。广交会上,工厂的产品都放在各外贸公司的展位,各个展位的展品都大同小异。各省市国营外贸公司的产品报价用同一个程式计算,也是大同小异。每次交易会,我都找各外贸公司的老总、科长、业务员等在展位上聊天或外出吃饭、拉关系,真正用来看产品、讨论研发新品种及改善包装等问题的时间,不到十分之一。

外贸公司老总们大老远到了广州,吃得好是最重要的,尤其我是他们心目中的大买家，当然要善待。我多数时候住在流花展馆附近的东方宾馆或中国大酒店，通常参会四五天，几乎每顿午餐和晚餐都有安排。

有几次10月参加秋交会时，我们还坐车去三水吃禾花雀。有位进出口公司老板，朋友是当武警的，我们有幸坐他的武警吉普车风驰电掣从广州驶去三水。挂武警车牌的车，过收费站不用停下缴费，也不用担心超速会被开罚单。三水街上，很多餐馆在这时节都变成"禾花雀专卖店"。听店家说，通常珠江三角洲秋天稻谷成熟之时，这种西伯利亚北方来的专吃稻谷的候鸟，便成群出现在稻田四周，农民在农田张网抓捕小鸟，再把网内的小鸟放池中淹死，清理羽毛和内脏。禾花雀通常是当天捕，最迟两天内便要食用，通常不做冷藏，否则就会失去鲜味。

厨师通常做姜葱、美极、红烧、椒盐、清蒸、铁扒、五香、酥炸等烹法。麻雀大小的小鸟连头带骨都可食用，每人可吃十只八只，配上啤酒，真是美食之最，一桌吃掉上百只是轻而易举的事。在三水，秋天还举办"禾花雀节"以促进旅游业。

可怜这些黄毛的候鸟成为农民的财源。一张20×20米的网一次可捕几百只，运气好的话能捕千余只，每只可卖三五毛钱。那时候一天上千元的收入，算是非常不错了。禾花雀从西伯利亚南迁到广东，历经的路线几万年来不曾改变，但在金钱和老饕的摧残下，它们的数量愈来愈少。现在禾花雀已成为了国家一级保护动物。如今在三水，秋天偶尔还可看到三三两两的禾花雀，在稻田或芦苇中穿梭。在某些饭店偶尔可以非法吃到100元人民币一只的禾花雀，一席吃掉一万多元人民币，是轻而易举的事。

八九十年代，吃其他稀有的野生动物也是人们在广交会时节享受的节目之一。我去过广州一家专卖野味的餐馆，店内鱼缸里养着娃娃鱼，铁笼中也有其他各级保护动物如猫头鹰、穿山甲、山猫、果子狸等。第一次去用餐，还觉得有新鲜感，两三次后，我觉得可怜的动物为我们的口腹之欲牺牲性命，于心不忍，一概推辞掉。

秋天，蛇是广东人喜爱的进补食品。一些常见的蛇类不是保护类动物，到处都有专门吃蛇的餐馆，有吞蛇胆、饮蛇血等食法。但我接受不了吃蛇，每有公司、厂家邀请我去吃蛇宴，我都婉言谢绝。

90年代中期以后，进一步的开放政策和工厂私有化，使大量的民营工厂可以直接出口产品。很多国营外贸公司把他们在广交会上的展位转租给工厂，原本两三万元场租的展位，摇身一变成为十万八万的摇钱树。广交会成为工厂直接对外出口的窗户，而直接出口是工厂发财的捷径。工厂直接到广交会上展出新产品、新包装，产品价格又比国营外贸公司低了至少5%到10%。90年代后的广州交易会，成为外国客户采购中国商品的主要展览场和交易地，一改从前国营进出口公司垄断时死气沉沉的局面。以前是展出人员无事可做，中午看时装表演，下午去喝酒、唱卡拉OK打发时间，现在是货物琳琅满目，谈价格和讨论开发新品种的时间都不够用，哪里还顾得上游玩和消遣。

1999年的秋季广交会上，朋友介绍我认识了浙江省乍浦港的书记。乍浦港有120亩土地招商引资，书记说每亩卖四万多人民币，可以分期付款。当时他告诉我，政府计划要建设杭州湾跨海大桥，而那块土地，就在杭州湾大桥公路的边上，位置非常优越，可以建工厂和仓库。

我非常感兴趣，想在那里建一个组装手推车的工厂，也可以建自己的仓库。回到美国后，我的资金链越来越紧，银行收紧了我公司的贷款，没办法抽出三十多万美元去付那块土地的定金。我也担心如果自己无法照合同约定，两年内在土地上盖好工厂和仓库，政府会把土地收回再拍卖。

今天那里的土地价值已是人民币一百多万元一亩，我失去了很好的机会。不然，王健林说的"小目标"，一下子就能达到了。有几家国营工厂因为转为私有制，我曾有机会把工厂和土地一同很便宜地买下来，也是因资金不够而作罢。

因为参展厂商不断增加，旧场地不敷使用，广交会在2003年启用全新、现代化、世界最大的琶洲展馆，面积比流花展馆大十多倍。以前每届两期的展销会变成三期，每期展出时间略为缩短。广交会成为全世界最大、最重要的贸易展销会，很多工厂的生存全赖在广交会上接到的订单，各国客户也在此寻找新货源和供应商。广州市也因这一年两届的世界盛会而获益，林立的旅馆、餐馆给广州带来大量就业机会和税收。

2003年，我和销售经理克雷格陪同两位Handy的采购经理到了广州，我们在一家四星级宾馆住下。这三位从未到过中国的老兄惊叹连连，他们印象中中国的落后、肮脏瞬间抛诸脑后。当我们步入崭新、雄伟、巨大的琶洲展览馆，他们不敢相信自己的眼睛，不敢相信这是今日的中国。

第一期交易会上，Handy卖得最好的产品如BBQ炉、自行车、电动工具、手推车等，都可以找到相应的生产厂商，产品价格也比Handy现在的进货价便宜一半以上。Handy的采购经理很开心，但也对品质、交货期，以及售后服务等问题存有顾虑。

我只把我们公司的优势告诉他们：杭州办事处会派人验货，以确保质量；Handy打广告的货物，我们可确保优先出货；在美国我们有200万美元的产品保险以保障客户利益,等等。但我其实也暗自担忧,因为这些产品我以前从未经营过,不知道会遇到什么问题。我们此行的时间有限,只去了广州附近一家BBQ炉工厂参观,然后下了订单。

很多相熟的外贸公司和工厂,都争先恐后地请我们吃饭,希望能做成Handy的生意。最有趣的是请Handy的代表吃海鲜。几个从未到过东方的美国人,第一次看到鱼、虾、螃蟹、蚌等各种鲜活水产分门别类放在玻璃缸内,明码实价。他们突然看到一个十多磅、刚砍下还会动的鳄鱼头,旁边放着一块块刚切好的鳄鱼肉,大惊失色。当晚虽然我们点了许多海鲜,但他们只勉强地吃了一点,我只好再点了三份牛肉给他们做晚餐,以免饿肚子。

我公司与Handy合作销售产品的单页

他们还闹了一个笑话。中国的公厕当时大多是与地面同一高度的蹲厕,习惯用坐厕的他们不知道朝哪个方向蹲才对,又不好意思出来问，只好自己想办法。蹲也要讲技术，对大肚子的人来说，蹲得非常辛苦，好几次皮包都差点掉进蹲厕池内。据他们说厕所里有许多非常活跃的蚊子，搞得他们心情很不好。最后他们发现厕所里不供应厕纸，幸好他们自带了布手帕，不然必定是狼狈不堪。看着他们满头大汗地走出厕所，我心想还好这是水厕，如果用工厂内的旱厕，那更不知如何交代了。

回美国后，Handy陆续向我们公司订了十多个货柜的货。我把这一消息告知银行，又和银行的负责人去Handy了解情况，好让他们放心，暂缓对我们采取行动。但是居高不下的贷款，仍犹如一个定时炸弹，令我一直无法安稳地做生意。

**我的人生心得：正确的政策下，中国取得了举世瞩目的飞速发展。虽然我中途掉队，幸好仍然能够找到队伍，继续往前迈进。**

## 由盛转衰铭记

自1987年伊始，到1997年离婚前，我是中国外贸公司的大红人、美洲客户的主要供货商，在进口商眼中我是教父级人物。广交会上，因为时间关系我常常推掉外贸公司总经理的饭局邀请。离婚后，因资金短缺，不时要去洛杉矶补货。一家洛杉矶的工具进口商，和我在德州有同一个客户，因此视我为竞争对手，把我赶出店外，实在是奇耻大辱，毕生难忘。

# 重生

2004--2014

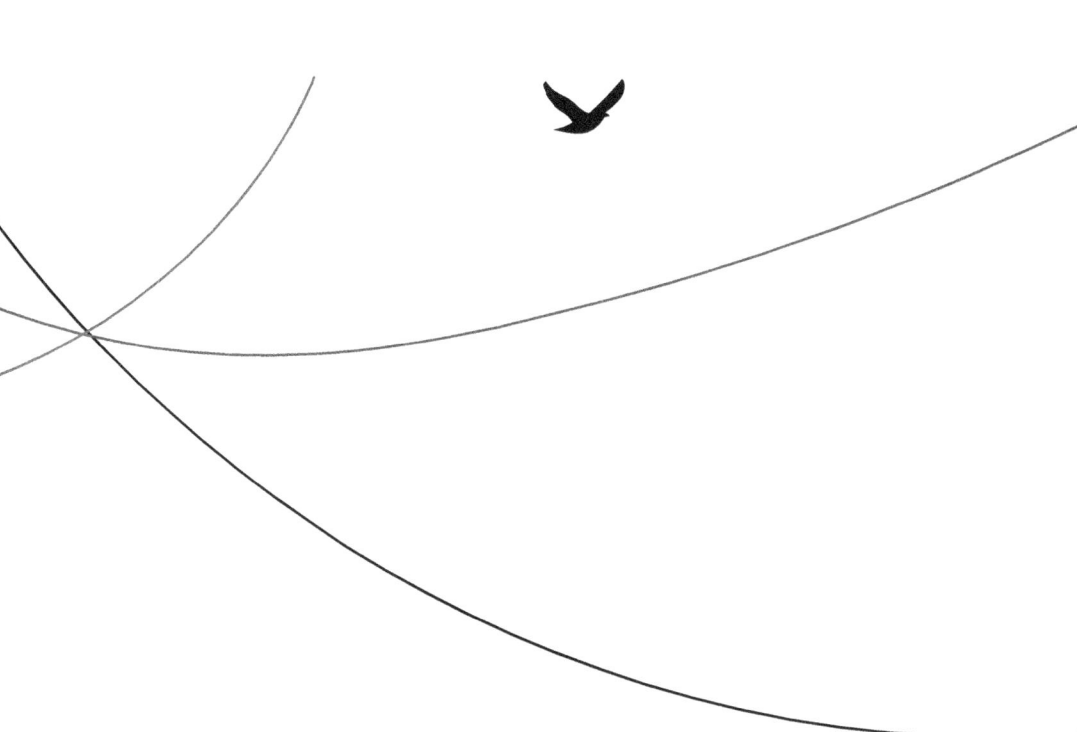

# 重生之一

## 救命产品

我想尽办法去开发新产品,但是 Create-Your-Shelf 和 Titan Cut 两款产品已浪费了我很多时间和金钱,仍无法打开销路。从这个教训我深深明白,要改变消费者的习惯是非常困难的,除非有很好的广告和媒体的渲染。

2002年年底,公司的财务状况极为严峻。2003年年中,一位在宁波开贸易公司的朋友寄来了一个手摇发电的手电筒,当时这类手电筒在美国电视广告上的卖价是19.99美元,我便买了一批试卖,一下子就卖光了。我改动了产品中的一些装置,申请了外形和结构专利,使产品得到专利申请期的临时保护。我命名这款产品为"Survival Light"。

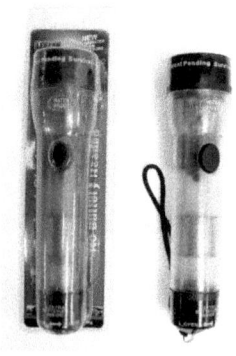

Survival Light

美国最大的电视购物公司QVC和另一家同类公司的手电筒广告每天播放,我们的手电筒搭上了免费宣传的顺风车,供不应求!2004年年初,我把产品带到两个展销会上,吸引了许多大大小小的买家和推销员。以前我要上门去求订单,如今他们主动找我买货。

销售经理克雷格结识了一家做船舶附件的上市公司,他们在沃尔玛连锁超市设有专柜,公司经理非常喜欢我们的产品。他们常规的产品是绳子、指南针、挂钩等,但这类产品卖得比较慢,他把手电筒放在沃尔玛他们的货架上试销,不到两天全部卖光。于是他们干脆把不畅销的货下架,用我们的货取而代之。一次我去沃尔玛店里,货架上还有十多个Survival Light,第二天一早再去看,已经一扫而空。

Survival Light卖得很快。早上我们卖给Handy一万只电筒,下午便给会员分销店一抢而光。为了加快供货,我们决定采用空运,我们公司和客户各承担一半到运费。每天工厂生产打包后,这些手电筒便直接空运来美国。

阿肯色州小石城有位地产开发商,听说我们的货非常畅销,也想凑热闹,要买20万美元的手电筒,和我谈下比较便宜的价格,要求两个月内交货并付了定金。

原本只有20人的国内工厂迅速扩张到四五十人,面积增加了一倍,工厂里原料堆积如山,工人彻夜加班打包,连老板全家也加入赶工。

我们接到全美最大运动器材店Bass Pro Shops近50万美元的大订单,可以分批出货。但工厂根本生产不出来,我只有请他们快马加鞭再快马加鞭。

高速公路上的连锁加油站也要找我买货,我的新订单愈排愈多,一时不知如何是好。因为他们都要现货，只好大家分一分，比如订十箱的先给两箱。虽然我们交货不准时，但市面上产品紧缺，供应商又寥寥无几，每天推销员都打电话来催货，我只有请他们耐心等待。以前都是我去求客户买货，现在是客户求我供货，真令我高兴！

接着我又开发了手摇发电收音机、旋转发电手电筒等求生系列产品。我使尽浑身解数做促销，减价、买10送1、半年后付款等招数都用上，但没有电视广告助力，产品都卖得不好。

手摇电筒给我带来一百多万的利润，公司营业额提高，贷款减少，银行也不再催我还款。这是我在离婚后得到的第一桶金，也是救命的及时雨。

2005年，手电筒销量开始下降时，新奥尔良经历了美国历史上损失最大的一场风灾——卡特里娜飓风。人们见证了平时毫无准备的普通市民在灾难来临时的狼狈，店家都趁此机会提醒大家要备一个救急包，内有净水片、生火器、万用刀、胶贴和手摇电筒等等。手摇电筒的销售量又回升了。

卡特里娜飓风过后一个月，休斯敦又遭遇了飓风丽塔。食品、瓶装水被抢购一空，五金店里所有的手电筒、电池、胶带、木板，也一扫而光。我刚刚从芝加哥进了一个货柜的发电机，全市的商店都没有发电机了，只有我们有。不知是谁在新闻电台宣布我们有发电机存货，台风来临的前一天，我们还没开门，店门口已站了十多人排队买发电机。我们没有因为市场缺货而抬价，半天内就把整个货柜的发电机零售出去了，店里的胶带、工具也售出近半。甚至有客人为了抢最后两台发电机，差点打起来。这天零售店的销售额是平常的20倍，打破了我们过去的纪录。

飓风过后，社会生活恢复正常，但我知道这款产品的末路为期不远。分销商因订不到货而继续追加订单，再加上预期的销售，看似需求量很大，但实际需求不到三分之一。

2005年第四季度，这款产品的电视广告销声匿迹。卡特里娜、丽塔的灾难慢慢被人淡忘，手电筒订单也如风一般消失，最后连Bass Pro Shops的几个订单也因我们迟交货而取消。我还有两个货柜的存货，只好慢慢地卖。

2005年后，公司资金运作逐渐正常，脱离了紧急状态。翌年，我把公司账户转去了另一家利率较好的银行。我要继续寻找好卖的货，继续创造奇迹。

2004年年初，我们购买的一批烧烤炉装了一个40英尺高柜，从广东深圳经洛杉矶运到休斯敦。货柜拖到仓库卸货，公司负责进口业务的顾小姐和仓库工人报告说货柜中有偷渡客，偷了一半的货，还把货柜地板弄破了。我做进出口将近20年，从来没有听说过、遇到过这种事情，连忙跟工人下楼去查看货柜。

本应装满烧烤炉的货柜，后部空出约5米深的藏身空间，散乱丢弃着储水桶、干粮、12V大电池、照明灯、小型12V风扇、睡袋、衣物、生活废料桶等。柜底的木地板割出直径近1米的大洞。最让人吃惊的是，空间里竟然有10把类似Survival Light的手摇电筒，这些电筒还能使用。因此我们猜测，有10个偷渡客藏在这里，经过约11天的旅程，到达洛杉矶长堤，货柜从船上吊下后，他们从洞口溜出来，消失在码头货柜场中。

我们立即报警，警察和美国移民局都说没有遇过这种情况，以后他们也没再找我们，这事不了了之。据说市价每个偷渡客要付给蛇头3万美元的费用，10个人就是30万美元，难怪"重赏之下，必有勇夫"。

我们考虑过把货柜偷渡客用手摇电筒的故事，当作我们最新的广告，但是怕给中国人带来负面影响而作罢。我们的货柜从来不买保险，现在丢失了40%的货，还要赔偿船运公司货柜破损费等，只有自己承担。这在公司刚刚复苏的时候，是一笔大数目。

美国本地的工资水平比较高。辛苦、低薪的工作没人愿意做，基本都归了没有合法身份的外国人。在美国中餐馆非法打工的大部分是福建人，他们一周工作六天，每天工作10小时，2022年的时候，每个月能拿到两千美元已算不错了。

奥巴马政府给了中国民众10年期旅行签证，很多人坐飞机来美国赚美元。西裔或其他族群的非法劳工从事体力劳动的居多，中国人不同，除了从事餐馆工作外，还有技术人员、熟练工人、保姆管家、按摩行业、卡拉OK小姐，甚至驾驶优步，等等。一位朋友坐优步，开车的竟是一位拿10年旅行签证来美不久的女司机，用别人的执照开优步。她说再干几个月就回国了。也有很多人来美后通过做小生意、结婚、受聘，或者与人合伙开餐馆等方式拿到合法身份，在美国生活下去。

如今随着美国签证更难获得、疫情的关系和国内工资上涨、生活水平提高，来美国的非法移民比几年前少了许多，用货柜偷渡来美这种高危方式已经绝迹了。

**我的人生心得：不气馁，努力向前，机会就会在前面，终有柳暗花明又一村的一天。**

# 重生之二

## 乡土产品

即便在手摇电筒无限风光时,我也并未停止寻找其他的生财之道。我知道,只要求生系列产品的风头一过,公司业务就会被打回原形。

我们2004年开始和Handy接触,2005年一起去中国做了不少生意。合作渐入佳境时,Handy的总裁詹姆斯看生意开展得不错,就请他的前老板A做了总代理,把过去经我们进口的部分产品转交给A来做。以往我们的货物迟交或者出了问题,要就给Handy相应的赔偿,现在A的货迟交却不用罚款,货物出了问题,总裁会下令一笔勾销。A也知道我们卖货给Handy的底价,他只要便宜两分钱,便可拿到Handy的订单。这太不公平,但形势比人强,我只能逆来顺受!

寻思再三,我认为做大路货的工具和没有难度的进出口业务,早晚会被别人取代,只有努力发展具有自己特色的产品,才可以持久赚钱。

Handy的采购经理对总裁的做法非常生气,但他也没有办法。他告诉我带有德州标志图案的相关产品卖得不错,但在墨西哥和德州生产的产品,成本很高,比较难卖。他先给了我23英寸德州铁环孤星装饰的订单,继而给我壁炉保护罩的订单。产品如果在中国开模具生产,需要时间,但销量不俗。我从未接触过这类产品,便花时间去研究德州的历史,到市面上考察有德州特色的纪念品和用品。

德克萨斯州是美国本土面积最大的州,又是农牧业和能源生产之都。2005年德州人口有2300万,到2015年,人口已达2800万。德州如果是一个国家,生产总值将排名世界第十,在加拿大和俄罗斯之前。一百八十多年前德州曾是独立国家,后来加入美国,成为一个州,是唯一能公投脱离美国成为国家的州。德州也曾是墨西哥的一个州,居民以西裔和欧洲移民为主,彼此经过二百多年来的相处和通婚。大部分居民都是畜牧、农业地主,后来在德州发现了大量石油、天然气等资源。德州少有财政赤字,是美国少数没有州所得税的州之一。德州人民比较富裕,自给自足,发展出独有的德州文化。

德州地广人稀,德州人什么都喜欢大的,到处都是大皮卡、大房车、大房子、大院子、大胖子。他们要的家具也是大的,和美国其他地方不同。德州居民以德州公民身份为荣,喜欢把自己的房子装饰一番,院子里常摆设有德州特色的家具和装饰品,假期时爱请朋友和家人在后院喝酒、烤肉。此为德州的生活写照。

铁环五星装饰

德州又称"孤星州"，五角星图案在日常用品、家具、装饰上随处可见。Handy初次给我们的订单，就以挂在墙上的铁环五角星装饰为主。这类产品多为墨西哥生产，品质比较差，很容易生锈。借助这款产品，我们打响了德州特色产品业务的第一炮。

后来Handy请我开发一款复古冰桶。这款冰桶外面是木板，内里是镀锌铁板，有4条木腿把冰桶架高。我改进了冰桶原来的设计，把图纸交给中国的铁工厂加工，价格比Handy原来销售的便宜不少，很快拿到订单批量生产。这要感谢上海俞德根厂长的大力支持。

获得美国专利的复古冰桶

产品虽然销量有限，但有利润。冰桶的开发成功，使我对本地特色产品有了了解和信心。不过，要找到一款既有特色销量又大的乡土产品，却非易事。

2006年年初，在中国一个展销会上，我看到一款炭烧摇椅，外形很土，古色古香，很接近美国乡村风格。一见钟情，我和销售员及工厂H老板谈了几个小时，才知道原木外表用火烧，再用铁刷刷去黑炭，露出灰黑色的天然木纹，不用上漆。他们现有的设计多为欧式，不适合美国市场。回到美国后，我把我的意见告诉H老板，请他们做改进后的样品。

这家工厂原来只面向欧洲和日本市场生产，家具的尺寸比较细小。而吃烤肉、喝啤酒、大个子的美国乡巴佬要的是粗壮、大尺寸，且有地方特色的个性化家具。我要求工厂把产品尺寸改大，颜色变深，背板变大并雕刻上镂空的五角星，使之更富德州特色。

后来我还去造访了位于安徽的工厂，改进了一些生产程序。我命名这款原木产品为"Char-Log"即"炭烧原木"。样品设计改了又改，我试订了两个货柜，后来又追加一个货柜。此后两年里，我仍花了不少的心血去改进产品。

专利产品炭烧大板摇椅,我为之注册了US7806155B1、USD597325S1、USD 566411S1等多项专利

我完全没有这类产品的客户，仅凭信念订了三个货柜的货。货到休斯敦仓库，雇员们纷纷问我这是什么。我告诉他们这些炭烧摇椅将

成为公司的主打产品、主要收入来源,他们都用怀疑的目光看着我,认为我在做白日梦。这批货进来后并没有客人来买,只是堆在货仓中,但我并不担心。

> **我的人生心得**:只有方向对,有坚强的信念和自信心,努力付诸实践,才会有收获。

# 重生之三

## 开发成功

我订的这三个货柜有摇椅、椅子、小矮桌、吧椅和吧桌五款家具。顾客暂时还没有，货先存放仓库，等待时机。8月，Handy在休斯敦开展览会。因家具体积较大，我多租了两个摊位展出产品。工具生意在下滑，手摇电筒的成功经历之后，公司上下都在拭目以待，看我这些户外家具能否把公司带进一个新的纪元。

每年下半年是销售圣诞货物和礼品的旺季，室外家具并不当季。但Handy各家会员店看到我的家具每件批发价仅数十元，而且拆件包装，运输便利，炭烧的颜色又很乡土很独特，他们在惊叹之余都兴趣浓厚。以往这类产品都是民间手工制作，卖得很贵，一张原木摇椅零售要两三百美元，且本地的做工比较差。我们的摊位来了一批又一批的客人。客户的店都比较小，因此大都先试订少量产品，看看顾客的反应，到春天再酌情进货。会后我把接到的数十个订单加起来，共卖了四个多货柜的家具，我立刻又向安徽工厂订了三个货柜的产品。

展览会上客户用钱投了票，证明这款乡土产品是有市场的。这也告诉了员工，工具之外，公司发展出了另一个系列的新产品，不必担心。展会上，客户告诉我们还有哪几款家具好卖，我和工厂商量后，又相继开发了双人椅、双人摇椅和餐桌等产品。

Char-Log开发成功了。以前的经验告诉我,有销量的产品,如果没有美国的专利保护,很快会有人抄袭,最后往往是白忙一场。以往我进口千余种工具产品,越新越好卖,看好了就订货,之前根本不查专利,以致多次无意中侵犯了他人的版权或专利。仔细一算,近20年来公司共付了二十多万美元的专利官司律师费和罚款,其实原本都是可以避免的。

在竞争激烈的市场中,能找到一系列好销的产品殊为不易。因此,每开发一款新产品,我都设法申请外观或实用新型专利保护。每个专利需要一两千美元的申请费用,获得批准还要等一年多的时间。

2006年初,一位外州销售员告诉我,他可以把我们的家具卖给拥有七百多家分店的乡镇零售商TSC。但他屡次欲见TSC的采购经理都约不到时间,而他的太太即将临盆。他告诉我每年6月份TSC有两天的开放采购日,翌日我便打电话给TSC,约好采购日第二天的下午2点见采购经理。如果我电话打得再晚一点,经理时间就已排满,要等到第二年开放采购日再约了。

6月,TSC的采购经理雷伊看到我们的冰桶、摇椅等乡土特色产品,建议在椅背加上马匹图案。他说这是采购日这两天里他看到的最有价值的产品,他要把样品留下。随后的一个月我又给他空运了两件样品,和他继续沟通。9月,我接到他二十多个货柜的订单。

我们的供货工厂位于中国安徽省南部,黄山附近的一处林木生产重要基地。H厂长为人友善、好客,工厂客户以日本和西班牙客人为主,包括工艺品在内,一年生产三十多个货柜。工厂从未生产过面向美国市场的产品。H厂长看我们不断地下订单,又发展了不少新产品,很配合地扩大产能,烘房加大了一倍,人手和机器也增加了。原来每月只有三个货柜的产量,迅速扩大到六个40英尺货柜。

多接二十多个货柜的订单本来是个大喜讯,但在五个多月内要交出四十多个货柜,中间还有个农历新年,工厂要放将近一个月的假,这可真是件难事。我们没有理由推掉TSC的订单,只能让工厂先生产TSC的订单,再生产我们自己经营的产品。

意外不断发生。那年天降大雪,绵绵不绝,工人要不停地上木结构厂房的屋顶铲雪。但这场雪实在太大,木梁承受不住,部分生产厂房的房顶压垮了。工厂只好把机器设备搬去其余厂房,等雪停后赶快修好房顶。

连绵不断的冬雨雪,造成山路封闭,木材和其他材料供应受阻。往往因为欠缺某一种材料,就导致无法出货。没有太阳,空气又冷又湿,木材无法在室外自然干燥。原木在烘房干燥需要3到7天,若提高烘房温度以求木材快干,又会导致木头开裂,次品增加。这些问题都在拖按时交货的后腿。

工厂想尽办法赶工,但很多工序都要有经验的木工完成,招聘没有经验的工人临阵上场还需要时间训练。工人是按件计酬,为了赶交货,工厂让有经验的工人住在厂房,每天工作十多个小时、一个星期工作七天是很平常的事。一对木工夫妇能月入一万多人民币,当时是双倍于普通工人的收入了。

冬雪后,又到农历新年。大部分工厂员工都是本地人,不用回老家过年。外地工人在农历新年前20天便吵着要回家。农历新年是中国最重要的节日,年轻人离乡背井赴外地打工,每年只在这个时候才回家团聚十多天,老家的长辈、妻小也都渴望见到每月接济家中的亲人。打工人有男有女,挤满了火车、长途公交车。为了省钱,很少有人愿意坐飞机。

工厂老板为了防止员工流动,在平时往往扣住员工的部分工资或奖金,额度为三个月至半年不等,到农历年前再全额发还,某种意义上相当于老板替员工储蓄。但也有部分黑心老板,在年底前卷款逃跑。

回家一趟不容易,外地工人直到农历正月初十后才陆陆续续从家乡出发,元宵节前后才能回到工厂,恢复正常生产。换言之,工厂在正月底才能正常出货,但我们春天旺季的货就必然交晚了。

交货晚的另一个原因是船期。过年前后,就算多付运费,也不一定能订到船运舱位。过年前10天,很多外地来的司机要回乡过节,从内陆到港口的拖车费涨价,价格每一次都要现谈。到大年三十晚上,哪怕付双倍的价钱也找不到卡车。如果过年前赶不上船期,那么货柜往往要到正月十五后才能上船。

这一年我们经历了大风雪的洗礼和各种问题,迟了半个月交货。TSC扣了我们晚交货的罚款。但我们把产品卖给分销全美的大公司,打开了一个新的纪元。

**我的人生心得:披荆斩棘,路虽是人闯出来的,也得有幸运之神的眷顾。**

# 重生之四

## 见利忘义

　　国内生产炭烧家具的工厂有十多家，但大型工厂只有几家。最先把这种产品推销给我的是H工厂。我后来把产品外观设计、生产工序、包装盒尺寸都改了。我不想让其他工厂知道我们的具体做法，免得到头来遍地都是仿品，所以把所有订单都下给H工厂。我认为做进口生意必须拥有稳定的供应商，产品质量才有保证，而厂方也不用担心订单问题，长年都可开工。工厂和进口商要组成一个双赢的联盟。

　　H工厂直接外销的客户不多，但厂长雄心勃勃。几年前他花费近200万美元买了一家竹地板工厂，苦于找不到大客户，产能过剩。后来他好不容易找到一位在新奥尔良开店的旅美中国人N君。这位新客户下了一次订单后，H厂长为了扩大销售，答应给他放一个货柜的账。第一个货柜的货款按期还上后，对方开始要求大量发货，H厂长也答应了，陆续发去三十多万美元的货，哪知对方称地板质量有问题，拒绝支付货款。这件事拖了将近一年，H厂长见我们做事诚信可靠，且休斯敦离新奥尔良不远，于是他趁来休斯敦拜访我们的机会，请我大儿子陪他一道去找N君理论。他要看那些货到底哪里品质不好，催对方还款。

　　事前没有通知N君，我儿子和H厂长开了四个多小时的车，直接到了N君的店。N君出来接待，大家也算和气，有说有笑。N君说质量不好的货已低价卖掉，没有存货可以看，又说自己银行账上也没钱，H厂长就赖着不走。如此过了一个晚上，N君给了他10万美元，也答应一年内归还其余欠款，H厂长这才离去。也不知后来N君还钱没有。在八九十年代，中国国营工厂和国有进出口公司对外放账的生意比比皆是。2000年后制造业进入民营企业时代，资讯发达，工厂利润不高，因此都要求客户在交货时就付款，像H厂长这样对新的小客户放账，实在是绝无仅有。

我们下给H工厂的订单愈来愈大，H厂长就在安徽黄山祁门的杉木出产地新开了一家木材加工厂，以确保原料的供应，又在家具厂增加了一个烘房以加快木材干燥，保证出货时间。总之，大家齐心协力把生意做好！

2008年3月，H厂长见我生意很好，订单源源不绝，提出要涨价10%。我调查发现当时木材、木工等成本总共不过涨价2%左右。可是我只有这一家工厂供货，无奈接受了他的提价要求，经过协商，各款产品均涨价6%至8%不等。

我公司杭州办事处的负责人郭先生，见炭烧家具生意不俗，想离开公司去和朋友合开一家炭化工厂。我听了他的想法，十分支持，答应给他一些订单试试；4月份在广交会上他也接到数个订单，这家小工厂就这样在浙江安吉开起来了。H厂长并不把郭先生的小工厂放在眼里，尤其是我向他保证我们的大订单全由H工厂生产。

6月到了，我打了八款炭烧户外家具的样品向TSC推销，但他们一直没有回音。原来是之前的采购经理雷伊不干了，换了新经理鲍勃。8月底，我和销售经理约了时间去见鲍勃。他说今年他们向合作伙伴——全球最大的贸易商利丰公司采购所有炭烧家具。他把向利丰采购的产品图片给我看，我立刻发觉他们的家具抄袭了我打的八款样品。鲍勃说，今年TSC的订单已下给了利丰，如我们明年报价便宜，还可以考虑给我们下订单。

幸好2006年我们申请了相关产品的专利，在2007年年中陆续获得批准。利丰经手的产品侵犯了我们的四个专利。9月初，同律师磋商后，我们发律师函告诉TSC他们已侵犯我们的专利，警告TSC不能在美国销售相关产品。9月中，我接到H厂长电话，说他们已和B工厂合作，生产该年TSC约70个货柜的家具订单。B工厂是一直与利丰合作，生产TSC订单的。他说侵犯产品专利一事，他可以做中间人，让利丰公司付给我公司5000美元作为专利费。他还让我把TSC之外的订单也交给他生产，他保证准时交货。

他的理由是TSC和利丰都是大公司，我们这种小公司在美国和他们竞争，长远来说大公司绝对是赢家。他劝我放弃做TSC的生意，大公司和大工厂联手才是顺理成章的。B工厂在炭烧家具行业中是老牌，也是最大的工厂之一，如果H工厂和B工厂合作，产量应该是中国最大的，四个月内生产一百多个货柜的货不成问题。

我只和H工厂合作，没有和别的工厂打过交道，一时束手无策。郭先生的工厂刚刚起步，只有十多个工人，生产我们春季所需的30个货柜，都还不知能否按时交货。H厂长估计我们就算接到TSC的订单也不能完成生产，因此他非常坚持要我只收一点专利费，把TSC的订单让给利丰，否则他的工厂是不会替我们生产订单的。

我人在中国，于是请我的销售经理去和TSC协商，把专利的文件、号码等资料发给他们看。过了两个星期，TSC终于决定把所有订单都给我们。我虽然接到了订单，却同时面临一个非常棘手的问题：TSC的70个货柜，加上我自己公司所需，一共一百多个货柜的产品,短短四个月内要完成生产,中间还有一个春节假期,可以说是不可能完成的任务。订单我已接下,若无法按时交货,不仅将被课以罚款,而且TSC也从此不会再向我订货了。

我和郭先生工厂的王厂长商议,最后决定由郭先生工厂招兵买马,生产三种主要产品,约占订单总量的50%。我请H工厂生产订单的35%,余下约15%的订单,则购买B工厂已生产的半成品和成品。但H厂长因为利丰的订单告吹而恼怒,拒绝我下的订单,同时声称他持有订单中产品的中国专利,要查封我们的出口货物,双方顿时闹得很紧张。H厂长认为我们必定交不了货,那么明年TSC的订单就会全落在他和B工厂手里,而他也拒绝生产我们给其他客户的货,到时候我们生意全无,就要反过来求他。

王厂长硬着头皮去找了一家安徽生产棺木的工厂,和另一家浙江安吉做户外木栏的工厂,寻求合作。这两家工厂正愁冬天和春天开工不足,欣然接受了订单。王厂长派了技术工人前去指导,我仍担心不已,生怕出错,暗自估计能准时交货的可能性不大。虽然我忧心忡忡,但没有表现出来,以免伤了士气。

三家工厂都是第一次做这种产品,工人熟练度不够,加上出货量大又集中,一时难免手忙脚乱。好在天公作美,持续晴朗,木材供应及时,也能自然干燥。而B工厂此前已生产出一部分供TSC的产品,由于利丰已失去今年TSC的订单,不可能再向B工厂采购,这些货就成了库存。为避免积压,B工厂也同意由我们收购转而卖给TSC。这可真是雪中送炭,否则我们很可能交不出货。

好不容易组织生产,开始顺利出货了,H厂长用他的中国专利向上海海关申请查封我们的六个已在港口的货柜,我们措手不及,向TSC交货的计划受阻。货柜滞留在港口,每天产生上千美元的滞箱费，我们还要因迟交货而遭受TSC的罚款，资金周转、货物仓库费用等都是麻烦。而打官司，在中国是可以拖很久的。

幸好我们有所准备。我事前找了一家四川省的进出口公司作为出口商。依照中国的法规，H工厂要到四川成都去和我们打这笔官司。在中国打这类商业官司，很多的法律解释都是模棱两可，人际关系极为重要；各省各地都保护本地企业，若在四川打官司则H工厂胜算不大。我们也做了两手准备，一是聘请律师和H工厂打官司周旋到底，一是立刻加急再生产六个货柜的货，即便港口的货柜被扣下超过一个月，我们仍可以发货，只是交货期晚了一些。

中国法律又规定，原告方要在30日内把与货物价值相应的保证金存入法庭指定账户内，否则海关将放行扣押的货物。对H工厂而言，这是个异地官司，可能拖得很久，H厂长在四川人脉不熟，打赢官司的机会不大。最重要的是，H工厂的资金不宽裕，很多坏账收不回来，付不出这笔保证金。这样过了30天，扣在港口的货物便放出来了。虽然我们向TSC付了迟交部分货物的罚款，但货总体上是交齐了。

几个月的时间里，H工厂和我公司的业务由高峰跌到零，而郭先生的工厂却由零发展成为一百多名员工的大工厂，实在太戏剧化了。

> **我的人生心得**：诚信是做人做事之道。算计虽是打败对手的方法，但以算计取代诚信，注定失败。

## 重生之五

### 街上都是钱

中国的房地产和中国经济皆都处在上升阶段。虽然2008年时,世界金融危机越来越严重,但我对开放中的中国充满信心。

2008年的一天,我走在杭州公司附近的路上,给一家地产经纪小店的陈经理拦住。以前她见我每天经过,我们聊过几句,她知道我是长住国外,做贸易的。小陈说有个好机会,半年多可以让我赚一百多万。好奇心驱使,我便跟她去看看到底她葫芦里卖的什么药!

我们进入清河坊,由中山路转入一条只有两米宽的小胡同,两边都是上世纪近百年的旧房子。在胡同的转角处,有一家家庭式的面馆,约60平方米,放有5张木桌子和长条板凳。老板是位30岁左右的大汉,挺着大肚子,没穿上衣,颈上搭条毛巾,口齿不清。陈经理介绍,这位戚老板的房子是民国初年所建,两层楼高,砖木结构,木梁瓦顶,楼上有两个房间和一个小厅,楼下为面馆,后面有一个旱厕。据说他家住在这里已有数代。

戚老板的父母相继去世,而他有轻微智障,说话口齿不清,很难找到工作,只能继承经营父母的面馆维生。他一见陈经理就大声说:"不要介绍客户了,少于150万的客户,不卖,不会卖!"我们说就是150万向他买房,他才安静下来,带我看房子。原来前一阵子，许多人来看房子，没有出价多于130万的。

我上楼看到他简单的卧室，放了一张1米半的木板床，墙上挂有他父母的遗像。另一个房间以500元月租租给外地打工人。二楼没有厕所及浴室，如厕只能去楼下面馆旁的旱厕。据他说他以前有个外地来的女朋友，后来跑了，临走还偷了他一笔钱。他的姨母在附近住，常来照顾他，最近姨母要搬去富阳。姨母曾答应小戚父母照顾小戚，不能留下他一个受人欺负，于是就在富阳新家附近看好一套约100万元的单位，要小戚卖了旧房子，搬去富阳，方便她照顾。

就在这时，杭州市政府进行房改，王国平书记要扶贫，整治清河坊和上城老区，很多旧房子要拆除重建，费用均由政府负担。这是个好消息，但在重建的这半年多里，小戚的面馆不能营业，他也没地方住了。他要尽快出让祖屋，才有钱去富阳买下姨母新家附近的小单位。

以前他这处房子市值不到人民币100万，现在政府要翻新重盖，因此他要价150万。附近的人都瞧不起他，认为他有智障，想占他便宜，只出价几十万元。房屋中介带人来看房，最高也只给到120万多，但他买新房子大约要100万，还要装修，加上日后的生活所需，姨母要他坚持要价150万，不能减价。

我向很多人打听，确认拆迁重建的方案是真的。我觉得这处房子重建后可以划分为两个三层的单位出售，每个单位都能卖一百多万。我接受了他的开价，150万成交，小戚高兴极了。

我手头没有现金，但我信用好，向一家上海工厂的好朋友俞厂长借了130万，8%的年利率，答应一年内归还。大家是老朋友，我连借据也没有写，全凭信任，握手为定。至今我每次经过上海时都去探望俞厂长。

付了150万，房子就过户给我，小戚仍暂时住在这房子，我也不收他房租。上城区房改会组织了数次街坊会议讨论拆迁重建事宜，我参加过一次。数十人聚集在一个大厅，他们都是说杭州话的老乡，只有我一个呆头呆脑的"外星人"，听他们发表高见，我既听不懂，也没有意见。会后，房改会主任对我说，真是我家祖坟发亮，把鸿福高照在头上，杭州市扶贫，扶到我这个"异物"手里。我说，店主要150万出让房子已经有一阵子了，但没人接手，现在他用这笔钱买了新住宅，这是公平的。

一个月后，拆迁令到，三个月后房子拆平，五个月后开始盖新房子。我把新建的房子分成两套三层住宅：底层是厨房、饭厅和卫生间，二楼有两间卧室，三楼为阁楼小房间。我知道一个卫浴间是不够的，在二楼又加了半个卫生间。三层古色古香的楼房，一套住宅是65平方米，另一套为90平方米。

在杭州这个繁荣的中国二线城市，城中心带地皮的房子是很少的，可以说是绝无仅有。我很快以135万元和180万元把两套住宅卖出，赚了一笔钱。这不是什么大数目，在中国的发展期，到处都是机会，到处都是黄金，看您如何把钱拿到手上而已。

我认识一位在广州任公职的朋友，2005年拿自己单位分到的房子做抵押，贷款买了两套房子。如今那两套房子升值六七倍，如果算上他的居所，赚了有1000万人民币。这是中国大城市普遍的现象。

没有钱的也可以向地下钱庄借钱去炒房，月息一分五（1.5%），发财的大有人在。但也有不幸的。在安徽宁国有家小型工厂和我们有生意往来，工厂有十多名员工，老板以前是一家木业工厂的经理。他看见别的家具工厂生意不错,也想自己创业。没有本钱,他向高利贷借了两三百万,租用一所废弃的小学,把教室改成烘房,买了些简单的木工机械,便投产了。后来工厂生意欠佳,五年后欠款还不上,利上滚利,越欠越多,债主屡屡逼债。走投无路,他在2014年8月从宁国市财经综合楼9楼跳楼身亡。

杭州一家生意不错的卫浴工厂厂长,曾被评选为浙江省的年度青年企业家,还曾随国家主席到国外访问,有一定上层关系。2008年国家投资4万亿刺激经济,他得到银行数亿人民币贷款,于是扩张事业版图,买了数百亩土地盖工厂,又投资养猪企业,还买下一家经营不善的台湾公司,准备在台湾上市。这些公司和产业都没有多少进账,所获利润都不够支付贷款利息。贷款每年要经过审核再放款,他每年都亏,每年都给银行"讲故事"。几年后,银行要他变卖产业还款,他把所有国内的资产都变卖了还不够还款,又牵连了一批保人,结果要离开中国,到别国定居,很可惜。如果他当初没有拿到超大额的贷款,可能今天他仍是出色的企业家、成功的工厂老板,在杭州拥有价值过亿的土地。

中国40年成功的改革开放,一批又一批的外资涌入,使中国成为世界制造业的龙头。虽然有不幸失败者,但在开放早期开工厂的老板、圈地的地产大佬、投身新科技的企业家、购买物业的市民,大都赚了。

> **我的人生心得**:在中国房地产腾飞时,虽然我没有赚到大钱,亦有小惠。我仍坚信守好本分,有空又有闲钱,亦可少量投资,做长线打算。

# 重生之六

## 专利和法律

2008年,世界性金融风暴导致全球贸易萎缩,美国房地产巨跌,许多银行和大企业倒闭,大量人口失业,休斯敦也不例外。幸好德州有新开发的油页岩天然气和石油开采技术,经济还算坚挺,但仍下滑了不少。

我的公司因拥有美国专利,生意尚可,每年均有增长。公司着眼品质,对客户投诉的产品加以改进,包括产品的出厂包装、装柜量和说明书都大有改善。同时我们又衍生了多种款式、规格和外型的新产品。幸得大儿子伟德帮助,这些新产品每年都要去三十几个展销会,展示给买家。

*Leigh Country专利摇椅产品系列*

每年春天，美国连锁店的买手大都到中国采购来年的室外家具，他们尤其喜欢上海。上海是中国最大的商业中心，每年我们都到上海租场地给几个重要的买家展示产品。出口大公司如利丰，则派员到各大公司内，和他们的采购部门一同设计产品，再找工厂生产。比起他们的财大气粗，我们这样的小公司的确处于劣势，幸好尚有美国专利，再加上供货工厂配合，产品每年都能被大公司选中，进入连锁店销售。我们每年都要推出五到十款新产品，以便买家选择，否则他们明年就不会再花时间来看货了。

网络的飞速发展，使得美国网上销售和工厂信息都非常透明。很多公司看我们产品卖得不错，就抄袭生产，不去了解专利的情形。每年都能抓到抄袭我们产品的零售商或进口商，幸好美国保护知识产权的制度比较健全。

2010年，我和儿子在Garden Ridge连锁店内购物，见他们有两款木头做的冰桶，外形和组装方法都和我们的产品一致。我们请了律师去调查及沟通，对方承认侵犯了我们的专利，付了一笔合理的专利费。2022年，我们在Lowe's网站上及店内发现有两款摇椅抄袭我们的专利产品，结果对方也答应赔付专利费，而他们的网站实际上推广了我们的产品，我们因此也赚了一笔。

大部分侵犯专利的事件，都是我们在外州的推销员发现的。他们看见别家店卖我们的产品，拍照发给我们，我们再走法律程序去维权。五六年前，田纳西州一家小镇店铺出售很便宜的户外家具，外形、配件和说明书都和我们的产品大同小异，但木材质量、包装比我们的差。再细查，发现他们六家连锁店都在售卖这些产品，我们感觉应该是自家供应商干的好事。

我请人去合作的工厂了解，原来他们接了这家公司的订单，和我们的订单一同生产，我们看不出他是供应给不同客户的。真想不到会有这种"窝里反"！除了警告厂家并减少他们的订单，我们又起诉了这家美国零售商。零售商对我不理不睬，官司拖了两年，直到法官要宣判前对方才和我们达成和解，支付了两万多元的专利费，答应以后不再侵犯专利，此事方才作罢。

与郭先生工厂合作的初期，双方都为彼此的利益全力以赴，实现了双赢。我们订单不多的时候，工厂的产能是够用的，但我们的销售量每年以两位数速度攀升，慢慢地，旺季时工厂交货愈来愈慢，到后来要等上五六个月才能交货。客户因为我们交不出货而取消订单，每年我们因此损失一百多万美元的生意。每次与工厂交涉，厂长都满口答应要扩大生产，但迟迟未能落实。

郭先生后来还另开了一家工厂做木塑加工，生意刚起步，急需资金。为了拉到长期订单，他们对木塑产品的客户放账，对我却提出订单量太大，要我们预付定金以便备货，可是每每把我们的预付款偷偷挪为他用。这造成木制家具的产能不足，每次到了客人要求交货的时间，都要急急忙忙地赶工，生产周期缩短，好几次木头未干透就开做家具，造成成品发霉。还有部分加工程序如手工打磨，也为省时而减免了，木材挑选做不到位，包装印刷和纸箱的质量也时好时坏。产品质量愈来愈差，我们收到许多客户的投诉。

几次无法如期交货后，我们又找了一家工厂加工。因为彼此是合作关系，我们也通知了郭先生工厂，希望他们有所改进。但工厂认为如果不强硬一点，我们便会远走高飞，他们便威胁要提价，否则就直接卖货给我们的客户。

我正一筹莫展，以前和利丰合作的B工厂主动找上门来。原来利丰已抛弃了这家工厂，找了另一家工厂合作。所谓"敌人的敌人就是朋友"，B工厂老板为了生意，找我们合作，我正好借此机会摆脱困境，双方一拍即合。正值旺季，郭先生工厂手上订单很多，并没有注意到我把部分订单转给了B工厂。

郭先生的工厂直到淡季订单不多时才发现情况不对，因此私自将货卖给田纳西州的小客户，但被我们的销售员发现而中止。此后，两家工厂为我们生产家具，有了竞争，交货期、质量和包装等都得到改进。

美国是由全世界移民组成的国家，是讲民主、公平和守法律的国度，两党轮替，三权分立，人民可投票选出他们心中的政府。美国不用高压统治手段治理来自不同国家、种族、阶层和宗教信仰的国民。

在这个法治社会中，知识产权保护也比许多其他国家更周全。这是美国迄今在科技、软件等等领域领先全球的主因。美国多年来始终拥有着世界最多的顶尖科学家、实验室和高科技成果，是历届诺贝尔奖获奖人数最多的国家。

二弟和我在1992年拿到第一个专利，八年后的千禧年，我个人拿到Do-It-Yourshelf的专利。2006年，我申请到冰桶产品的相关专利，后又追加了炭烧摇椅、秋千、风车、铁椅等产品的专利；如今我还有注塑成型椅子、家具相关的5项专利正在申请过程中。

我最初通过一家律师行申请并获准3项结构专利，加上2006年到现今申请获准的86项外观设计专利和3项结构专利，共有92个专利，其中我个人名下的专利超过60个。多年来，我们付出的律师费和专利申请费等共有四十多万美元。但是我们专利产品的营业额远超过1亿美元，查获他人侵犯我们专利的罚款也有近20万美元，实在太合算了。

**EGBERT,**
**MCDANIEL &**
**SWARTZ**
Intellectual Property Attorneys

1001 Texas Avenue, Suite 1250
Houston, Texas 77002
713.224.8080
mail@emaip.com

August 24, 2023

Mr. Lawrence K. Lee
United General Supply Co., Inc.
9320 Harwin Dr.
Houston, Texas 77036

*Via Electronic Mail*

Dear Mr. Lee:

We are pleased to inform you that you currently own eighty-nine (89) granted patents. Regarding the eighty-nine patents owned, eighty-six (86) are design patents, and three (3) are utility patents.

We will continue to update you regarding the status of your current patents and patent applications.

If you have any questions or concerns, please feel free to contact our office at any time.

Sincerely,

Kevin W. McDaniel

## 2006年至今我持有的专利

当年离婚后，我濒临破产，幸好我朋友介绍销售手摇电筒（Survival Light）。我将电筒设计稍作改变后申请了外观和结构的专利，虽然未获批准，但我赚到了钱，又积累了相关经验。后来拥有的近百个专利，是我们东山再起的大功臣。

母亲在旧金山的邻居，一位60多岁的太太，刚刚从电力公司退休。她每次去超市买菜，发觉要拿着多个塑料袋或环保袋颇不方便，到家也难于整理。她发明了一个直径约16cm的钢环，环上开一个约5cm的缺口以便挂上购物袋，开口旁提手处套有塑胶垫。这个钢环可以把多个购物袋很容易地挂在墙上挂钩、冰箱把手、橱柜拉手等处，十分方便。她想去申请专利，但无从下手，我告诉她我的经验，她也从网上找到免费的法律援助服务，两年多后，她申请到了自己的发明专利。

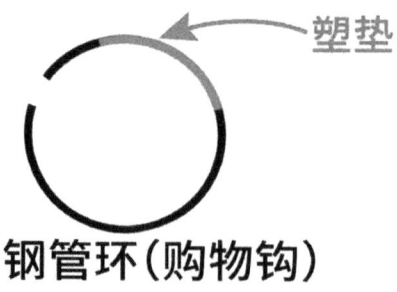

**钢管环(购物钩)**

每个人都能申请及获得专利。优化产品,在美国注册专利,而后打开市场,这是值得尝试的。我这个读商科的都能拿到近百项专利,各位理工科出身的,一定会比我更出色。就算失败了也请不要灰心,请坚信黎明就在前面,勇敢地走下去,成功可冀。

中国的工人愈来愈贵,也愈来愈难找,家具工厂中坚员工的年纪都在50岁以上。原因是"一胎化"政策下,家家都全力培养子女读好书,上大学获得学位,谋一份好职业。大学毕业生愈来愈多,而成绩平平的年轻人学做修车技工或装修工人,收入也很高,他们不愿在工厂当工人。大城市的年轻人更多投身压力小而报酬比较高的服务行业,如餐饮、送货、销售员等。只有上了年纪跟不上时代的,或云南、贵州等不发达地区的工人会老老实实在工厂干活。

90年代,中国工人的工资只有墨西哥、巴西工人的1/3左右,到了2018年,中国工人的薪酬已高于巴西和墨西哥。成品的价格水涨船高,贸易商只能向东南亚国家寻求新的货源。

自2015年起,我们将部分产品转往东南亚国家生产。越南是相思木的产地,印尼产柚木和马来西亚产各式硬木,都比中国的杉木、松木更高档,生产出的产品品质更好,价值更高。越南工人普遍都是二十多岁,2017年他们的薪酬只是中国工人的1/3,人口红利很大,有如90年代的中国。印尼的人力资源也很丰富，薪酬只有中国的1/4左右，虽然生产效率不及中国高，但潜力非常大。

自2015年开始，我们公司设计、越南工厂生产的一款的摇椅及一系列产品，销售一直上升，现在是我们的主力产品。2018年，我们参观了印尼的家具展览会，开始从印尼的中爪哇工厂进货。

针对越南和印尼家具生产的特色，我们设计了不同款式的家具，也申请了二十多项专利。我们周边的环境不断在变化，我们也只有不断地改变自己去适应。这是"物竞天择、优胜劣汰、适者生存"的又一例证。

**我的人生心得：** 在互联网资讯透明的时代，如果没有特殊之处和专利保护很难生存下来。企业要不时修改政策方针，与时共进。

## 重生之七

### 家庭团聚

女友曹小姐为美国签证过期等问题苦恼不已。本来若我们在美国结婚，她就可以拿到美国身份，但我刚离婚不久，对婚姻心有余悸，她也不想过早成婚，这事就一拖再拖。

刚好她外婆去世，五年未曾回国的她，思乡情切，总认为她可以在国内拿到美国新签证后再回美。2004年下半年，她买了机票回国，打算办完外婆丧事，见过父母和亲戚，再去广州办回美签证。孰料她回国后，因种种问题遭到拒签，还进了黑名单，十年内不能办签证回美。

2005年4月11日，曹小姐和我在沈阳登记结婚。我在美国有生意，一年顶多回中国住三个月。她也想过非法地经墨西哥或加拿大进入美国，但我坚决反对。合法移民是唯一的途径！我告诉她，我们共同努力，耐心等待，她一定可以拿到移民签证到美国定居的！

她听从我的意见从沈阳搬到了杭州，租住一套三十多平方米的小公寓。每次我到中国，她要陪我去工厂和贸易公司等地方，我们一天经常要开车几百公里拜访数家工厂。因为我们的订单量不大，工厂其实并不很愿意接，只是看在老朋友份上，才接单发货。我们往往要把好几家工厂的货凑到一起才能装满一个货柜运出。长时间的奔波使我们十分疲惫。幸好巴西的生意还好，公司可以从中赚一些佣金。

我在休斯敦聘请了一位有多年移民经验的华人王律师。律师对我说，可以用我在美国做生意和回国探望太太这两件事的冲突作为理由提出困难申请。公司刚刚扭亏为盈，我需要多花时间在美国管理公司、找客户、赚钱养家，另一方面，又要多找时间和太太生活在一起。我一个星期7天根本不够用，每天都工作得精疲力竭，造成很多问题。律师希望移民局看在这困难情形，批准我太太来美。

三年多很快过去。到2008年，因为屡次提出申请均遭美国移民局驳回，连到广州美国领事馆面试的机会也没有，我太太开始失望、闹情绪，我们的爱情生活也因为我不能经常留在国内而出现裂痕。最后经过商量，她决定离开公司。后来她在上海找到一份外国俱乐部的秘书工作，但仍继续住在杭州。我也另外聘人接手她的业务。长期奔波劳累，我也得了轻微的焦虑症。

2009年，经朋友介绍，我另聘了全美最大的移民律师事务所Fosten Quan Associate。虽然费用昂贵，但Gordon Quan律师在休斯敦曾当过市法官和市议员等职务，对美国移民法了如指掌。他和助手指导我去看了医生，开了抗焦虑的药，又去心理医生处做了心理测试。测试报告说："病人心理上因和太太分隔及要谋生两事，产生焦虑症，导致精神无法集中。"她提出多种数据为证。这招很管用，太太获得了广州美国领事馆的接见。但是移民官以她有前科为由拒绝发给签证。

2010年年初，我太太怀孕了。因为我是美国籍，孩子出生便可以拿到美国国籍。而中国只承认一个国籍，因此我们必须做出选择。我是香港出生的居民，香港回归时，基本法说明香港居民可以同时拥有两国的国籍。权衡利害后，我们决定让孩子在香港出生。

2010年11月底,我们坐了二十多小时的火车从上海抵达香港,在新界汀九找到一处公寓住下。公寓距离太太将要入住的荃湾广安医院步行只需十多分钟,有海景,又有厨房,不远处是海滩,黄昏时还可看到马湾桥的日落,环境不错。11月底的香港,气温在18℃到22℃,十分宜人。

岳母从沈阳飞来香港帮忙。我在香港的好朋友日生、刘光华、潭源哥等也都来为我太太加油打气。

12月6日,太太唱着"小燕子"从公寓走到医院,翌日生下小宝宝伟诚。伟诚和三十多名刚出生的婴儿都在育婴室内,一个哭了,别的婴儿也跟着哭,护士们把啼哭的婴儿抱起来安慰,忙个不停,十分有趣。公司的事情幸得大儿子伟德帮忙,让我有时间在医院24小时陪伴太太和婴儿,每天照顾太太的饮食。20天后,我们便飞回杭州。

有了孩子,移民律师说,我们有了新的证据和理由再度提出困难申请。我又重做心理测试和财务报告,说明不能令母子二人和我这个父亲两地分离。2011年我们提出申请,2012年太太在广州美领馆面试中又遭驳回。我太太这时也麻木了,不知何去何从。我告诉她我要找好的理由继续申请。

2012年初她又怀孕了。这回因为家里有不到两岁的幼儿,不方便再去香港生产,但是香港基本法中说明,如果父母一方为香港居民,孩子在国内出生也可以入香港籍。因第一个孩子未在中国内地出生,我太太能够获得"第一胎"的准生证。这次我们选择在上海虹桥区的和睦家医院生产。

和睦家医院是一家可为外国人看病的私立医院,以妇产科、儿科为主,设备很先进。在此出生的婴儿大部分是外籍。太太的妇科大夫是法国留学回来的,他给了我们很多的建议和帮助。

这家医院很新,病房的设备相当好,我们有一个50平方米的单人大房间,太太能和刚刚出生的婴儿住在一起。病房里还有折叠床,我或岳母都可以在此陪我太太过夜。相比香港医院两位产妇共用一个小病房,中间只有一帘之隔,简直是天渊之别。医院内有亲属休息室,里面的食物可以随我吃喝。我们又在医院附近租了一个小套间公寓,以便岳母和我休息、做饭。

10月底,太太入院第二天,我们的第二个小宝宝伟隆出生了,是剖腹生产的。除了主持手术的留法大夫,还有三位护士帮忙。这是我第一次进手术室、目睹分娩全过程并给新生儿剪脐带。在场的还有另一位亚利桑那大学毕业的白人儿科大夫,他也有一位护士助手。六个人加上我,手术室里忙成一团,这是我以前从未体验过的。我由衷地佩服现代医学技术精湛,更赞赏生命的奥秘。

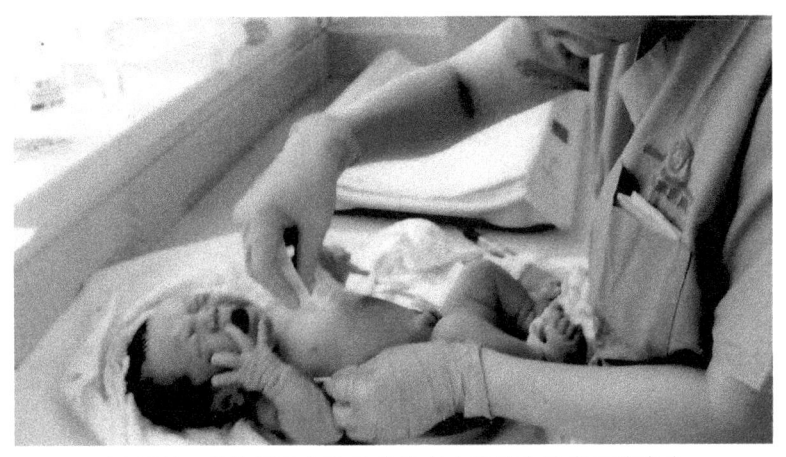

2012年,我的第五个孩子伟隆在上海的和睦家医院出生

婴儿很健康,整天都和妈妈在一起,护士每小时进来探看一次。小儿科医生也是美籍华人,加州伯克利毕业,医学院就读于弗吉尼亚大学,令人感到非常亲切。那天在和睦家出生的婴儿,另外五位皆是

外籍宝宝，包括太太的加拿大老板和他中国太太的儿子同日出生。我女儿爱苓刚好在上海东华大学学中文，也来医院看望刚出生的弟弟。很多工厂的老朋友都赶过来看小婴儿。在和睦家生产一共花费近两万美元，但医院一流的服务很值得这个价格。

四天后，我和太太很开心地带着小婴儿和两岁的伟诚开车回到杭州。

2013年，与太太和孩子在杭州

因为家有新生婴儿，我又多了一个理由提出新的申请。这一次美国修改了移民困难户的批准程序，先在美国本土审批，再去广州办理签证。2013年我们的申请获得批准，我太太不敢相信这次竟然成功了。九年的努力没有白费！

2014年4月，我们一家人又回到休斯敦生活在一起了。

太太回到美国，我们一家人住在她熟悉而温馨的房子中。不消半个月，她已考取驾照，买了一辆车，可以买菜及接送孩子了。太太花全部时间在家做家务和照顾孩子，接送他们上下课及参加各种课余活动，不啻是贤妻良母，也是孩子们的导师。每个星期天，孩子们去上中文学校，太太也在同一家教会学校教二年级中文。她以前是鞍山重点中学的"学霸"，中文底子非常好。两个孩子每星期还要上国内的网课学习中文，我们在家里的沟通也以中文为主，希望他们日后不会成为外黄内白的"香蕉人"。

2014年60岁生日与太太和五个孩子

2018年，钢琴比赛中兄弟合奏

太太通情达理，和我的三个成年儿女、我的弟弟妹妹、亲戚朋友们关系都非常良好。我前妻的姐姐和母亲也成为她的好朋友，她对前妻态度大方，故大家能融洽相处。

2019年与太太和两个小儿子在德州

2014年，一向生意不错的巴西公司出了些问题。原因有三：一是卖给当地大公司的货要放给对方长达三个月到半年的账期，账期内巴西货币对美元贬值，公司蒙受损失；二是巴西生意常常需要现金周转，只能向私人借贷，要付2%的月息，是一笔很大的数目；三是公司在当地投资失败，入不敷出，面临结束业务和解散。

为了朋友和生意，也念及巴西的合作伙伴在我最困难的时候，曾多年帮我支付孩子在欧洲的学费等费用，我毅然卖掉了手上的一处房产，还清巴西公司欠中国的三十万美元逾期债务，又给巴西公司十万美元用作流动资金，这才把公司救活。

卖掉的那处房产，今天已价值一百万美元以上，虽然前后算下来我损失不菲，但我收获了与巴西合作伙伴长久的友谊。

**我的人生心得**：家庭和事业两者对我同等重要。定下目标，贯彻始终，苦等了九年，终于得偿所愿。

## 重生铭记

我在广交会上认识了H工厂老板,他为我们生产美式炭烧家具,是我们这类产品的唯一供应商;我们成为H工厂最大的客户。想不到一年后给H工厂下春季大订单,厂长不由分说要加价,竟然还联手一家跨国贸易大公司,要我让出大客户和订单,想把我挤出局。

我亲赴H工厂,厂长告诉我,你这小公司和大公司拼是以卵击石,叫我死心。我的确很心碎,在厂里又待了三个小时,希望他回心转意,但他不理不睬,我只好悻悻地离开。幸好我们的产品得到美国专利法的保护,后来又得另一家家具厂相助,也打赢了国内的官司,把订单与局面扳回来。

H工厂的生意自此一蹶不振,厂长多次找我道歉,向我要订单,我啼笑皆非。不久他的大工厂就倒闭了,这正是"种什么因,得什么果"的道理吧。

# 万变时代

2014--

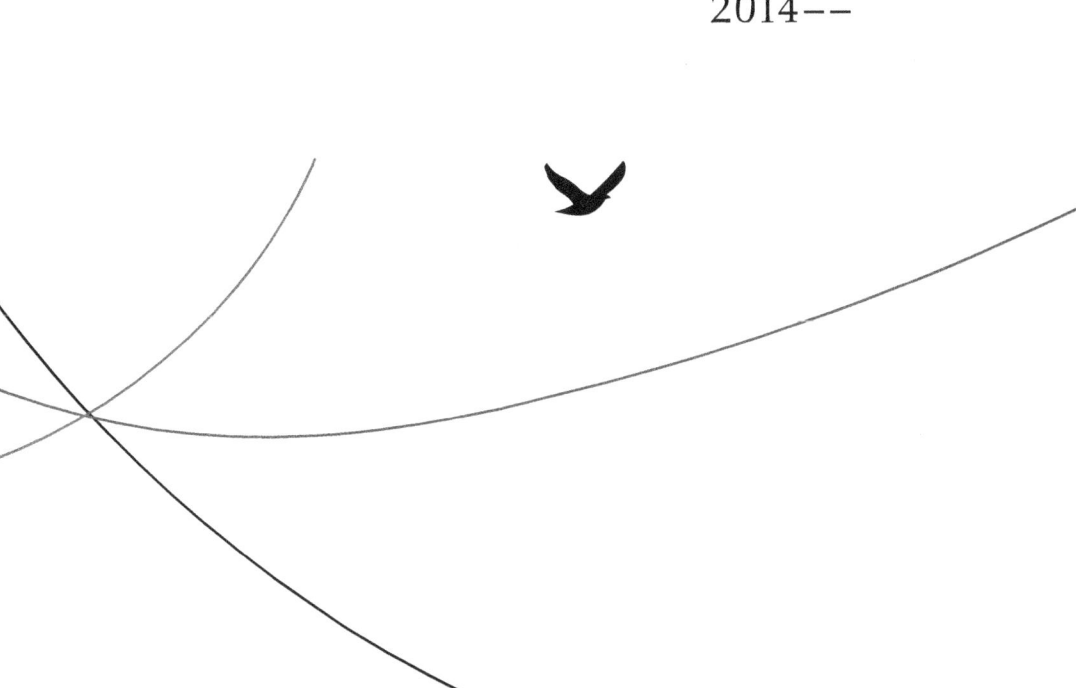

# 万变时代之一

## 母亲的故事

母亲在我们兄弟姊妹眼中,是毕生为家庭和子女奉献的英雄,也是我们的榜样。

虽然受教育程度不高,母亲却是我们成长过程中的标杆,她的奉献精神潜移默化地影响着我们的一生。从小到大,她给我们煮饭送饭、洗衣服,照顾我们的日常生活,还督促我们的功课。虽然她不懂中学功课,但每有测验、小考、大考她都要查看我们的成绩,鼓励我们向上,不气馁,努力向学。她常说"书中自有黄金屋,书中自有颜如玉"。

我们的英文跟不上,她就鼓励我们晚上进"玫瑰英文夜校"再读三个小时。白天功课很多,晚上又要读英文书院,过了一个学期我便受不了。但她没有灰心,敦促我一定要做弟弟妹妹的榜样。于是我又坚持了一个学期,可是实在太累了,坚持不下去。她又恳求父亲一位同事的好友每星期免费为我们补习三小时的数学和英文,我的成绩才有了好转。

二弟则一直坚持上英语夜校,读了5年。夜校晚上9点多才放学,一天晚上他独自走回家,几个三合会的大孩子把他的手表和零钱洗劫一空。母亲、我和二弟往油麻地警署报了案。二弟害怕再被欺负，就想放弃，不再上夜校，是母亲让他坚持了下去。她让我去接二弟，并尽量和同学一起走，以后就再没有出过事。二弟后来考上了浸信会书院。

到美国后，母亲给人家打扫房子，每星期工作三次，能赚一百多元，我开餐馆创业时，她还拿出四位数的血汗钱资助我。

父亲过世后，母亲和我还在读大学的两个最小的弟弟、妹妹同住，弟妹各自成家后搬走了，她便一人独居。我们给她买了一辆车代步，有同学和朋友从香港过来时，她常常开车带他们去金门桥和唐人街游玩。在没有移动电话的时代，看不懂地图的她，在旧金山驾车从未迷过路。每次我带小孩回家，她亦开车带他们到处游玩。

她原有一群好友，大家一起打麻将、打太极拳，有时也去赌场消遣。有的人是不会开车的新移民，每次聚会活动都要母亲开车接送。有一次母亲送完朋友，在开车回家的路上被一位闯红灯的少年撞了，背部受了伤，她却没有将此事告诉保险公司，因为她认为那样不道德。她以为自己慢慢就会好了，实际上却留下了后遗症，常犯腰疼。撞车给她心里留下阴影，那以后她就减少开车出行了。

又过了几年，她的眼睛出了些问题，又常忘东忘西的。在她70岁时，我们决定不让她开车了。不开车后，母亲的朋友圈就愈来愈小，保持来往的只剩下少数几位，包括父亲的一位船员朋友黄先生，和独居的邻居，比她年长5岁、夏威夷来的Elaine。

母亲仍和香港的表弟等一块前往日本和东南亚旅游。每个星期弟弟、妹妹回家时，她一定煮饭给他们吃。我每次带小孩回家，她也一定会带他们到海边去散步。

75岁时，母亲立下亲笔遗嘱，大致意思是：她唯一的房子属于我们六个兄弟姊妹,她过世后,房子12年内不能变卖,收益用于家庭聚会和帮助有困难的兄弟姊妹。这一来把她六个儿女的情感联系在一起,不会因为她的去世而各散东西,失去联络。我们每年都会聚会,相互帮忙。

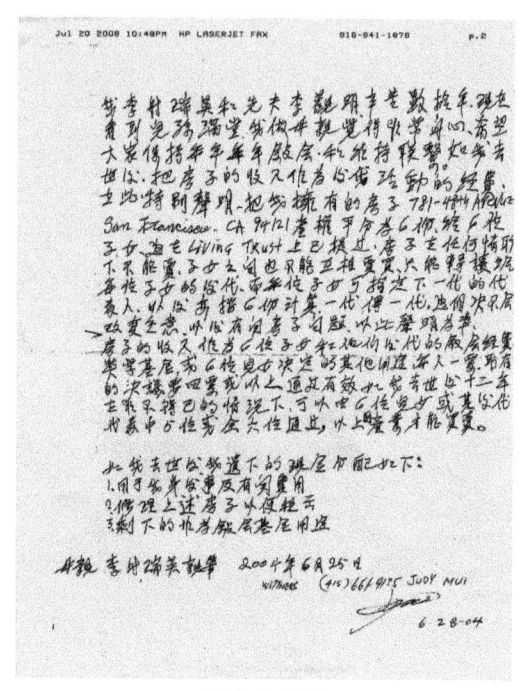

母亲的遗嘱

母亲约80岁时,有一回妹妹带她去旧金山附近的旅游胜地蒙特雷游玩,走了一阵子,她便跌倒在地,头和脸都摔伤了,经过急救后才回家。又有一天晚上,妹妹给母亲打了好几个电话都没人接,她从圣何塞开车一个多小时赶到母亲住处,才发现她晕倒在厕所。

翌日去看医生,发现她的心跳非常缓慢,医生给她装了一个起搏器,才没有再发生晕倒的事。为此我们请了五十多岁、有看护老人经验的勤姨来照顾母亲起居。她也成了母亲有说有笑的好友,从此母亲开心多了。

母亲的好友黄先生，平时身体比她要好得多，可是被子女送去老人院后，孤独地过了三年就逝世了。母亲说，千万不要送她去老人院。因此我们一定要让她在熟悉的房子里度过人生最后的旅程，所有儿女出钱出力，把家里安排得井井有条，让她能够安享晚年。每年我们全家都会在旧金山或附近聚会。

2017年初，我经旧金山停留两天再前往中国，妹妹请我带87岁的母亲去看心脏科陈医生。原因是母亲用了快10年的起搏器需要换电池了，她当时的脉搏只有正常人的一半以下，没有起搏器无法生存。母亲已是晚期老人痴呆症患者，只记得身边几个人，认不出方向。因为腰痛，她每天只能坐在沙发上或卧在床上，上厕所也要有人搀扶，到最后要坐轮椅吃饭，身体虚弱，易受感染易感冒。

医生说，她的生命已到最后阶段，如果我们决定更换起搏器电池，就要做一个小手术，会有伤口发炎的风险，而她最多只能增加一年痛苦的生命；我们也可选择不更换电池，让她安详地离世。和弟弟妹妹商量后，我们决定不换电池，让母亲在熟悉温暖的家中度过人生最后的时光。

因为母亲不走动，体重由100磅增至150磅。家中一个全职阿姨，一个日间阿姨，每天早上两人帮她洗澡，并24小时在她床边守候，随时帮助她上厕所。阿姨和弟弟锦良时常带她坐轮椅外出晒太阳，以补充维生素D。每次乘车去看医生，母亲都需要两个人搀扶。她记忆几乎尽失，常常答非所问，每天看中文电视，生活质量每况愈下。

2017年6月初，我和太太及两个孩子经旧金山前往中国时去看母亲。当时她因患重感冒在医院躺了数天，医生说她的生命已到最后时刻，没有起搏器正常发挥作用，她只能减少活动以延长生命。我们三个在场的子女提醒母亲，一定要等到7月1日以后，所有儿女都回到旧金山，家庭团聚时才能离开。她点头示意。

当天下午我们便飞往中国，希望母亲能等待我们一家人全部归来见她最后一面。

1989年，旧金山，全家参加妹妹的婚礼

2003年，旧金山，第4届家庭团聚

2009年，旧金山，第10届家庭团聚

2019年，加州纳帕，第20届家庭团聚

2021年，德州康罗湖，第22届家庭团聚，与关家合影

**我的人生心得**：为孩子贡献了一生的慈母，是下代以身作则的典范。

# 万变时代之二

## 边境和遇险

我们一家四口离开母亲,翌日抵达太太的家乡沈阳。趁太太、孩子同岳父母及亲戚们相聚,我马不停蹄地去杭州看工厂,发展新产品。

2016年,沈阳,岳父母家农产大丰收

6月中旬,好友黔南开着他2015年的奔驰商务车从北京来沈阳,接我们去吉林天池、中朝边境玩一个礼拜。我们北上吉林省,第一站是人参之都——万良。

在吉林省最大的万良长白山人参市场，每根人参标价从5元人民币到几百元不等。工作人员说，参是大棚里种的，功效比山上种植的参差一点，但平时煲汤养生也足够了。我买了一大包5元到10元人民币的人参，又买了人参花，用以送礼。一大包人参不到200人民币，他们又送了我十多根小人参，真是便宜！

卖人参的摊主说，9月份是人参收获季，那时在山林里人工培植19年以上的"山参"最值钱。生长四到六年的"大棚参"更是云集，完整的参售出好价钱，剩下断参和根须不全的参，工人用铁铲聚成一堆售卖，大多是加工厂买去做成参茶或参粉出售。

翌日，我们抵达长白山万达喜来登度假酒店。学校还没放暑假，旅游旺季未到，而房费已达二百多美元每天。2006年以前，长白山每年10月到翌年4月都封山，天池在10月冰封，翌年6月冰才全部融化。山上雾雨弥漫，能看到天池的机会低于三分之一。第一天，我们去温泉遍布、山路颇多的北坡，由于山上雾和小雨不断，北坡封山了。我们只好下山，沿途吃了温泉鸡蛋，看了小天池、长白瀑布、谷底临海等景点。

太太和孩子们太累了，就在酒店休息。我与黔南父子三人从西坡走1442级台阶，再上长白山。石阶多而陡，黔南唯恐力有未逮，就付了500元坐滑竿上山。

那天天气晴朗，山路两旁都是融化中的冰雪，途中有很多来自中国各省市携老扶幼的登山者。约三个小时，我们到达山顶，天池赫然呈现眼前，湖上云蒸霞蔚。能看见天池全貌，我顿感不虚此行。登山客中有一位70岁的退休检察官，是从海南岛骑自行车6700公里来到长白山看天池的。他告诉我们如何骑自行车旅行全国，这真是难能可贵，让人不得不信有志者事竟成。

挚友张黔南乘滑竿上长白山

6月20日,我们到达珲春。这是中学时在"中国历史"上读到过的"珲春条约"的签约地。我们往东走,经过夹在朝鲜与俄罗斯之间数十公里的"走廊",有好几个边防检查站查证件,最后到达中朝边境最东端的防川。这是中国各届领导人必到之地。曾经这里全都是中国的领土,在苏俄蚕食下只剩一条狭长走廊,再往前走一点便可直通日本海。在防川的龙虎阁楼上,可以看到图们江是如何把中国、朝鲜和俄罗斯分开的。

晚上我们入住珲春希尔顿酒店,好笑的是酒店英文名"XI ER DUN HOTEL",不是"HILTON HOTEL",但服务挺好。

6月21日一早,我们沿着中朝边境,到达中国边境城市图们,朝鲜那一边的城市是南阳。平时有许多卡车把中国货物运往朝鲜,再从朝鲜运回煤炭。由于朝鲜进行核试验遭到国际禁运,现在只有零星一两部卡车通过。对岸的朝鲜建了许多漂亮的高层公寓,但没见有人出入。有说法是为了宣传,做给外界看的表面文章,楼房内里空空如也。

中国关口的税务大楼设有零售部，可以买到朝鲜的纪念品。我们来到中朝边境横跨图们江的一座桥上，一直走到了桥中间，在两国的国界处摄影留念。中国和朝鲜以图们江为界，江两岸都高高竖起带刺的铁网篱笆。我们驱车沿图们江前进，走过崎岖不平的土路，前面出现一大段平坦的混凝土公路，我不觉将车子开到每小时60公里，突然又变成崎岖土路。我来不及减速，只听"嘣、嘣"两声，车身猛然摇晃。停车检查，发现右侧轮胎都挂了彩，前轮还好，出现了数个鼓包，后轮则爆胎了。

备胎在车后厢的底部，车身因一侧爆胎而倾斜。我俯身看车底，但车底离地太低，看不出应如何卸下备胎。刚好有一辆出租车路过，问我们是否需要帮忙，我们当然欢迎。很快，司机先生和我用剪刀式千斤顶把车子升高，取下坏了的后胎。

我忘记如何卸下备胎。记忆中是要把固定备胎的螺帽松开，我便爬入车底去找螺杆和螺帽，但看不到螺帽。我刚想爬出来，突然车身下坠，发出巨响。我头侧耳朵上方给车底压住，我似乎是休克了一会儿，挣扎了半刻才把头慢慢拔出。过了好一阵子，我才能慢慢地站起来，到离车不远处坐下。

帮忙的司机惊魂未定。我问司机怎么回事，他承认是他的身体靠了车子一下，导致整部车往前滑，千斤顶朝前翻倒，车子便塌下来了。我觉得头部两侧都湿了，用手一摸，是少量的血混合着淋巴液。我心想如果刚才我的头再往里伸一两寸，可能便一命呜呼了。

又有一辆出租车经过，两位热心司机找到了卸下备胎的方法，不一会儿就帮我换好了轮胎。

2017年，中朝边境遇险

黔南把车开到一个比较大的市镇，换掉两个坏了的轮胎。不觉间我竟已经历了九死一生。直到今天我仍心有余悸——如果我出了事，我们一家便完了。真是愈想愈怕！晚上我们在通化住下，并往全国连锁店"厕所串串香"餐厅吃四川菜。

翌日，我们在通化参观了山葡萄酒的酿造过程。山葡萄不够甜，酿酒时一定要放糖，我这才知道通化葡萄酒为什么是甜的。由于中国人口多，市场大，这家通化酒厂收购了一家法国大型酿酒厂，酒厂地窖内放有许多从法国进口的橡木桶，桶里是进口的法国葡萄酒。现在这家酒厂已在香港上市，中国的工厂真牛！

一天后，我们一家四口回到了沈阳。

**我的人生心得：读万卷书不如行万里路。虽有幸运之神的眷顾，也得准备好不幸一刻的来临。**

# 万变时代之三

## 告别慈母

妹妹屡次来电，说母亲病情还稳定，但希望我们能早一点回美，怕母亲在我们回去前与世长辞。惟正值暑假，飞机舱位爆满无法改票，我们只有照原计划在7月2日返回。

2017年7月2日中午，我们回到旧金山。弟弟、我在美国的孩子们也在前一天或当天抵达。我打算从旧金山开车回休斯敦，于是把我的1999年雷克萨斯470先运到旧金山。回到熟悉的家中，年迈的母亲躺在床上，妹妹们、二弟和二弟媳陪在床边。母亲原来茂盛的头发又脱落了许多，露出前额。妹妹给母亲染过头发，但仍可见斑斑白发。母亲脸色红润，眼睛却仍眯着，妹妹告诉她"大哥回来了"，她露出笑容，点点头，嘴巴微微张动，想说话，但说不出。妹妹们继续说话，她继续点头，又作深呼吸状回应。妹妹说，母亲今天的脸色比前两天红润，因为大家都回来看她，她非常高兴！

忆起小时候，母亲总是用背带把妹妹背在背后，左手牵着二弟，右手紧紧牵着我的手，生怕贪玩的我走失了。我到床前握着她冷冷的手，往事一幕幕在脑海涌现。

我们在母亲床边有说有笑，母亲的脸一动一动，仿佛也在参与我们的对话。三弟最后一个回来，母亲知道我们都回来了，努力点头示意。妹妹说从未见她这么兴奋。

一家人聚在家里吃饭，母亲没法坐在餐桌旁，照顾母亲的阿姨边和她说话，边喂她吃稀饭。那晚她的食量是平常的两倍。阿姨说母亲的心情很好，很难得！

翌日早上，我们一行十多人到红木森林游览，大妹留在家里陪伴母亲。下午，母亲所有的子孙都回到家里。

小妹妹带头，大家同唱Beyond的"真的爱你"——"是你多么温馨的目光，教我坚毅望着前路，叮嘱我跌倒不应放弃……"唱着唱着，我们都哭了。后来我们又唱母亲平时喜欢的老歌，如徐小凤的"顺流逆流"。母亲面色红润，冰冷的手脚也变得温暖起来。

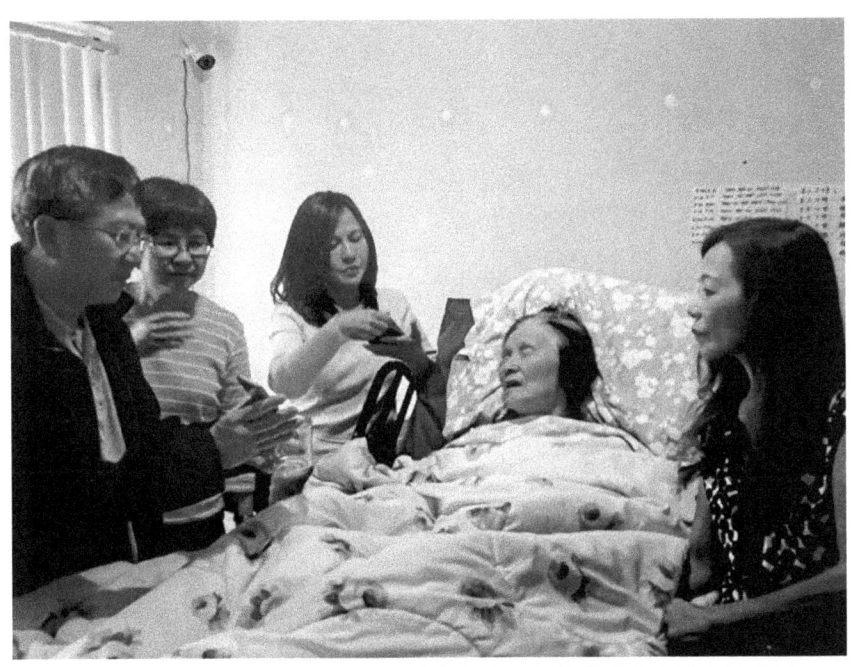

2017年，母亲去世前一天，与我们在家相聚。小妹妹看着手机上的歌词，带领大家唱出母亲热爱的歌曲。乏力迷糊的母亲，嘴巴不时颤动，带着微笑，与我们互动，快乐地走到生命最后的一刻

1971年，母亲和我们六个子女在香港

1977年，旧金山，父母和我们六子女及三弟的女友（后排右二）

1979年，弟弟锦昌和妹妹秀娟大学毕业

*1999年，第一次家庭聚会于旧金山，母亲和我们六个子女合照*

每个人都一一讲述与母亲的旧事和他们的切身感受，母亲以表情和"啊"声应和，表示自己仍是家庭会议中的一分子。我们唱歌、说话、谈天，不知不觉两三个小时过去，母亲的表情慢了下来，可能太累了，我们这才离开房间，让她休息。我们在家中准备晚饭，翻看以前的照片，交流内心的感受。妹妹察觉到下午母亲的表现已是回光返照，晚饭后我们二十人决定翌日去殡仪馆准备后事。母亲在十多年前已立下遗嘱，大家没有为家产而争吵，同心协力希望一家人能维系亲情，实在难能可贵。

7月4日是美国国庆日，殡仪馆仍开门，妹妹约好去选棺木及确定葬礼细节。母亲因昨晚比较兴奋，起床较晚，她手脚冰冷，还有点咳嗽。为不影响母亲休息，子孙们都去了殡仪馆讨论，只剩下我一人陪她。

在母亲生命的最后阶段，我们选择不送医院，有事打电话请护士来照料，也不做紧急抢救，让母亲在无痛苦的状况下结束一生。弟弟妹妹离家前，母亲咳嗽，喉内有痰，呼吸不畅，妹妹便打电话请护士来看。

我问护士，母亲手脚比一天前冷，而且咳嗽，是什么原因。她解释说，母亲已到人生的最后几天，进食已极少，身体系统的所有能量只用于保证基本器官运作，四肢不是维持生命的器官，会停止活动以节省能量。母亲可能只有数小时到一周的生命，无法预料。她又打电话订抽痰机，过一个小时会送过来。

昏睡的母亲面色变白，呼吸急促，和昨天红光满面、神采奕奕向我们点头，真有天渊之别。我紧握她冰冷的手，房间里很宁静，只有她的呼吸声、微弱的脉搏和我的心跳声。

突然间我的电话响了，一位朋友打来问母亲的事，我走出母亲的卧室去接电话。一谈十几分钟，突然阿姨大叫"李太没有呼吸了"。我冲入房间，看到苍白的母亲张开口，没有呼吸，安静地躺在床上。我立刻打电话给护士，请她过来再看，又打电话给弟妹让所有人立刻回来。

门口有人按门铃，是抽痰机送到，但已经没有用了。弟妹们都赶回来，大家都有心理准备，并不过于悲伤。护士抵达后诊断母亲已去世。妹夫打开念佛录音机，超度母亲数小时，殡仪馆才来车把母亲遗体从家里移走。

7月10日下午我们在殡仪馆瞻仰母亲遗容。7月11日正式出殡，所有儿女孙辈全都出席，连同亲友共四十多人到场。照母亲拜神、烧衣纸的旧习惯，我们在坟前烧了很多衣纸，希望母亲能在天上过安好的生活。

母亲能坚持数月，等到大家都能从各地赶回来，又参加我们的"家庭会议""卡拉OK"；又等大家出去时，默默地一个人离去，不让大家伤心；大家又都能参加完她的丧礼……她给我们种种奇妙的安排，无一不在说明：她自始至终都是我们的慈母。

12日，我便开车和太太、孩子从加州启程。经过了拉斯维加斯，又去探望了我在凤凰城的表弟伟光，然后安抵休斯敦。

表弟伟光自加州伯克利大学化工专业毕业，之后进入摩托罗拉公司做工程师，搬去凤凰城居住，又在亚利桑那州立大学拿了MBA和电子工程硕士学位。他拥有12个芯片制造专利，和太太开办过芯片光罩代工厂。

表弟的两个女儿和大女婿都是化工博士，小儿子也拿到MBA学位。他55岁退休，在凤凰城南买了土地种植枣园，过着隐逸的生活。他为人友善好客，乐于助人。我们在他家做客，住了两天。伟光表弟曾这样评价我：锦星表兄在众多的亲戚朋友中算是最勤奋的一位，来美国时不会说一句英语，四年后在加州大学商科毕业，实在是奇迹。

2017年，表弟和我小儿子，在他凤凰城边的枣园里

**我的人生心得**：天下虽没有不散的筵席，积福能和一家人一起愉快度过最后的一刻，死而无憾。

# 万变时代之四

## 中国崛起和贸易战

1985年我第一次进入中国做生意,此后每年我从美国回到中国,国内都会有大大小小的变化令我惊讶不已。我有幸能亲眼目睹一个封闭的、计划经济的国家,在数十年后摇身变成一个现代化的国家。

以我经营的工具产品为例,1985年广交会,流花展馆只有十个省市的国营公司摊位,展出的产品千篇一律。国营工厂的产品扎实、耐用,但外观粗拙,没有包装,在市场较难卖出,故而中国政府做出补贴,各省市积极招商引资,大量港台企业在中国建厂。

90年代,中国加快了改革的脚步,因为学到港台和外国的技术,本土产品也蓬勃发展。中国企业股权改革,以前国有工厂的厂长成为民营工厂的老板,他们有市场、资金和技术,可以和外资工厂分庭抗礼,创造出数不尽的国产品牌。很多技术员和运营人员也自己成立了加工工厂,为大工厂配套,形成细密的分工网络,构成中国工厂的生态链。

欧美的产业链也有许多改变。二战后苏俄计划模式下,东欧获得巨额增长;70年代后期,美国电子通讯业迅速发展,更新换代的速度前所未有,从个人电脑时代到手机时代,只需短短十多年时间。欧美大公司这时也开始化整为零,逐渐将很多整机和零配件生产线转移到人工便宜的第三世界国家。

中国从90年代开始便成为世界加工厂的一部分。有地方政府支持，工厂比较容易筹到所需资金。还出现了很多小型财务公司，以房地产或信用作担保，对新的企业、工厂放贷款，这令新工厂如雨后春笋般在沿海一带兴起。工厂主和家人日以继夜地工作，上游企业把零配件及时送进他们的生产线，做出成品。

我们在广东顺德购买便携石油气炉具的厂家，就是个很好的例子。工厂老板是浙江永康人，在永康有一家铸铁厂和一家二百多人的中型炉头工厂，从零件到成品，大部分是自己生产，经营了十多年，产品多数外销。自从珠江三角洲一带出现无数的零部件小厂，这里炉具的售卖价格只有永康生产成本的八成。为了应对竞争，老板只好解散永康的火炉部门，把工程人员和部分员工迁往广东顺德，租了工厂大厦二楼全层约600平方米，进行炉具组装加工，铸铁炉子仍在永康生产。

2019年年中，我们有一个炉头货柜翌日要装柜出运，我和公司下属到工厂验货。永康籍的厂长带我们参观工厂，我注意到在入口处贮有大量待作质检和整理的零件库存，所有零件均分门别类、整齐地堆放着。管理员忙着打电话催零件商送货。

我们这批货的配件昨天进厂，今天开始装配。工厂内有四条长长的装配线，每条线上有五个装配工、一个测试员及一位包装工。工人用气动工具、螺丝把炉头装好，再装上丁烷气罐，用明火在炉四周测试，没有漏气，便套上塑料袋，装入纸箱包好。我用广东话问测试员问题，他竟用四川口音的普通话回答。

厂长介绍，工人是以件计酬，有订单时，常常一天工作12小时甚至更久。必要时还可以增加工人，加开两条生产线，一个40英尺高柜、货值四万多美元的炉具，只需一天或一天半时间即可完成。我真是大开眼界。所有工人皆是外省来的民工，他们来广东就为努力赚钱。中国制造业就是靠这些有眼光的老板和这样一群勤劳的工人，一点一滴做起来，让中国成为了"世界工厂"，真是不容易。

也因为这些中国工厂，广州交易会现在演变成世界最大的"B to B"（企业对企业）展销会，来自全世界的买家每年都云集于此！

中美贸易战当中，美国对多种中国产品征收25%的关税，很多中国厂家或把分厂移到国外，或和他国工厂合作生产，变更产品原产地以避免高关税。而第三国的工厂也几乎必须购买可靠、便宜的中国零配件，只是倚靠当地工人和材料等优势完成生产组装，再销往美国和其他国家。

例如我们购买的越南家具，螺丝包是中国产的，部分中密度纤维板是中国产的，部分木材和人工等是越南的。产品成本如有50%以上发生在越南，就符合越南法规的要求，可以打上"Made in Vietnam（越南制造）"的标签出口。我们也从中国人在越南开的工厂购买产品，销往北美。

中国工厂的生命力很强，在可见的将来，世界各地的工厂仍会是中国制造业生态链的延伸——各国工厂都用中国工厂制造的零部件，中国工厂的生产地也并不局限于中国和亚洲，而会遍布全世界。在非洲、中亚甚至南美，都有吃苦耐劳的中国人，国有及民营的大量投资改变了现有的国际经济和政治秩序。将来，中国无疑仍会是世界最大的制造国，在海外旅居的华侨，包括我在内，亦是这个新的生态链的一部分。这也是贸易战的"副产品"。

**我的人生心得**：精细分工，提高效率，低关税是贸易成功的关键。

# 万变时代之五

## 越南往事

越南自从2007年加入WTO后,出口量与日俱增。早在2001年我就察觉到,美国市场上有愈来愈多的越南成衣及其他货品。从高级专卖店Restoration Hardware、Crate & Barrel到平民超市沃尔玛,都有越南生产的硬木家具产品在售。他们的木质家具比中国的好,做工精细,价钱公道。我想我如果要在家具行业中立足,就绝不能忽视越南。

2013年,我偶然认识了洛杉矶的木材经营商阮先生。他告诉我越南制造业还在萌发阶段,劳动力价格只有中国的四分之一。越南的相思木比中国的松木坚硬,价格却和中国松木相差无几。中国制造业也是从廉价劳动力和原材料这条路走过来的,这使我非常向往越南,想去寻找可能的供货商,以免错失良机。

2015年我第一次踏足越南,去胡志明市看VIFA家具展览。阮先生安排他会讲广东话的朋友阿明带我们去展会及参观工厂。下飞机很顺利,我和儿子与阮先生及两位朋友去第七郡展览馆附近的旅馆住下。

胡志明市的街景有点像中国二三线城市,主街上旧式低层的房屋居多,楼下为商铺,楼上是住家。路上都是骑机车的男女,红绿灯路口,数百辆摩托车齐发,蔚为壮观,令我想起80年代中国的红绿灯路口,几百辆自行车齐发的盛况,又像2000年代中国南方二三线城市的摩托车群。这里仿佛是二十多年前中国的缩影。

越南一年一度最大的家具展VIFA,场地不大,只有中国3月份家具博览会规模的十分之一左右。有几家参展工厂规模很大,十几个货柜的订单是不放在眼里的;另有几家中型工厂,只做室内家具,对户外家具不感兴趣。还有许多家贸易公司,报的价钱比中国的贵,又不懂生产技术,很难沟通。

我们在展会上认识了Lam Viet家具工厂,随后到工厂参观。工厂规模很大,两千多员工在一个四万多平方米的大厂房里工作。普通工人穿深绿色的T恤和长裤,管理人员穿橙色衬衫,质检员则穿黄色T恤,人员虽多却井井有条。美国几家大型高档家具店,如Restoration Hardware,都向这家工厂采购。工厂老板留美的儿子、儿媳负责管理生产和销售,非常用心。生产设备都是产自台湾、德国和意大利的新型木工机和生产线。我们的订单规模只有十几个货柜,而且还要开发产品,他们不太感兴趣。

阿明带我们去看了两个小工厂,每个工厂只有十多个工人在约500平方米简陋钢架结构的厂房内工作,有七八台最基本的加工设备如钻床、刨床、磨床等。厂房的另一端堆放了十来个托盘、直径小于10厘米的相思木材。

我估计这种工厂的全部资产,也就是设备加原料储备,只有一万多美元。他们说每月可供应我五个40英尺货柜、十多万美元的货,我觉得根本是天方夜谭,浪费彼此的时间。晚上阿明带我们去市区的饭店喝啤酒,吃酸鱼锅和蜜糖烤田鼠。天啊!这是我这辈子第一次吃老鼠!刷了蜂蜜在炭火上烤的田鼠肉厚而肥美,味道特殊,很可口,有点类似兔肉。

阿明和他弟弟在第五郡的中国城长大，会说简单的粤语，但没有受过正式的中文教育，看不懂汉字，也不会英语。我们无法深入交流，需要借助手机来沟通。他们甚少和外界接触，见识有限，只认得洛杉矶的阮先生。

我和儿子从美国来越南订货，对阿明来说，是他的发财梦救星。他每天都打很多次电话邀我们去看工厂。盛意难却，我们浪费了半天时间参观那两个小工厂，也发现了一个秘密。

两年前，休斯敦开发8号环城公路，砍下数以万计的硬木林，阮先生以免费处理木材为由，从公路局得到这批原木，只付人工和装柜费用，运了一千个货柜来越南销售。但阮先生说越南的工厂太坏，声称这批木头有虫蛀和腐烂，找各种理由不付款，弄得他差点儿破产。

这次我和阿明接触，弄清了究竟。这批木头大小不一、树种多而杂，许多树身弯曲不规则，加上部分树木砍下后在美国放置了数月到一年时间，表面有虫蛀、腐烂，大型锯木工厂不要，只有放账卖给小型木材厂。但小木材厂没有客源，只把木材卸柜整理筛选，好的卖给大型锯木厂，不好的留下，做其他家具之用。我猜小工厂从未见过这么多柜的木头，还有人肯放账，因此向越南代理人阿明推说木头有蛀虫，想赖掉货款。阮先生委托阿明替他卖木材并催收货款，最后这一千个货柜的木头，只收回来不到二百个货柜的钱。阮先生获得这批木材虽没有花钱，但赔上了装货柜的人工费用和到越南的海运费，损失惨重。他虽介绍阿明带我看工厂，我听他言语间对阿明在木材生意当中的表现也是心存疑虑。由此我对阿明略有戒心，他屡次打电话给我介绍新工厂等，我都婉拒了。

在展会上，我还偶遇了吴先生。20世纪八九十年代，他是美国最大的室内家具华人进口商，我们在拉斯维加斯的展会上由朋友介绍认识，交了朋友。这次重聚，十分高兴，他又邀请我们探访他在平阳省的工厂。晚上我们在一家越南餐馆餐叙，谈起以往旧事。

吴先生70年代从台湾移民到美国，70年代末开始在美国进口台湾和中国的家具。他的公司总部设在洛杉矶，80年代末在洛杉矶拥有两千多平方米的仓库，在北卡罗来纳州、新泽西州及墨西哥城均设有分公司和大仓库，在休斯敦则有亲戚开的分销点。公司有近200名员工，年销售额达四五千万美元，是当时室内家具主要进口商，叱咤一时。

但好景不长，90年代中，公司在账目上出了问题。吴先生为了获得更多的银行贷款而虚报营业额：由洛杉矶总部出货到各分公司，计为总公司的销售业绩，而货物由分公司卖给客户，算是分公司的业绩，等于同一件货物卖了两次，整家公司的营业额大大提高。这家美国大银行的审计发现此事后，认为多贷金额达千万元，是蓄意欺诈，触犯了美国联邦法律，是重罪。银行限吴先生数周内把超过千万的贷款还清，否则清盘还债，公司的地产及存货要悉数拍卖，而吴先生本人也要负刑事责任。

在短期内要找到一家银行贷2000万元谈何容易？回想我刚离婚时公司业务不振，没有利润，我用了两年多时间才找到一家银行贷了200万美元，脱离苦海，况且我没有做假账，没有担刑责的风险。

数周后，因吴先生不能偿还贷款，银行把他公司总部和分店全部关掉清盘。吴先生是以私人财产担保借贷，且犯了蓄意诈欺罪，债权人有权没收他一切私产。他的私人存款、车子、房子等都给银行没收、拍卖。法庭判他三年监禁，他在狱中行为良好，不到两年便回家了。

吴先生出狱回家，从前洛杉矶上千平米的豪宅变成不足百平米的两室小公寓，太太带着两个儿女打工过活。对比过去手下数百员工、银行个人账户上常有6位数字、在美国多处置有房产的情景，他不禁黯然泪下。

幸好，细看以前的账单，他发现之前曾多付了8万美元的保险费。这笔退款便成为吴先生东山再起的本钱。

在美国有过破产记录，很难再获得银行贷款，生意难以做大。于是他把洛杉矶的批发生意交给女儿主持，儿子则到广东东莞开家具工厂。越南人工、木材价格比中国便宜，在平阳省又有许多台湾商人开家具厂，2013年，67岁的吴先生来到越南创业，从一位台商手里买下一家300名工人的家具厂，由小做起。

工厂约三千平方米，做室内家具。吴先生和夫人住在工厂后面的一套小公寓，有两个简单的卧室，挂了蚊帐，只有电风扇没有冷气。浴室没有管道热水，要用灶火把水烧热，再兑好冷水洗澡。看着他们的生活环境，我都不敢相信我的眼睛，这位昔日美国华人进口商的偶像，真是能屈能伸，非常了不起，值得敬佩。

吴先生说，他买下工厂办了不到一年，在2014年5月中，就遭遇了越南的反华暴动。暴徒在平阳省、同奈省等华人集中的地区，破坏、烧毁了许多有汉字名称的企业，其中很多是台湾人辛辛苦苦建立的工厂。

那次暴徒已闯入吴先生的工厂，有人举着红金两色的越南国旗，高喊"越南万岁"，把两个不知所措的保安逼到角落，破坏了办公室，打碎家具，抢走电脑。幸好他们没有进入锁好的工厂区，也没有纵火。在工厂后面居住的吴先生听到了叫喊声，没有出来查看，等到暴徒离开，保安才来通知他。

看到满目疮痍的办公室和产品展厅,吴先生真希望立即离开此地回美国和家人团聚。但是想到会被家人、亲戚讥笑,他又不能放弃这最后的翻身希望,也就下定决心:留在越南拼下去!

**我的人生心得**:向这群不屈不挠的商人致敬。

# 万变时代之六

## 目睹产业迁徙

越南2014年的反华暴动中，很多台商眼看着辛辛苦苦建立的工厂一夜间付之一炬，更担心人身安全的隐患。纵使越南人工便宜，生活方式和中国相近，但始终是离乡背井，不如在台湾生活方便和亲切。因此，大部分在越南经营的台湾人都把孩子送回台湾上学，或出国留学。第二代往往并没有接手越南工厂的打算，毕业后便留在国外或回了台湾，不愿继承父辈的生意。

很多越南工厂的台湾老板都上了年纪，眼看生意后继无人，又不想在越南度过晚年，只有忍痛出售苦心经营的工厂，大多仍选择台湾或中国大陆来的买家。在那次暴动后，吴先生又买到一位台湾朋友退休出让的一家三千多平方米、三百多员工的工厂。工厂设备齐全，又有订单，暴动中办公室家具受损，玻璃被毁，幸好暴徒没有纵火。上了年纪的老板和老板娘目睹越南暴徒借抗议之名打砸抢烧，十多年经营的工厂差点成为废墟，伤心无奈，以很便宜的价钱及分期付款的方式转让给了吴先生。

在越南开工厂，猛虎斗不过地头蛇，各种成本上常比本地人开的工厂吃亏，但吴先生仍深具信心。他很努力地学习越南语，但毕竟是华人，操不流利的越南语，很多时候联系业务和管理上不太方便。幸好他女儿在美国洛杉矶有仓库，有自己的销售网络，因此对工厂来说订单不是大问题。这次他也帮我打了样品，但他的工人毕竟是做室内家具的，与户外家具的水准和要求有差距，价钱也偏高，所以我们并没有采购。

每年3月越南家具展览会，我们都会到吴先生的摊位打个招呼。在2019年的展会，我遇上他儿子约翰夫妇，说他们已在年初关闭了在东莞经营多年的沙发厂，搬来越南，在父亲经营的工厂继续生产。细谈后得知，中国的人工成本愈来愈高，加上10%的美国关税，产品在价格上无法和越南工厂竞争，于是他们一家人全搬来越南，两个孩子在国际学校念书。但生产沙发需要的厂房面积比较大，现有的厂房已不太够用。

展览会场内，我发现生产家具材料和配件的中国工厂比比皆是。做五金件的，做椅子轴承的，布料、人造皮、意大利牛皮、弹簧、金属牌、标签等五花八门的厂商，都从国内到越南来找生意。展会上我认识了大熊，他在东莞开沙发面料厂，2018年底在平阳省租了一个400平方米的仓库，把国内生产的面料批发给各越南工厂，尤其是中国人开设的沙发工厂。这次展会，使我目睹了中国家具产业迁徙，也是中国工厂供应链网络延伸的开始。

美国对2019年1月1日以后出口的中国家具加征关税，由原本的10%加到25%，这给我带来了不小的麻烦。很多通过我们公司从中国进口家具的客户，因为自身仓储能力有限，一向要求把一部分货暂存在我们的仓库。平常，每个星期只有三五个货柜的货运进我们仓库，现在为了避开25%关税，客户在2018年12月一口气进了八十多个货柜，一个星期内就到了二十多个货柜。

我们平时每天只卸一个货柜，星期六日休息。现在造成我公司有大量货柜积压在码头，每个货柜要付租金，再加上货柜仓租等费用。这批货物当中还有五个货柜的摇椅，工厂在组件角度上出了问题，要逐个拆包改装。我们请了六个工人，一组两人，每天只能改六十多个摇椅。这令我们阵脚大乱。

这一个月过去，我们竟损失了十多万美元的各项费用。

而美国和中国的贸易谈判有了进展，美国把提高关税的计划延到第二年的6月1日实施。早知如此，肯定不在2018年的11月、12月扎堆出货了。

2019年4月，又到了出货高峰期。我们认为加征关税措施可能会再次延期，又有了上次的教训，这次没有大量进货。结果6月1日真的实施了25%的关税，我们有点措手不及。

吴先生3月份在展会上告诉我们说，同奈省有个台商的厂房要转手，他正在洽谈。因为美方没有如期加征15%关税，台商又看厂房挂出一年多没有卖掉，有心减价出售。一切都取决于美国是否提高中国产品的关税，如果加到25%，肯定有很多中国工厂会搬来越南，那么土地和厂房必然涨价。

10月广交会之后，我们回到越南买货。我又去探望吴先生，他已搬去了同奈的新厂房。

他说4月时他觉得美国加征关税的可能性很大，同时儿子也来越南和他一起闯天下，因此他压价后付了定金，以三百多万美元的便宜价格买下工厂。工厂位于繁华地段，有四万多平方米的厂房和6公顷土地，合约上约定在7月份成交。吴先生又说，如果美国迟迟未加征关税，或和中国达成协议，他有可能放弃定金，终止交易。

然而那几个月内局势变幻莫测，美国不仅对中国家具提高了关税,更对橱柜课以超过100%的关税。中国大连最大的一家橱柜工厂被课以超过200%的反倾销关税。

这下,很多做橱柜的大型工厂都到越南打天下了。在越南,面积1万平方米以上的大厂房,出租或出售的都不多,吴先生下了定金的工厂一下子成了抢手货。6月至7月,卖家提出愿赔付数倍定金,求吴先生解约,但吴先生不肯。卖家用尽各种方法拖延,欲令吴先生放弃交易,都没有成功,7月底,工厂终于过户给吴先生。

2019年6月1日美国加征关税之后,从中国来越南考察的厂家愈来愈多。10月我到越南平阳入住米拉酒店,全平阳的旅馆都人满为患,房价翻了倍,住客多是想在越南开工厂的中国人。他们到处打听哪儿可以租到合适的厂房,如何办理注册公司的手续,如何进口、出口等。许多会说中国话的越南经纪人穿梭在各家酒店寻找机会。这让我想起90年代初的深圳和东莞等珠江三角洲地区,那时候由于国家给政策,全国各地包括香港,甚至全世界的企业都一窝蜂地到珠三角和长三角开工厂。

越南厂房的租金几个月内涨了50%以上,土地价格翻了一番。

吴先生家四万多平方米的厂房,虽然是旧的铁皮钢结构建筑,但可用面积大,能分租给多家工厂同时进行生产。吴先生说,已有多家内地橱柜工厂要租他的厂房,但他还未决定租给哪一家。吴先生还告诉我,最近有人出价700万美元收购他的工厂,但他不愿意!他仅几个月就可赚三四百万美元,真不错!我们谈了一会儿,吴先生坚持要亲自开车送我回酒店。原来他刚买了新的奔驰AMG型高级轿车。这会儿我明白,吴先生是彻底"咸鱼翻生"了!

吴先生私下告诉我,他67岁到异域创业,历尽各种困难和苦楚,如今翻盘，又有儿子一家不辞劳苦，从中国搬来越南和父母一起奋斗，真是苦尽甘来！我真佩服吴先生的勇气、胆识！他是我心中永远的偶像！

**我的人生心得**：订下目标，全力以赴。不怕艰辛，苦尽甘来。

# 万变时代之七

## 中欧之旅

向我供应户外木制家具的工厂，也是中国木塑行业的佼佼者。为了节省运费，又虑及欧盟日后可能对中国设置关税壁垒，工厂王总屡次到访罗马尼亚，想和当地友人合作开办一家木塑工厂，同时利用当地便宜的木材，在木塑厂旁边再开一家炭烧木制家具厂。2018年11月初，他又要去罗马尼亚为筹建工厂进行考察，约我同行。我想中美贸易出问题，中欧制造也许是日后避免高关税的可行之道，我们一拍即合，一同前往。

有两位通晓俄语的朋友，也想在人工、木材皆便宜的乌克兰与一家中国家具工厂合作生产我们的炭烧家具。欧盟和乌克兰都是美国盟友，在乌克兰生产，避免了中国产品的25%惩罚性关税，对我们很有吸引力。

我从美国经德国飞往罗马尼亚首都布加勒斯特。王总和我都住在机场附近一家四星级酒店，离酒店不到半公里，有沿河修建、十多公里长的公园，我们早上可以跑步健身。

翌日，我们拜访了王总的好友黎总。他从浙江移民来罗马尼亚4年多，虽不懂罗马尼亚语，却开了十多家中国快餐店，令我甚为佩服！黎总非常好客，他和家人特别炖了一对熊掌款待我们。把熊掌煮熟后去茧除毛,再配以走地鸡、干贝等佐料炖了大半天,松软入味,胶质和嫩肉入口即化,再配上红酒,真是世上极品、人间美味。

欧洲70%的棕熊生长在罗马尼亚山区,这里一年中有半年可捕猎棕熊。一对熊掌在罗马尼亚可卖到约1000欧元,奇货可居,大部分都给在欧洲的中国人享用了。

炖熊掌

我们参观了布加勒斯特的进口商批发中心——红龙市场。市场内有上千个摊位,中国人经营的摊位占6成以上,以衣物、生活用品为主。据一位做报关服务的罗马尼亚籍华人说,以往中国进口的羽绒服是最大宗最好卖的产品,自2009年进口商人为降低成本,用不保暖的鸡毛代替鸭绒,进口羽绒服生意一蹶不振,也影响了其他进口衣物等各行业,红龙市场的生意连带受了影响。罗马尼亚的中国人约半数都和红龙市场有直接或间接关联,赖以维生。

中国驻罗马尼亚使馆估计,常住罗马尼亚的中国移民约7000人,算上暂居人口则约有1万中国人。2010年前的移民大都是教育水平比较低,没有本钱,只是想通过移民改善生活。而新的移民和暂居者大部分在国内已有生意或财富，他们很有头脑，来东欧是为了拓展生意或寻求更大的机会。一位三十多岁的南通床上用品工厂何老板，让弟弟留在国内管理工厂，把半制成品发来罗马尼亚，他在布加勒斯特招聘当地女工缝纫成被单、枕套等。在布市及附近的购物中心内，何老板共开了4家零售批发店。由于语言不通，何总聘了一位在中国生活过、会读写中文的罗马尼亚人做经理。产品的销售额和利润都相当不俗，打破了在红龙市场批发零售的传统老路。

王总和他的朋友带我去了罗马尼亚东北部山区的林场和锯木厂。这里的木材资源的确丰富，价格比中国和美国的都低廉，有市场的优势。

我还跟着王总去了一趟有着700万人口的塞尔维亚。在多瑙河畔的美丽首都贝尔格莱德，我们得到华人总商会温州籍周主席的热情接待。可惜当地市场太小，没有木材资源，塞尔维亚又不是欧盟成员，业务难度较大。

几天后，我们飞去乌克兰西部大城利沃夫，和两位精通俄语的中国友人在机场会面，而后坐了约三个半小时的车，抵达与罗马尼亚接邻的山区小城库斯特。开车接我们的是当地消防局局长鲍里斯，他非常好客，不但招待我们住在他家，晚上还宴请我们，吃他自制的香肠配以当地红酒。俄语和乌克兰语可相通，大家谈得甚为愉快。

朋友从国内带了一件炭烧摇椅给鲍里斯看，他已大概明白我们此行的目的。早上他带我们看了一个废弃的木家具厂，只卖十多万美元。该厂占地大约2000平方米，机器多为半自动的木工机械，很多已生锈，厂房布局散乱，不利组织生产。厂房外有羊群吃草，还有几头羊干脆在厂房里睡觉、休息。

我们接着去一处2017年才关张的菜市场，旁边有四千多平方米，10米挑高，约十年新的厂房和仓库，只要价三十多万美元。在美国这样的厂房最少值300万美元。小鸟从窗户飞入厂房筑巢，外面有数只野狗徘徊，凋零景象令我有不少失落感。乌克兰自从和俄罗斯交恶后，经济一直衰落。

我们还顺道参观了鲍里斯一个朋友的养鸡场。六个大养鸡房，面积都在2000平方米以上，还有屠宰场、孵化场等，过去产品主要销往欧盟国家，现在也难逃关门厄运。鲍里斯带我们去山腰看锯木厂，一路风光如画，山明水秀，到处都是苹果园和小别墅，直到看见山边冒黑烟，就到了木材工厂。原木用货车运出，较小的木头用马车运，加工机器比较落后；虽然这里木材质量好，价格便宜，但不能应付大量生产，很难满足我们的需求。

最后我们参观了一家做原木木屋的工厂，产品大部分远销西欧。木屋的制造工艺比较简单，本质上就是卖木材。一位会说英语的股东和我们谈合作生产摇椅，我们接着去他开的酒吧喝啤酒。一年前他拥有一家50余名员工的铝窗工厂，原本生意不俗，但因乌克兰经济不佳而停产。现在他担任本地区工厂的督察，负责发工厂牌照和查违规工厂等。他说他现在赚的钱比开工厂时还多。我心想：乌克兰的企业政策和普遍贪污让本地人开的工厂企业都生存不下去，更遑论我们这些语言不通的外国人。合作生产当然更不用考虑了！

假日有空时，我们在只有数千人口的库斯特城中心闲逛。到处都是宏伟的东正教教堂，路上跑的大都是陈旧的拉达1200（菲亚特124）和拉达1300汽车。中午我们在寥寥无几的餐馆中选择了披萨店吃午饭。回到鲍里斯家，一位穿紫袍的东正教神父正向消防局长募款。神父离开后，局长开玩笑说，下辈子要做神父，收入高又不用缴税！

2018年在乌克兰库斯特

两天后的傍晚,我们三人同坐火车由库斯特回利沃夫和基辅。局长送我们去车站,我掏钱要买票,局长说他认识车长,上车后给车长小费即可。我们在没有上盖的车站等了20分钟,一列蓝色火车进站,我觉得这车很眼熟。列车停定,各车厢乘务员都下车,站在车门等候旅客上车,我们拿着行李走了七八个车厢,局长和乘务员嘀咕几句,乘务员带我们上了车。难怪这么眼熟,这不就是中国70年代到90年代的绿皮火车吗?我们坐的是软卧车厢,4个人上下床一个房间。仅50欧元她就给我们整个房间。很久没坐过绿皮火车的软卧车厢了,连桌子下方放置暖壶的地方也和国内车厢的一样,太亲切了!

3个小时后我在利沃夫到站下车,而那两位朋友还得再坐6个小时到基辅。

在利沃夫,我乘飞机经波兰回到布加勒斯特,两天后便返回美国。此行我看到有资源、有实力的乌克兰,因政策不对、政府腐败、边界冲突而搞得百业凋落,而亚洲资源少的国家反倒生意兴隆。

**我的人生心得**:苛政猛于虎也。

# 万变时代之八

## 肺炎和口罩

2019年底,新型冠状病毒肺炎疫情发生,2020年1月下旬,武汉宣布封城。1月底我和儿子去了趟巴西和乌拉圭,飞机上并没有要求乘客戴口罩。美国和南美的机场没有采取任何措施预防肺炎传入,政府也没有具体的政策。

美国对中国家具征25%的关税,我们在越南的采购量与日俱增。中国为我们生产炭化家具的工厂KT也因贸易战的影响迁往越南,在中国工厂的集中地平阳省开办工厂,利用当地便宜的劳工和越南木材的优势进行生产。

KT工厂负责人郭总2月初在中国过完年,便回越南主持工厂业务。那时越南已因肺炎疫情封关,他要先在柬埔寨隔离14天才能进入越南。幸好在越南不用再隔离。

2月的中国,到处都是封省、封城,口罩供应很紧张,一罩难求。我刚好有位住在上海的朋友,回武汉双亲家过农历年,封城后一家人都困在武汉。我在美国买到一批3M的N95口罩,想寄给他们,但快递公司不接去武汉的货。后来我寄去了香港,请香港的同学替我转寄内地,结果一样,快递公司不接受——接了也没办法派送。

2月中下旬,美国感染人数也有所增加,我们订购的数千个3M口罩一周内就差不多卖光了。我问刚到越南的KT工厂郭总当地新冠肺炎的情况，他告诉我越南早前已封锁中国边境，境内也实施类似中国的封控措施，因此发病率不高。越南50%的人口持有摩托车驾驶执照，他们一向有骑车戴口罩的习惯；越南生产的口罩除了供应本国市场，也有出口的。近来因越南发生多起输入性新冠肺炎病例，政府要求国民在公共场合都要戴口罩，并禁止了口罩出口。

2020年一二月疫情严重时，中国一个普通3层无纺布口罩卖到5元人民币，越南的口罩成本只有不到2元人民币，越南商人便设法把口罩谎报为其他商品出口，或化整为零，经柬埔寨走海运销往中国。

郭总替我联络并采购了一批越南口罩，在2月底把第一批两万个口罩由胡志明市经地下通道运往金边，3月5日从金边用快递寄来美国休斯敦，3月10日到达我公司。口罩是50个一盒，没有UPC条码也没有彩印包装，每个口罩到手成本合60美分左右，零售价1美元多一个，卖得很慢。紧接着，第二批三万个口罩也到了。

我们先设计和印制了彩贴，买了塑胶袋，分包给公司员工和朋友，把口罩分装成10个一包，这样便可以放到我们原有的连锁店和超市等渠道零售。我们也在自己的店外放了两个大广告牌，路过的车辆都能看见。这一招真有效，招来了不少批发和零售的顾客。随着疫情加剧，我们的口罩也供不应求。

3月19日，加州宣布封城，纽约也在20日封城。我认识一位朋友刘先生，他的公司空运了大量口罩来美国。这时我们的口罩快要卖完，第三批5万个还在路上，只好以近70美分的成本向刘先生买了10万个口罩应市，同时从多个渠道进了大量消毒液和手套。3月24日，休斯敦宣布封城，五金店是卖民生必需品的，可以照常营业。从3月20日开始，我们的店铺每天有顾客排队买口罩、消毒液、一次性手套等，店前的停车场满了，只好请自家员工把车停往他处。

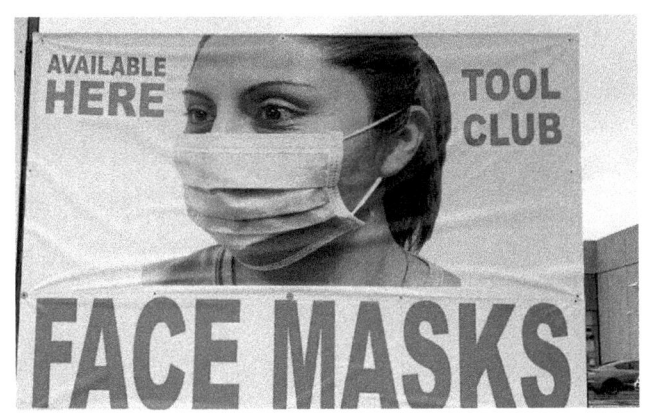

2020年公司门前的口罩广告牌

我虽然陆续从刘先生那里进了70万个口罩，但批发的客户太多，每家都要几千个，很快就抢光了。在3月下旬，我们一个多星期就卖了一百多万只口罩。封城的前一天，大家都缺货了，但我们还有10万个口罩存货。有位五金店的老板把手上的信用卡刷到最高限额，又把身上的现金掏光，最后还打算将他车上的一把手枪拿来作抵押，以求能买更多口罩。我们啼笑皆非，断然拒绝。

批发区整条街上只有我们公司有口罩，招来其他商家妒忌！德州的副检察官某天打来电话，说我们"哄抬价格，趁火打劫"。德州法律规定，如有重大灾难发生时，民生必需品最高只可提价10%。但我们在这次之前从没有卖过口罩，这是头一回定价头一回卖，何来抬价行为？我们把事实告诉副检察官，他不太相信，请我们把进口的单据和当地的发票等交给他查看。这事才不了了之。

过了3天，县政府的检察官又派了一位便衣警察到店里，说我们"抬高售价"，问我们索要口罩的进货发票，又说零售价最多只能从进货成本上浮18%。这个利润率是根本行不通的，我们和他争论，没有多大用，只好找了一位律师和他们对话。几天后，因为市面上货源充足，口罩价格一直在跌，过了一个多星期，警察看到我们的口罩售价下跌，也就没有进一步行动，检察官也不见踪影了。

美国商人都感到市场上口罩的需求这么强，且进口关税由25%降到7%，于是一窝蜂地空运了大量中国产口罩来美。我在国内已找到三家公司供货，但空运费竟由人民币每公斤三十多元涨到150元。更有甚者，空运舱位很难订，口罩往往要等两三个星期才能运到美国。到4月初时，寄快递差不多要走一个月。

4月1日，中国为了打击劣质口罩出口，严格实行质检，必须要有国家质检证书才能出口，KN95口罩更是只有少数公司有出口资质。大量口罩堆在中国海关，质检后才能放行，我们也有数批口罩被中国海关扣留。

4月中，美国市场的口罩价格比最高时跌了三分之一，但仍然有大量顾客。我们给各连锁工具店发传单，订单如雪片般飞来，但他们都要小批量、400个或800个一包。这一来所有口罩都要换包装，我们请了六个包装工也赶不及，星期六也要加班加点。每天FedEx和UPS都从我公司装满一车车口罩运出，批发生意实在太好了，盛况空前。

零售生意也比以前增加了三四倍，尤其是有全国性管道疏通公司、餐馆等向我们购买口罩、手套、消毒液等，公司门口车水马龙，每天就像过年。4月开始，卖口罩的小进口商增加了很多，卖保险的、餐馆老板、留学生，等等，都上门来推销口罩。

我们卖的越南产4层口罩比中国产3层口罩厚实，市面上同类产品不多，竞争不大，利润比较好。我和儿子原本估计，4月中就应该停止进货，以免积压库存，把赚到的钱又都赔进去。但4月底到5月中旬，需求量仍然很大。这时大客户TSC向我们询价，并且口头答应购买200万个口罩，于是我和KT工厂郭总商量，立刻从胡志明市发出一个40英尺高柜的4层口罩，同时也跟中国供应商加订了八十多万个3层口罩，海陆联运，以摊薄之前空运的成本。

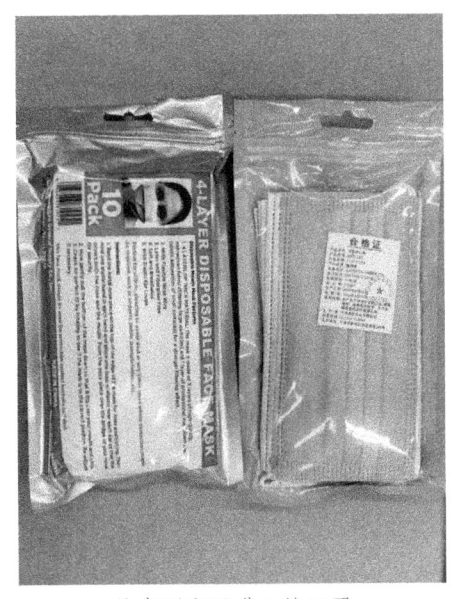

从中国空运进口的口罩

5月上旬，中国海关扣下质检的口罩已有部分获得放行，各航空公司也增加货运航班来往中美，口罩价格一下子降了许多。我订的口罩陆续到岸，4月初发货的口罩，5月中下旬也到了。此时口罩的批发价格暴跌到不足40美分一个。我还有很多五金店的订单，我们请人把口罩分装为每包10个，贴上彩贴和条形码，外包工价每包4分钱。市场货源充裕，口罩的订单量下落得很快，到6月中，批发价格已跌到2角多，低于进货成本。每天只有数箱口罩从我公司发运。TSC最终下的订单，也从原来答应的200万个变成区区30万个。结果是我公司积压了300万个口罩的库存。我们有感应该回馈社会，也向休斯敦食品银行等慈善机构捐赠了近70万个口罩。

然而我们还没有真正察觉事态的严重。我因为价格上亏得太多而不愿贱卖口罩存货，但要货的人愈来愈少。2020年11月中，美国宣布疫苗研发成功，口罩批发价也跌到1分半一个。直到12月中，洛杉矶进口商的口罩存货剩下不多，价钱又升到3美分一个。中国口罩的出口价也是在3美分左右。我们只能忍痛以3分钱处理库存口罩。前期我们确实赚到了钱，但后来亏在存货，整体仍是赚的。这场"口罩大战"真的有惊有险，天天都有高潮。

2021年8月，新冠病毒变种Delta横行，美国每日感染人数从千余人升至十多万。口罩又再次吃香了，我也适量进了货来卖，但批发数量不大，大部分是平价零售。2021年底奥密克戎变种病毒的到来也并没有造成恐慌与争购，口罩生意，我认为是告一段落了。

2021年12月1日，美国发现了第一宗变种病毒奥密克戎导致的病例。然而德州几乎一切如常，餐馆的生意很好，常常要排队，餐厅内很少有人戴口罩。州政府规定，学生可以不戴口罩上课。我们一家还自疫情之后第一次去电影院看了电影。圣诞节公司聚餐时，一位雇员染了肺炎，传给两位同事。我们一家照原定计划，到加州圣地亚哥和洛杉矶过圣诞节。加州虽然要求大家戴口罩，但飞机场、动物园、购物中心和旅馆都是人满为患，我想，这离全民感染怕是不远了。

2022年1月，美国感染人数每天都是五十万到一百多万，我公司超过三分之一的员工已染过肺炎。月中，4岁孙女的两个同班小朋友染上病毒，但我儿子、儿媳和另一个3岁的孙女，都是阴性。各处核酸检测中心都排起长队，中国生产的新冠试剂卖到断市。有很多人大量空运试剂来美，向我推销。我还有大量口罩存货卖不出去，疫情期间虽然口罩销售额近千万美元，却所赚无几，鉴于这痛苦的经验，我只买了少量试剂试销。随后，美国政府给每户居民免费派送试剂，这点试剂也成了死货。

在疫情初期，许多人进口口罩和消毒水都赚到了钱，后来跟风的，都亏了。赚到钱的，大多是卖给政府、学校或大型的公司、企业。部分赚到钱的人认为疫情会继续存在，运费会长期高企，于是继续深耕，在美国开了工厂。我亲眼见到一对化学博士夫妇，用赚到的近两百万美元，从中国买机器设备，在我公司附近租了三千平方米的厂房，生产消毒巾和消毒水。疫情高峰后产品销量不好，惨淡经营，他们寄望有新的疫情，助工厂扭转乾坤。数家德州的口罩工厂现已关张，锡利市一家工厂，崭新的口罩机以废铁价转卖都没人要。

2022年1月23日星期天，早上我和孩子一起打篮球，7°C的气温只穿了一件单衣，之后略感不适。吃完早饭去全国连锁的健身房游泳锻炼，室内有一百多人，没有人戴口罩。下午我参加4岁孙女30人的生日聚会，之后和家人在餐馆吃了一碗云吞才回家。晚上我开始咳嗽，自己独睡。第二天上班，我仍一直咳嗽，下午感觉非常疲劳，便提早回家休息，并约好翌日中午做测试。当晚，发冷时我盖了三张毯子也觉得冷，黎明时又发热，被子全掀开，也觉得热，发低烧，严重咳嗽，不能入睡，非常难受。上午，我用政府免费提供、每户4套的iHealth试剂，测得抗原阳性。中午到测试中心做准确度更高的PCR测试，两天后得到阳性结果。

生病是需要人关怀的时候。太太怕自己已被感染，便不去上班，替我准备早餐，陪我散步，做新鲜美味的包子、馒头、面包等，就好像我们在度假，没有生病的苦恼。我独自在楼上房间睡，但吃饭和工作都在楼下，虽然戴口罩、分开餐具，四天后，9岁的小儿子开始咳嗽。一验之下，他和我太太也都染上新冠，孩子不能去上学了。这下子，我变成家里病毒传播的元凶。但11岁的伟诚也一直共同生活，就怎么也没有传染上。还有三天过年,家中早已买好海参,准备了冬菇、鲍鱼、鳕鱼等食材,但家人聚餐等活动都不得不推迟,过年的气氛全都没有了。

> **我的人生心得**:订了目标,可以修改,但绝不能改道。我没有照计划在4月初停止进口,贪和贫只是一线之隔。

# 万变时代之九

## 美国建厂

美国前总统特朗普于2018年伊始对中国进口货物课以惩罚性的关税,部分劳动密集、技术含量比较低的工业加快步伐从中国转移到其他国家。然而中国数十年中积累的生产技术、熟练的工人、先进的机械、充足的资金,及完整的生产链,是其他国家短时间内无法替代的。再加上中国有良好的基建、通信设备及政策支持,中国各类出口产品,很多都是世界第一。

2020年,新冠肺炎肆虐,全球远洋运输费和美国内陆运费均大涨。2019年,一个40英尺货柜由中国或越南到休斯敦,运费约4000美元,2020年12月涨到六千多元,2021年8月更是涨到2万元以上。我们一个货柜的货值只有28000美元左右,运费由以前货值的15%涨到现在的70%以上。主要原因是疫情使卸货速度放慢,造成港口拥堵、货柜周转困难。

世界各国因为疫情严重而先后关停商业活动,美国为刺激经济发行大量钞票,利率又偏低,从而引起通货膨胀。2021年,有色金属如铁、铝、铜等比上年同期涨价30%以上,塑胶原料涨价近一倍,美国木材价格猛涨3倍。加上人民币升值、海运费涨价3到5倍等因素,我们只好提价30%到50%不等。大部分客户不能接受10%以上的涨价,我们的生意因此受损。

早在2019年年中，看到美国对中国家具等商品课以25%的惩罚性关税，而两国间的贸易前景有太多不确定因素，我和大儿子都认识到在美国生产家具的重要性。木制户外家具是我们主销的产品，美国木材丰富，价钱便宜，可惜家具工厂不能实现全机械化生产，需要大量劳工。美国生产的家具，要和人工便宜三四倍的中国和东南亚国家生产的家具竞争，简直是自杀。

80年代后期开办锤子工厂的失败，让我对做逆水行舟的事犹有余悸。一些客户看到美国Polywood品牌的塑料仿木椅子卖得非常贵，销量还非常好，也向我们订购这款中国产发泡塑料挤出成型的椅子。美国塑料便宜，如果我们在美国生产这些家具，可以避开25%的关税，又省了运费，还可以卖给现有客户，应该是笔很好的生意。

2019年下半年回中国，我先后去张家港和苏州参观了几家挤塑机制造厂和木塑家具厂，发觉木塑家具的生产工艺并不复杂，但是对劳动力的要求比较多。设备开机后要花一两个小时加热调试才能开始生产，工厂要持续24小时开机，否则就会亏本。仔细计算，与其在美国开挤塑工厂生产，还不如把中国工厂迁到越南或其他东南亚国家，利用当地便宜的人工、厂房、原料和低关税等优势，生产并出口美国。就像当年台湾把玻纤锤柄移去中国生产，然后占领美国和欧洲市场一样。总之，木塑家具不值得我冒险。

最划算的应该是生产某种体积大、运费贵、生产自动化程度高，并能在我们现有客户群中畅销的产品。和大儿子商议后，我决定做仿旧四五十年代样式的冰桶。我们已获得可口可乐等公司授权生产和销售这款冰桶，多家全国连锁超市都在购买我们的产品。新冰桶的特点，是把中国产冰桶的钢板外壳改成为美国生产的聚丙烯塑料，塑料部分占成本的80%，占成本另20%的金属部件及五金件仍从中国进口。我们将选用全新的射出成型机，自动化程度高，产品质量稳定，待机时间不长，便于依订单调整生产时间长短。

2020年年底，我从朋友手中买下休斯敦市中心东面一个3400平方米的仓库，然后着手订购机器设备。朋友介绍我找到了全球销量最大的射出成型机厂家——中国的海天，和另一家规模较小的工厂华美达，我也找了台湾最大的两家成型机上市公司报价。最后，因为台湾机器卖到美国不用付25%的惩罚关税，我们选择和一家台湾工厂合作。

美国大选甫定，我一直关注民主党的对华政策。如果拜登总统取消美国对中国商品的惩罚性关税，那么美国制造的产品便没有了价格优势，因此我迟迟未付台湾设备的定金。2021年1月中，得知民主党的政策和特朗普时代一致，不会调低关税，我这才放心把定金汇出，顺道也订了模具，总金额二百多万美元，预计在8月交货。

2021年2月中，我打完肺炎疫苗。3月初，我飞往俄亥俄州的代顿，去一家中国工厂的美国代理模具厂。他们的模具都是在中国制造，美国的代理厂则负责模具的设计与维护。然后我们一同参观美国代理的亲戚开的射出成型工厂。约4000平方米的工厂开了三十多年，一直以OEM业务为主，眼下三代人同在工厂工作，年近九十的祖父仍然掌权。

厂内有一台三百多吨的蓝色庞然大物——辛辛那提Milacron公司60年代出品的射出成型机。巨大的马达和油压缸耗电量惊人，是现代机器的20倍以上，成品速度则只有十分之一。新机器采用伺服马达，宁静且效率高。厂里也有多台90年代末和2000年代初的东芝射出机，仍在工作，耗电量也是新机器的数倍。厂里雇有二十多位员工，为了节省人工，下班后只剩下老板的两位接班人——六十多岁的儿子和侄子加班。我心想这类专做小批量代加工产品的工厂，前途是相当有限的。

附近的房子比较老旧，大都是白人居住，价格在三万到十多万美元不等。代理说，以前附近有很多制造业工厂，现在大部分已关门或搬走，人口流失严重。这也是过去30年来锈带和美国工业的写照。

我想起美国近百年的老牌钳子工厂Vise-Grip。工厂创业者去世，年轻一代不想经营，把工厂卖给了一家上市大公司。公司旗下产品很多，为便于管理增加利润，很短视地在2008年关闭了位于内布拉斯加州德威特的这家百年工厂，整个小镇五百多人失业，订单都给了中国。美国的工业就这样一点点地消失，直到最近新政策下重现生机，美国企业回流设厂慢慢变得有利可图。

民主党拜登总统的数万亿宽松货币政策，造成美国的通货膨胀，会令世界的金融不稳定。我相信生产高附加值产品、自动化程度高的制造业，会因美国保护关税、地区经济和良好投资环境而在美国兴起。劳动密集的工业，则仍会留在中国和第三世界国家的手里。

卖口罩时，我认识了27岁、从休斯敦大学硕士毕业不久的彭先生。他在国内和美国攻读材料工程学，正是我们制造冰桶需要的人才。我们一拍即合，他成为工厂的策划总监。之后又幸得潘工与何工加入筹备工厂。

我们一直在和台湾工厂讨论冰桶的产品设计及打样，但是进展太慢，最后联系了中国国内的专门公司做设计，包括用数控加工中心制作样品。我们还需要增加两台射出成型机，而台湾因疫情关系交货较慢，不得已，我们只有向国内打探采购。

台湾和中国的工厂，因为零件和配件都较难买到，机器设备推迟了一两个月才交货。随后海运船期又拖延了一个多月，因此我们要延迟到2022年2月才能开始生产，3月才能交货。生产时间比计划的晚了四个月，我在资金上承受了很大压力，成本也大大超出预算。但我对在美国制造体积大的商品仍充满信心。

到2022年1月，大部分设备已经到位，但是工厂还没有通过市政府的检查。我们没有开工厂的经验，而冰桶的生产工艺比较复杂，因此我们又开发了一款木制冰桶，与一款简单射出的椅子，希望在4月能够投产。生产时间一拖再拖，是我始料未及的。

儿子对经营工厂的意志有所动摇，我告诉他长城不是一天建成的，不入虎穴，焉得虎子；要有耐心，才能做成大事。如果事情这么容易，那美国就到处都是工厂了。

2022年初，中国和越南到美国南部的海运费仍在2万多美元一个货柜。美国客户因为船期不准、工厂交货慢、原料涨价，怕没有货卖，都加紧加码订货，造成一柜难求，而美国的商品库存快速增加。国际货运代理一星期赚的钱够买一栋房子的消息，比比皆是。

此时中国大部分工厂都能正常生产交货。随着欧洲和美国的疫情缓和，旅游业、餐馆业、娱乐业等都恢复了，人们不再在呆在家里，网上购物减少；加上俄罗斯和乌克兰开战，燃料、塑料等价格齐齐上涨，美国和欧洲零售业不景气，消费不振。船运大公司新船不断下水，但货运量在下降。8月份，到休斯敦的货柜运费已降到八千多元，比年初掉了差不多一半。

美国便宜的塑胶原料在八九十年代往中国输出，但是现在的中国塑料反比美国便宜30%以上。美国的天然气因出口增加而涨价，电费近月来涨了差不多一半，加上人工比疫情前增加三成、运费大降等因素，此时在中国生产塑料产品，成本已比美国便宜三分之一以上，另外美国政府还可能减免中国关税。于是我们决定新的冰桶仍在国内生产，而在美国生产体积大、容易加工、单一原料的产品。真是此一时，彼一时。为此我们交了许多学费，浪费很多时间，前景如何，还要拭目以待。

工厂，由左到右：吕工程师，两位美国管道工程师，我，台湾工厂谢文忠、林政玮工程师，潘工程师。我们身后是台湾FCS1300吨注塑机

2023年UGS美国工厂即将正式生产的注塑家具

有机会，我会再分享工厂的后续进展。

## 网上巨无霸

2010年代中后,美国出现了BCP、Anker、Aukey等大型批发商，成为Amazon、Walmart等等零售网站上的巨无霸。他们有国内外的天使投资人出资，经营种类很多很杂，在美国各地都设有仓库，有自己的IT团队，以大数据作为采购的依据，什么好卖的都做。客户评语也有专业公司去做假，每一项产品都刷到数百上千的好评，以火箭一飞冲天的方式，短短几年便做到数亿美元的营业额，部分公司上市了。反观我们老老实实做生意的，差不多八年才有两三百个好评。

前两年，美国的Amazon等公司找出刷好评的品牌，直接把他们的产品从网站上踢掉，造成大量产品要低价出售。我买了八个货柜的医用乳胶手套，从中国进口的价格是6元，我的到货价格是2元多。但不是每种货品都可以很快卖出去，我买了这类甩卖货的火炉、灭蚊灯、帐篷等，虽然买价便宜，但与我们的传统客户不大对口，用传统销售方式销得较慢。

卖给我大宗存货的公司都设在深圳，在美国都有十多万平方米的仓库，有红杉基金等后盾。虽然部分产品下架了，他们仍有办法卷土重来，利用最新的技术做广告，在网上销售产品，继续向投资人讲故事。

其他国内小公司，在美国设的海外仓更是雨后春笋，在休斯敦我认识至少五家进口商转做或兼做海外仓，成为国内公司在美国网上销售的桥梁。他们都生意兴隆，仓库越搬越大，也有别州来开分公司的。有一家厦门的进出口公司根据大数据，仿制我们的炭烧家具在网上买，因我们投诉而下架。这种事层出不穷。

以前的竞争是刀剑短兵相接，现在是用"洲际导弹"、不知道敌人从哪里来、没法防御的年头。在什么时间要做什么事情。竞争已不是同一条街、同一个城市的事，而是和几千里外有组织、有技术、有大数据、有资本的，看不见的公司开战。也有不少小买小卖网上销售致富的例子。传统开店开支大、拼时间，以此旧思维和方法一成不变地走下去，只有死路一条。

**我的人生心得：美国制造时机已届临，仍困难重重，要有耐心、信心，和贯彻落实的计划，才能成功。**

# 万变时代之十

## 疫后越南

2009年,我打网球时不慎踩到球上摔倒,脚跟剧痛,不能走路。当时以为是扭伤,第一时间看了中医,敷了一个星期药,没有好转。又看专科医生,照了核磁共振,才发现断了脚筋,开刀做了接驳手术。虽然耽误了一点时间,经过四个月持拐的不便,生活终于回复正常。

最近两年,旧患缝线处时有肿疼,看医生后才知道,前次术后伤口缝线不可溶解,医生建议把多出的线切除。他说我很"幸运",他数百名病人中,要做第二次手术的,我是第二位。经过一个月的排期,终于轮到我了。

新冠疫情期间,海运费上涨四五倍,从4000美元涨到近2万美元。我们一柜货物的货值平均不到28000元,运费从货值的15%涨到70%,材料价格也上扬5%到30%,逼得我们提高售价30%到50%不等。但最大的零售商家得宝Home Depot只允许我们涨25%,亚马逊则一分也不许我们涨,其他客户也只接受有限度的涨价。为维持公司运转,我们又必须继续进货,满足接受有限涨价的客户的需求。还好有两家船运公司以每个40英尺货柜六千多美元的价格和我们签了一年合约,加上杂费,一个货柜运到休斯敦约八千美元。但是船运公司常常以爆舱和货柜短缺为由，拒绝我们的订舱。多半的货柜，我们仍要付超高的运费运到美国，营业额是提高了，但销售量和利润并没有增加多少。船运公司因为疫情而获得空前的利润，如台湾的长荣公司，付了员工40个月薪水作为2021年年终奖。

2022年4月要签新一年的航运合约。每家船运公司都觉得2021年签约的价格亏了，2022新的合约提价到16000美元以上，但没有过多的罚款条款。为了保证能获得有限的舱位，我只好选择一家公司签下天价合约。

全球船运行业由三个联盟霸占，每个联盟下的船运公司都有能运四千到一万多货柜的巨轮，以降低船运成本。以前别的小公司很难和三家"巨无霸"竞争。然而重赏之下必有勇夫，超高的运费诱使美国和欧洲的商人纷纷包船，船务代理也租用小到只能装两百多个货柜、排水量仅五千吨的"蜗牛壳""花生壳"来揽活——走一趟美国，赚的钱便够买一条船。美国的港口多了这批"生力军"，卸货速度自然慢很多。这情形使我想起二战时三十多万英法联军困在法国敦刻尔克海边待撤退，那时候英国出动了所有船只，大到邮轮，小到私人游艇去载战士回家。

2022年3月底开始，船运舱位增加，运费下跌。5月中，中国到休斯敦的货柜，运费已从18000跌到12000，越南到休斯敦跌到14000。美国开始加息，不再印钞，以控制8%的高通胀，消费在减弱。我们认识的平台销售商说，这几个月销售量比去年同期少了约30%，电商销售比去年同期少10%到20%不等。高昂运费使货物提价，卖不出去，大家都预测航运费会继续下跌。7月后是室外家具销售的淡季，不用留过多库存，每多发出一个货柜，我们就要多付高昂的运费，而货物又无法快速卖出。

我决定去一趟越南，与合作的工厂商量，我们多付订金（预付款），请他们做好产品后存放在工厂仓库，先不发货。另外，我们还要看新的样品和订明年的货。

疫情过后，越南从4月起开放商务访客入境，我在网上申请签证，一个星期便办妥了。经医生允许，手术后第三天，我坐上满载乘客的美联航客机，到了空荡荡的日本成田机场，再转机到越南河内。

我先到了离海防市不远的一个台湾工业区，这里有23家台湾人开办的工厂，其中一家工厂给我们供应铁制、铝制公园椅。我们每年向他们购买数十万元的椅子供给家得宝，但2022年因为中国铁价跌了，公园椅价格也大跌，即便加上25%的关税，中国椅子仍然比越南的便宜。而且美国政府有可能取消这款家具的关税，所以这一年我们没有订单给这家工厂。毕竟是多年的朋友，我特意来解释我们的处境，大家看看有没有好的解决办法。

老板是一位约70岁的太太，在中国有工厂，在洛杉矶有仓库，儿子在美国。她单打独斗在河内打理一万多平米、三百多人的工厂，主要生产在家得宝销售的铁门。新冠疫情期间，她两年多守在工厂寸步不离，平时只有借酒浇愁，实在是让人难受，我也担心她的健康。

翌日，一家合作家具工厂的业务员来酒店接我，带我去医院换药。医生通英语，检查得很仔细，护士包扎后，付三块半美元出院。家具工厂原有两处各两千多平米的厂房，疫情时订单爆满，又租用五千多平米的厂房，生产美国BCP品牌编藤桌椅。现在仓库堆了三十多个货柜打包后的货，最近好几个月没有收到美国订单，只好关门。最惨的是他们买了土地，正在建两万平米的厂房，建成后每月可以生产一百多个货柜的家具。

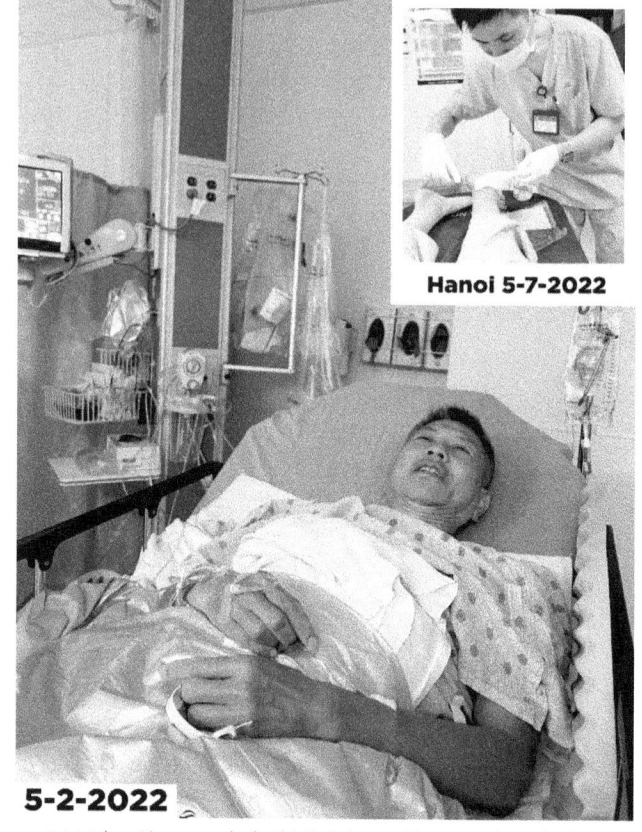

2022年5月2日，我在美国手术，5月7日，在河内换药

随后我去了岘港和归仁的几家工厂，他们的开工率也不足。值得一提的是归仁新区的明全家具厂，一家三万多平米的全新工厂，有五百多员工，专做欧洲家具，所用的木材皆有FSC（再生林）认证。归仁市政府学习中国招商引资的做法，在开发区森林里，为有实力的投资者提供免费土地和低息贷款等优惠政策。工厂买了十多辆大巴，每天接送上下班的员工。

我的验货员带我去一家医院换药，两位医生会诊，敷药包上纱布，只收1.7美元，社会主义真伟大！

我接着去了毗邻西贡(胡志明市)的平阳省，这里是台湾与中国家具工厂在越南最集中之地。合作工厂接我到酒店，然后和朋友吃晚饭，再去卡拉OK喝酒。在饭桌上和卡拉OK，我认识了不少中国企业的老板，他们家人都在国内，白天工作很累，晚上找地方聚聚，享乐一番。我仿佛回到90年代末期的深圳和东莞，每个晚上都是歌舞升平、纸醉金迷。卡拉OK里都是20岁左右的漂亮小姐，怪不得中国老板的圈子里，有这么多的越南"二奶"存在。越南法律同中国的差不多，外国人在工业区可以买厂房、建工厂，可以买一套公寓，但不许投资房地产和土地。但中国人都喜欢投资房地产，这一来华侨在越南置的物业，都在越南小姐的名下，以后都会留给越南的"小二"和"小三"们。

第二天我到了以前为我们供应家具，现在生产塑料编藤沙发和藤椅的一家越南工厂。因为中国产品遭受反倾销，订单都跑到了越南，他们有六百名工人，旺季时达到一千多，每年出厂两千多个货柜的货。我看到一车车焊好的铁管框架正往外送，另一车编完的藤椅在点收。工厂另一端，工人们忙着同时往11个货柜装货。这是又一个"东方不亮南方亮"的例子。下午到另一家工厂，我们还有两个货柜的货在厂里没有运出。5000平米的工厂因没有新的订单，停工了，幸好厂房是老板自己购置的，还能勉强生存。

我从朋友处得知，越南家具最大的进口商——美国的亚室丽Ashley Furniture因存货太多而不再订货，最近要求供应商降价6%，还要负担1500美元左右的运费，才能订舱位把工厂库存的货运走。这真是霸王条款。但工厂资金很紧张，有的也就接受了这条件，亏本求存。

KT是为我们生产炭化家具的中国工厂，负责人郭总和他的合伙人由于疫情长期留在国内，越南的业务都交给一位在中国打了七年工、会说汉语的越南工人小伍管理。KT在平阳的工厂面积2200平方米,因为地处偏僻,未受疫情波及,但也很难找到会说汉语的工厂助理。国内和本地的材料供应配合尚好,工厂一直都在生产,但是用工太多、油漆消耗太快等因素造成工厂不赚钱,合伙人也要退出。这次郭总从中国飞到越南,同我商量如何解决以后供货的问题。

在平阳我有一家4000平方米的供货工厂,最近开工不足,工厂边上有一个2800平米的空置厂房。工厂老板和我年纪差不多,但已半退休,他的儿子三十多岁,在休斯敦念完大学,想做一番事业。我把年轻人介绍给郭总,大家一拍即合,以合作和合约的模式运作,郭总会在一两个月内把KT工厂搬过来。这一来,我不用担心下半年的供货问题了,真是不枉此行。

有空闲时,我参观了一家一万多平米的橱柜工厂,才知道越南每个月有三千多个货柜的橱柜运往美国。另一家专做纤维板(MDF)贴花的工厂,全用中国机器和原料,日产三十个货柜,为地板生产商、橱柜工厂和装修公司等供货。平阳和周边地区还没有高速公路,主干线天天因为货柜车造成拥堵,我们的车只能慢慢挪动。这也让我想起90年代的中国。

郭总住在平阳中国城一个朋友家中,中国城区域有多家中国餐馆、杂货店、礼品店,还有一家豆花店。我们去了一家三层楼的湘菜馆,味道正宗,有一位年轻人向我们敬酒,原来是餐馆老板,刚从中国到越南三年,只有25岁。我不由想起自己25岁开餐馆的往事。

在越南晚上下班后,中国人常聚在一起吃饭、喝酒。一个朋友和太太住在平阳中国城,吃饭喝酒后回到家,穿高跟鞋的太太上楼看小孩,一不小心从二楼摔到铺大理石的一楼地面,头部着地出血,不省人事。家里人手足无措,一时又找不到救护车,送到医院已经是30分钟以后。很不幸，两个孩子的母亲，45岁，就这样与世长辞，丈夫很伤心，两个星期都讲不出话来。异国打拼变成命丧他乡，怎不令人唏嘘。

2022年底，全球贸易不景气，虽然从胡志明市到洛杉矶一个40英尺高柜的海运费跌到2000美元以下，但很多越南工厂因开工不足而关门，铩羽而归的中国老板大有人在。

不知不觉，我已在越南度过两个星期。我穿着拖鞋，上了全日空的飞机，经日本返回美国。

**我的人生心得：时势造英雄，胜败乃兵家常事。唯身在异乡为异客，困难重重，有苦自己知。**

# 万变时代之十一

昨日,今朝

## 家族今昔

1998年,我的祖父在旧金山的老人院中去世。

在80年代初,二祖母诊断为乳腺癌晚期,癌细胞已经扩散,虽然在美国Kaiser医院做了化疗,但是效果不佳。她听从朋友的建议飞回香港,看中医、服中药,经过数月并不见疗效,身体越来越差。最后,有护士执照的二叔回港,陪同她坐头等舱佩戴氧气面罩飞回美国,救护车等候在旧金山机场,直接送她去医院。没有多久,二祖母便去世了。她相熟的公所给了她一块免费的坟地安葬。

二祖母去世后,祖父在唐人街租了一个房间独自居住,在他床底下,有个装满了金币银币和钞票的箱子。1988年,他患了老年痴呆症,叔叔和姑姑把他送去Laguna Honda老人院,房间里的箱子却不翼而飞。他一生的积蓄就这样灰飞烟灭了。

我探望过他一次,他已经记不得我的名字。

祖父1897年出生,16岁开始跑船,二战前,在香港湾仔做包办英军伙食的生意,战后从中国内地回香港,继续跑船。1954年在旧金山跳船时，他已是57岁，年龄太大很难被轮船公司录用，因此把年龄改小了七岁，文件上写成1904年出生。当他跑船回香港时，已经超过60岁了。祖父在老人院中去世，享年101岁。

父亲告诉我，他的祖父（我曾祖父）在乡下活到112岁呢！

如果没有惠娇姑姑准许我住在她家中两年，又全力帮我这个刚中学毕业、呆头呆脑的新移民找学校、谋工作，我就无法在那段日子专心读书、融入美国社会。表弟表妹和姑父也提供了不少协助，令我愉快地度过两个学年。我今天的一切都少不了姑姑和她一家的功劳。姑姑为人宽厚，乐善好施，实为我们的模范。2001年，姑姑因患老年痴呆症而去世，她人缘很好，葬礼盛况空前。

姑父在姑姑过世后独居，退休后还有很多餐馆请他修理炉头、做简单的装修等工作。他常在旧金山Noriega的"咖啡小馆"帮忙，周末也常去Reno和马场散心，开心地度过晚年。2021年11月，姑父在91岁的高龄安然离世。

祖母在我父亲之后生的几个小孩都夭折了，于是领养了一个两岁大的女儿，希望她能给我父亲带来一个弟弟，取名带娣。带娣姑姑1931年出生，在香港的小学读到三年级，二战时和家人回故乡横岗。由于家里没有粮食，祖父母以600元把11岁的带娣卖到十几公里外，龙岗一户比较有钱的地主家做杂工，每天做割草、破柴、挑水等粗活，睡在柴房里，吃的只有红薯、萝卜稀饭之类，得了胃病。解放后，她因胃病住进人民医院，医院工作人员帮她找到横岗乡下的亲戚及香港家里的地址，她于是写信去香港求助。我父亲知道后，寄给她生活费和路费。横岗的干部同情她的遭遇，批准她回香港和家人团聚。姑姑用父亲寄来的钱雇一个人骑单车载着她，从横岗到深圳边境，再坐公车进香港市区，和二祖母居住。

2000年3月，我姑父70岁寿辰，母亲、惠娇、带娣两位姑姑，与三家所有的子女、孙儿们在旧金山聚会

带娣姑结婚后生了一儿一女，先后在黄大仙徙置区和葵芳廉租屋住过。1975年，祖父申请他们一家移民美国。表弟表妹结婚后都在加州湾区买了房子定居下来，姑姑在旧金山市中心餐馆当清洁工，62岁退休后长住在旧金山里士满区的老人公寓，有一个孙女。

1940年出生的二叔在香港圣保罗中学毕业后，结婚生了两个小孩，再到英国读护士，回港在圣玛丽医院工作。1968年他移民美国，在旧金山总医院等处工作，再婚生了一个女儿，后来离异，三婚有一女和一子，儿子还在大学读书。如今他在纳帕开餐馆。

1960年，19岁的罗颖从香港培英中学毕业不久，下嫁我20岁的二叔。生下一男一女后，二叔赴英国学护士，颖姨和两个小孩留港，一直和二祖母同住，同时在一所小学担任教员。好不容易等到1966年二叔毕业回港工作，却发现二叔在英国已移情别恋、另觅新欢。但她忍辱负重，等到1968年祖父申请二叔一家移民美国后，才与二叔离婚。

移民后，颖姨读了不到一年的英语，便考入太平洋瓦斯与电力公司工作，把子女养大，供他们到大学毕业。她在旧金山的日落区买了一套房子自住。她顾全大局、不屈不挠、为子女牺牲奉献的精神实令人钦佩。她现已退休，过着悠闲的生活。

1945年出生的三叔以航海为生，嗜烟酒，爱赌博，没有责任感，太太忍无可忍，带着小孩改嫁了。由于没有良好的生活习惯，常打通宵麻将，三叔患上高血压、糖尿病等疾病。2010年底，他在独居的旧金山唐人街一家简陋旅馆房间的浴缸里，因心脏病发作猝死，只留下几箱杂物和一身赌债。他有一个私生女和一个儿子，都与他没有联系。

家庭聚会是我母亲最关心的大事。每年圣诞节时，母亲都会问明年家庭聚会的时间和地点，再三叮嘱我们要提前计划好，每次打电话都提醒我们不要忘记。通常每年农历新年后，我们就计划好聚会的时间地点，告诉母亲和大家，不让她担心。

大部分家庭聚会在母亲和弟妹们居住的旧金山湾区举行，也有四届在加州的太浩湖，一届在夏威夷，一届在洛杉矶迪士尼乐园，一届在圣地亚哥坐游轮游墨西哥，一届在佛罗里达州迪士尼乐园，一届在德州，三届在加州首府和其他地区。每次六个家庭二十多人，老少在一起有说有笑，二十多年没有断过。只有2020年，因新冠肺炎疫情，我们在Zoom上举办了家族线上会议。

母亲虽然没有读过很多书，却在75岁高龄时写下遗嘱，吩咐我们六个兄弟姐妹要和气团结，尽可能不把她的房子卖掉，用房产的收入来帮助有需要的兄弟姐妹，其余用来支付每年的团聚费用。我很佩服母亲的长远眼光。

## 重温70年代香港美梦——2014年老同学马来西亚之旅

2014年10月,我去了马来西亚参加马元坤同学儿子的婚礼。马元坤是我中学的死党之一,早年移民到英国,儿子和媳妇都是英国的注册会计师,亲家公是马六甲一家最有名的会计师事务所的老板。

同学及家眷共20位,应邀到马六甲参加婚宴。婚礼是中式的,宾客中有当地政要、商界人士,亲朋好友数百人济济一堂,还有中国民乐演奏助兴,情景很像香港的宴会,大家非常高兴。

马元坤同学长子婚宴

马六甲的唐人街还保存着70年代香港和澳门的特色,可以买到地道的鸡仔饼、老公老婆饼等等。同学的亲家特地请我们到他的火龙果庄园摘红心火龙果,非常新鲜可口。我们包了一辆豪华旅游大巴,请了一位职业导游,北上吉隆坡,参观了著名的清真寺、马华公会、唐人街等,然后游览度假胜地金马仑高原、华人众多的怡保、有中国渔村风味的太平,再到槟城。

2014年，到马来西亚参加马元坤同学长子的婚礼，乘大巴畅游全国。图中为布特拉清真寺，照片由朱士文同学提供

金马仑高原有著名的茶园、薰衣草园，还有很多中国人开的花圃。怡保有名的是大排挡，我们吃到美味的芽菜鸡、鸡丝河粉、牛腩粉等，味道和香港的差不多。大排档店家都是摆上大小圆桌和塑胶椅，玻璃架上挂起一排排烹饪好的鸡和肉，店内只有电扇，大多没有冷气，也没有装修，与我记忆中60年代的香港大排档没有多大分别，一碟鸡饭只收两三块美元。饭后，我们去一家生意非常好，能坐一百多人的咖啡馆喝下午茶，这里也没有空调，家具简陋，卫生条件比较差，但一杯奶茶只要20美分，非常便宜。

怡保西面，海边的太平，有很多渔船停靠。我看到很多居民家门前放有妈祖或是观世音菩萨的像，有中文的对联，还建有数个华人宗祠，可见当地居民以华人为主。房子都比较老旧简单，好像60年代的香港。我们在太平一艘没有装饰的木船上吃了一顿美味的海鲜，价格不到美国的八分之一，物美价廉，令我想起四十多年前父母带我们在油麻地避风塘艇上吃饭的情景。

怡保著名的安记大排档，环游马来西亚大巴合照，照片由李耀威、朱士文同学提供

姑父曾告诉我，他的亲戚去马来西亚发了财。但是我在马来西亚看到的普通华人，都比较穷困，属于没有赶上时代、落伍的一群。我们在水果摊看到木瓜不太新鲜，导游说，好的水果都卖给新加坡了。

所幸能够和一群年逾六旬的老同学日夜相处，尤其是和多年同窗、已移民英国的李耀威同学住一个房间，可以细说往事。二十多人好几天共坐一辆车，游玩、叙旧，有说有笑，非常开心。

几天后，我飞到欣欣向荣的亚洲金融中心新加坡，探望二弟。我能看到未来的工业全球化，新加坡和马来西亚的中国人都有机会参与，能够利用本地的优势和中国工业结合，从中受益。

## 前妻的故事

1999年离婚后，前妻带了我们的三个小孩前往法国，在法国和瑞士边境住下来，孩子们在瑞士日内瓦的私立国际学校Collège du Léman读书。

数年后，他们前往葡萄牙里斯本定居，做家具生意。孩子们上里斯本的一家美国学校。三个孩子中学毕业典礼，很感谢她都邀请我参加，她带我参观学校，也让我了解他们在里斯本的生活情况。孩子们毕业后都回了美国德州上大学。小女儿毕业离开里斯本不久，前妻婚变，离开了葡萄牙，到洛杉矶帮朋友照顾家庭和管理财产。

2019年中，一位朋友告诉前妻，休斯敦市中心一家开了三十多年、生意极佳的饺子老店要转让。餐馆一周开五天，只售午餐，下午两点打烊。讲好价钱，付了定金，本应在2020年年初转手，却遇上新冠肺炎疫情，市中心的办公大楼没有人上班，饺子店的生意不到以前的三分之一。店老板找我商量，愿大幅降价出让，我和他在2020年底做好了相关文件，待二儿子和前妻来年年初接手。

前妻2021年3月接手在市中心大楼里的饺子快餐店

2021年2月，前妻回到休斯敦接管餐馆。经过近一年经营，业务蒸蒸日上，差不多恢复正常，后来又在市中心区找到好的地点，筹备开第二家饺子店。在休斯敦她可以照顾她年逾九十的母亲，下午有时间，还可以帮大儿子照看两个可爱的孙女，享天伦之乐。

2019年，第二个孙女满月。左起：大儿子伟德的岳父母、伟德夫妇和满月孙女，前妻、二儿子、女儿和大孙女，我太太与我，前排是两个小儿子

2023年，大儿子伟德的生日。伟德夫妇和我的两个小孙女居中，左二是我最小的儿子伟隆，右起：我、儿子伟诚、我妻子、我前妻，其余为前妻的家人及儿媳的家人

逢年过节，我常会和前妻、前岳母、三个大孩子及各自家庭聚餐。衷心感谢我太太，她通情达理，大方地让大家融洽相处，使我心中有说不尽的感激。

## 冒险与故交

我们一家每年都趁学校放暑假外出度假。2021年7月,因为新冠肺炎疫情,不能出国旅游,我和五个儿女及他们的家人、伴侣共11人到阿拉斯加十日游。

我开租来的2021年簇新28英尺配发电机的旅行房车,内有3张折床,冷暖气、冰箱、炉头、厕所和浴室一应俱全。女儿偕男友,我和两个小儿子,5人乘房车舒适地出游和住宿。我们看冰川,游北美最高的迪纳利山,还坐了游轮。

最刺激的莫过于在昔日的冰川上开全地形越野车ATV。我们租了一辆四人越野车和两辆双人ATV,二儿子和女友开的双人ATV先在水深不到一米的河中死火,要用另一辆车拖出。接着,我和8岁的小儿子开双人ATV抄小路上山,前面有一处落差近两英尺的垂直断层要越过,我们把油门按到底,车子凌空蹿出一米多,才掉下来。当时感到很刺激,后来回想,如果车子往后翻,我们两人可能已没命了。

我和八岁儿子开双人ATV在旧冰川浅滩闯荡

左起：大儿子、孙女，小儿子和我

后来我们迷了路，要开车涉过一条河。怎料河床越来越深，双腿和鞋子都泡在水中、车身抖动眼看要熄火，小儿子本能地紧握油门，终于冲上对岸。他把车停下来，坐在地上哭着要回家。我只有安慰他，继续沿河往前走，终于找到大路返回。

2000年，我曾参加布莱恩·爱默生的投资公司Starlight Capital[1]举办的讲座，把Facdirect.com网站介绍给到会的投资者，但未能找到投资。布莱恩结婚后没有小孩，50岁时，他觉得钱已经赚够了，在距安克雷奇40分钟飞行里程的海边买了一块不通陆路的土地和房子，还买了一架小飞机，偕同太太离开德州，搬到阿拉斯加州，过着隐逸的生活。在我们要离开的那天早上，他和太太开飞机来看我们，和我们共进午餐，实在是难能可贵。

---

1 https://www.starlightcapital.co

旧友布莱恩（后排左一）飞来安克雷奇与我们相聚

2022年3月，我和太太、两个小儿子路过阿肯色州，专门去贝茨维尔，重访阔别35年的鲍曼手柄工厂。前老板鲍曼先生的儿子雷伊年近六十，接管工厂已多年。雷伊和他的太太、女儿热情地接待我们，带我们参观工厂。

我发现工厂仍沿用着数十年前的机器，还有一台1930年代的木工机。2010年年初他们添置了两部意大利木工机，工厂的生产规模和三十多年前差不多。雷伊的大儿子是数学老师，女儿阿米莉亚在工厂工作，是下一代的接班人。

贝茨维尔近年发展很快，有数家全国性公司的地区总部进驻，如生产刈草机的Intimidator Group，提供健康护理服务的White River health System等。位于公路边的鲍曼工厂的土地价值也水涨船高。雷伊也是贝茨维尔的现任市长。

伟隆和阿米莉亚、我太太和雷伊在工厂。阿米莉亚是工厂的下一代接班人

2023年，90岁的Roland先生又来到我们店里。他在密西西比州"珠江（Pearl River）"边的Picayune开工具店，每年4次开车来休斯敦从我们公司买货，至今已三十多年。右一是批发经理Cortina，她已在公司服务30年

## 美国家庭的演变

我的大儿子伟德从葡萄牙回到美国,从德州大学毕业后,在北京一家外企工作了一年多,而后回美和我一同在公司工作,现已接管公司销售和日常业务。他在上海时认识了巴西出生的安娜,两人2018年在美国结婚,现在已有了三个可爱的女儿Katelyn(李凯琳)、Alice(李凯莉)和Hailey(李凯蕾)。伟德热爱举重、骑车、打球等运动,积极参加企业家协会(EO,Entrepreneurs' Organization)及其他的主流社交活动,在家中以英语、葡语及中文与家人沟通。安娜在公司主持人事部,平常喜欢结交朋友,也是一位贤内助。

二儿子伟奇在欧洲读到中学毕业后回美,入读德州农工大学,因为喜欢烹饪,接着就读加州著名的蓝带烹饪艺术学院。他现已订婚,未婚妻Harmony是香港移民第二代,在美国出生,两人打算在2023年底到夏威夷旅行结婚。伟奇在他母亲的饺子店和新开的中餐外卖店做店长,又在准岳父母关家的塑袋厂兼职,且身为小股东,生活忙碌充实。

2021年,阿拉斯加。左起:女婿Andrew和小女儿,大儿子和媳妇安娜,二儿子和未婚妻Harmony

小女儿爱苓（Lynne Lee）从德州大学奥斯汀分校（UT Austin）毕业后，在我的公司服务达五年之久。她为公司开创网上销售业务，我们的产品得以在Amazon、Wayfair、Home Depot等线上平台售卖。后来Kathy等员工加入，形成了公司的互联网交易部。我十分感谢她的努力。爱苓后来又回德州大学拿到MBA学位，搬去纽约，在Verizon电话公司工作。她2022年11月在加州纳帕谷结婚，夫婿Andrew Horton是澳洲出生的留学生，纽约大学MBA毕业。女儿喜欢跑马拉松、各种运动和社交活动。

2022年12月，爱苓与Andrew在檀香山跑马拉松。愿我们的后代，携手合作，继续努力向前奔跑

2020年感恩节，女儿从纽约带男友Andrew和另两个朋友到家里聚餐，介绍她的男朋友给我们认识。2021年感恩节，她只带男友回家聚餐。餐后，Andrew问我可否和女儿结婚，我认为太快了，和他说再等几个月吧。2022年6月，女儿订婚。

2022年感恩节，女儿和女婿的婚礼在加州纳帕山谷的一个酒庄内举办，女婿Andrew的家人也从澳洲飞来

2022年感恩节，女儿和女婿在加州纳帕山谷卡利斯托加的一个酒庄内举办婚礼。Andrew的父母和两位姐姐从澳洲墨尔本飞来，我的五位弟弟妹妹也从新加坡等各处赶来，两位新人加上直系亲属和各地飞来的三位挚友，共三十五人参加这场盛事。

当日天公作美，阳光普照，一对新人在亲友前牵着手，我弟弟为他俩做证婚人，简单而隆重的仪式后，两人正式成为夫妻。接着我们在一个仅能容40人的山洞酒窖里用晚餐。

现在的年轻人和我们那时候不一样了。他们只想和息息相关的、最亲的亲人与一辈子的好友共聚一堂，共享这一生难忘的时刻。这与我们大排筵宴、讲究排场办大型婚礼的老思想大相径庭。我仔细想，这是他们的神圣时刻，父母请一大堆与新人无关的人到场，铺张浪费，劳民伤财，图什么呢？我们只好改变传统思想，迎接新潮流，也祝福他们为下一代的混血儿（们）努力。

李家其他的在美第三代都还没有婚嫁。

两个最小的孩子伟诚（12岁）和伟隆（10岁），在8年多前移民来美后，入读天主教教会学校，在周末上中文课——一节是去中文学校，另两节是中国国内的网课。每天还有游泳课和钢琴课，时间排得满满的。

我很高兴能有更多时间陪伴两个小儿子，看着他们成长。

他们参加本地的游泳俱乐部FCST学会了游泳，两人都很爱游泳。他们在FCST每周训练四次，每次游两个小时。FCST共有五百多名成员，2016年奥运会上的游泳冠军西蒙娜·曼努埃尔就是从这家俱乐部出来的。

俱乐部每个月都举办一次游泳聚会，小孩子的家长们也都很积极地参加活动。伟诚曾得过队里100米蛙泳同年龄组的冠军。我喜欢在孩子们的游泳比赛里充当计时员之类的角色。跃入泳池之前，孩子们有的蹦跳着热身，有的像金刚那样用拳头捶打自己的胸脯，有的伸直双臂，左右扭转身体。裁判吹响哨子，比赛开始，我发现足有一半的选手入水都太迟了。

小儿子伟隆入水时被水冲歪了泳镜。他浮出水面，整理好泳镜才接着游泳，浪费了宝贵的5秒钟，结果以最后一名的战绩结束了比赛。

孩童懵懂无知，父母万般宠爱。不管这些小选手犯了多少错，也不管最后成绩怎样，父母和队友都齐声为他们喝彩。他们只要尽了自己的努力就好了，不用面对出错和失败的后果。我巴不得所有的小孩子都永远不用长大，不用面对残酷的社会现实。学校是训练、试验、实践的场所，失败的成本非常小，我非常怀念过去学校的生活。

2019年9岁的伟诚（前排中央花束后）与同学们接受天主教的洗礼

2023年，50米自由泳比赛10岁组，伟隆在最远处的泳道

太太大部分时间都用来照顾孩子，一早给大家做早饭，下午为孩子和我准备晚餐，每天接送小孩上下课和参加各项活动，忙得不可开交。她喜欢烹饪、做瑜伽等。

2022年11月,太太和我93岁的前岳母合过生日,小孙女等着吃蛋糕

二弟锦昌现居新加坡,目前是美国著名半导体机器制造商亚洲区技术主管,太太是新加坡籍华人。

锦昌的女儿玮庭从新加坡的高中毕业后,被加州大学伯克利分校哈斯商学院录取。从加大毕业后,玮庭在一家大型咨询公司工作了两年,获得全额奖学金进入芝加哥大学深造,2023年6月获得MBA学位。玮庭目前在南加州工作。锦昌的儿子伟恒高中毕业后在新加坡服兵役两年,随后到美国就读于加州大学洛杉矶分校材料工程专业。毕业后他获得台湾积体电路制造公司的工作机会,如今是台积电凤凰城工厂的一名工程师。

三妹秀娟现居旧金山湾区,她在加州政府劳工保险部工作了二十多年。

秀娟的儿子李家文是一位儿科麻醉医师,在旧金山东湾从医。家文的妻子Andrea是德国裔犹太人护士，两人在2022年生了第一个儿子Jonas（李进兴）。秀娟的女儿李嘉仪在加州大学圣塔克鲁兹分校学习心理学。23岁时，她在圣何塞州立大学获得硕士学位，是同班最年轻的毕业生。嘉仪现在是旧金山湾区的一名社工主管。

四弟锦棠与家人在佛罗里达州迈阿密附近做生意和定居，两个子女皆大学毕业后工作。

小妹妹秀心大学毕业后一直在硅谷居住和工作，丈夫和她分别是两家上市电子公司的主管。秀心的儿子邢楚宏2022年自圣何塞州立大学航空工程专业毕业，并拥有商业飞行执照。

六弟锦良大学毕业和结婚后，两夫妇在加州萨克拉门托地区居住，育有一个女儿及一个养女。

我的表弟伟光一家，住在亚利桑那州凤凰城。他的两个女儿敏慈和蔼慈都就读于亚利桑那大学，毕业后又都前往德克萨斯大学奥斯汀分校深造。

敏慈在攻读化学工程博士学位时认识了同学Brandon Rowe，两人毕业后，于2009年结婚。敏慈现就职于世界最大的制药企业之一默克公司，Brandon在石化巨头埃克森美孚工作。两人有四个可爱的孩子，一家人现居新泽西州。蔼慈在2012年获得生物制药工程博士学位。她为美国食品药品监督管理局在波士顿地区的分支机构工作。

伟光的儿子健诚在亚利桑那大学获得MBA学位，现就职于凤凰城一家银行。

表妹绮媚是全职主妇。她大学毕业后不久就嫁给一位有名的牙科医生斯蒂芬·原田[1]，原田医生被美国牙医协会评为最好的牙医之

---

1 https://health.usnews.com/dentists/stephen-harada-1626224

一，他还发明了Curvex牙刷[1]，申请并获得许多发明专利。他们住在旧金山，有一个女儿Megan。

带娣姑的女儿张淑玲曾在一家银行工作，现已退休。她的丈夫Sammy在通信公司Sprint工作。他们住在旧金山附近的戴利城。带娣姑的儿子张更，最近在旧金山东湾从事老年人公共房屋的管理，他的妻子Kanas已退休，两人有一个女儿Kaitlyn。

## 宗亲会、同源会、同乡会的衰落

我是休斯敦李氏公所的成员。2019年9月，"全美李氏第廿三届恳亲代表大会"在旧金山唐人街召开，包括休斯敦在内，共有来自二十多个城市的二百多名代表参加。全是五十岁以上的中老年人，以台山人为多，会上都以传统广东话发言，部分老辈人不会说普通话和英语。

我去过许多历史悠久的中国传统会所，大部分都青黄不接，由老人掌局。青年人不愿意参加这种"怪异"的，以当年新移民为主的组织，因为与他们在言语、思想上都格格不入。我想这类会所会慢慢地式微，再过二三十年，有的将不复存在。

我有空时，除了参加华人社区的集会，也去竞选集会，捐款赞助民主党、共和党的候选人。在美国式民主制度下，支持政党和投票是表达政见和存在的唯一方式，也是尽公民的一份责任。尤其在身边社区的公共事务中，更需亲力亲为、与各界人士交流，才能以民主的方式维护自身的权益。

2023年2月，休斯敦市政府拨款2000万美元翻修我公司门前的一

---

[1] https://www.amazon.com/Curvex-CV06-Toothbrush/dp/B00VQWCN4M 原田医生拥有多项专利：https://patents.justia.com/inventor/stephen-d-harada

段主干道路，把原有的双向四车道公路改为双向三车道。这段道路两侧遍布约三百家批发和零售商铺，常有大型货车通过，减少车道会让大货车更难调头，增加堵车的几率，而长达两年多的施工期也会严重影响周边商铺的生意。我挨家挨户拜访了近百户商家，没有一家支持这个翻修工程，于是我发起了周边商家反对道路改建的动议。我与志同道合的商家们在20天内收集了183个签名，约占受影响商家的60%，提交给市政府。2023年6月，市政府放弃了减少车道的改建计划，2000万美元的拨款将用于修缮道路及和解决洪水隐患。日前，我发起了推动"Harwin Wholesale Corridor（Harwin大道批发业走廊）"的运动，鼓动政府拨款宣传这一区域的商业，创造就业机会。

# 万变时代之十二

## 恍到德州的新疆之旅

自从2019年暑假和家人一同回中国后，因疫情关系，直到2023年中国开放，我才有机会再度和太太孩子们回到阔别四年的中国探亲访友。

2023年2月，我就和北京的挚友张黔南夫妇约好，于7月一同飞到敦煌，然后自驾去北疆，再走一趟能在一日之中看到春夏秋冬的独库公路。6月初，黔南已给我们订好了7月3日入场参观敦煌莫高窟的门票。

从疫前到疫后，中美关系发生了巨大的改变。2019年，中美之间每周有超过150班直航客机；2023年6月，双方每周的直航班机由16班增加到24班。以前由休斯敦直飞北京的国际航班停航，我们只能坐台湾长荣航空的班机由休斯敦经台北到北京，票价是疫前的两倍多。

6月30日凌晨，我们从休斯敦出发，7月1日下午7时抵达敦煌。黔南和他太太开着北京牌照的奔驰商务车来接机。翌日我们参观了雅丹地貌的地质公园、阳关、玉门关，知道了"关照"的由来，以及烽火台的构造。晚上看了回顾以往敦煌、西域历史人物的实景演出"再见敦煌"，然后顺道去了热闹的敦煌夜市。

7月3日，我们到访中外闻名的莫高窟。一千六百多年前这里开凿出第一个石窟，到一千年后在山崖上共开出735个窟。石窟的彩色壁画栩栩如生，尤其当我们在61窟看到一千年前的巨幅彩绘《五台山图》，叹为观止。佛教僧侣以惊人的毅力，创造出不朽的宗教艺术品，也是努力不懈、水滴石穿的另一例证。

看完月牙泉，我们便往哈密出发。由甘肃进入新疆的星星峡，要过一处公安检查站。太太有中国身份证，我和小孩们拿的是港澳回乡证（港澳居民往来内地通行证），需要登记。检查站的主管是一位维吾尔警官，非常客气，等待的时候他还向我们介绍新疆的名胜古迹。

在新疆境内加汽油时，我们发现加油站都是铁丝网包围着，要先向保安出示身份证验明正身，再刷身份证核对没有不良记录才能开门，加油时还要再刷一次中国身份证。听他们说是十年前暴乱，南疆数个汽油站给暴徒焚毁。加了围栏后，加油站再没有发生被破坏的事了。

7月4日，我们从哈密驶向吐鲁番，进入古代丝绸之路上的大海道，沿途见到沙海中的雅丹地貌。车子在五百多公里的沙海大道中奔驰，浩瀚的戈壁沙漠两旁都是土堆或高山，地表有一层薄薄的碎石，而下面则为厚厚的细沙土。一路上有多个景点，有一次我们从一处景点休息区刚开出大半公里，因拿不定主意走哪条路，两轮驱动商务车的后轮陷入路面外的沙子，再也转不出来，推车也无济于事。我只好徒步往景点休息区求救。

大部分游客都是开四驱车来的，但他们都没有带拖车钢绳，好不容易问到一辆陕西中型房车的主人备有钢绳，又得另一位路虎四驱车主帮忙，一下便把车子拖了出来。

车陷大海道

进入大海道后,就是一片杳无人烟的沙漠,只偶尔看到迎面而来的车辆。看车上的温度计,车外最高气温达到57℃(华氏135 F),真不知道从前从欧洲骑骆驼骡马而来的商旅是如何走过这漫长的"死亡之路"。沙漠中途经一处长约一公里的绿洲,伴着沙漠天空中特有的彩云,就仿佛到了另一个人间仙境中。

大海道的雅丹地貌

傍晚,好不容易出了大海道的北门。开出差不多两公里,一不小心驶进路旁的碎石堆,又陷车了。这一次我又走了两公里路往休息站求救。站长是一位年青魁梧的维族人,他站里唯一的救援车出去救另一辆陷在沙中的车,要两个小时后才能回来。他叮嘱站里的人通知路过北门的车子去前面救援我们,又和我一起拿了木板和铁锹走回车子,打算将木板垫在车轮下把车开出。

步行回程中,远远见到上次那辆陕西房车和一辆长城坦克300的四驱车停下,一阵子功夫,便把商务车拖出来了。因为路况不好,商务车后轮的避震器损坏了,行驶时发出尖啸声。很感谢维吾尔族站长,他整理一下地面后,一个人扛上铁锹和木板回站里。

在吐鲁番,我们看了高昌和交河两个古城,才知道奉信佛教的高昌回纥国在14世纪被蒙古察合台汗国攻陷后改信了回教,柏孜克里克千佛洞的佛教艺术也多遭破坏。虽然历史不断演变,但三不朽——立功、立德、立言是永不可改变的。这更令我决定以后要继续著书,把不断创新、学无止境、努力向上、永不言弃等的精神留给后人。

早上在火焰山,我们看到被水、风侵蚀成火焰般纹理的山体。虽然没赶上傍晚时山峦被夕阳映红的奇景,但天刚下过雨,温度只有38℃(华氏100℉),天气干燥,出游一点也不觉得炎热。

接着参观著名的古代坎儿井,人工开凿地下渠道以引高山雪水到平原灌溉的大工程,鼎盛时曾有一千七百多条。每条坎儿井需要一代到数代人的努力才能完成。又去延绵两公里多、布满葡萄藤的葡萄沟长廊,真是大开眼界。在艾丁湖,我们骑单车到了"世界内陆最低处"的圆球地标,这里的湖面在地球海平面以下154米。

7月8日,我们开车到达新疆最大城市——四百万人口的自治区首府乌鲁木齐。下午到了打卡圣地国际大巴扎（市集）。原来新疆的工作时间为早上10时到晚上8时，中间有两小时休息，在新疆晚上10时才日落，所有的小店和餐馆都是午夜才打烊。在大巴扎内有许多美食摊位，可吃到烤鹅蛋、烤骆驼肉、羊肚包肉、面肺子、烤鱼、馕饼、烤包子、烤牛蹄等，除牛羊肉串外，还有羊肝、羊腰、鸡心等半米长的串烧。美味的大盘鸡、手抓饭、切糕、哈密瓜果冻、酸奶刨冰等等食物应有尽有，可容纳三四千人、有上盖的食堂坐得满满的。

大巴扎美食

我们不用担心安全问题，任何人在市场入口都要出示身份证并经过安检，所有新疆餐馆和摊位的切菜刀、大刀都带有钢绳或铁链，以防有人抢刀行凶。大巴扎外，也驻有装甲车和武警护卫。

在新疆博物馆，我们看到在沙漠中沉睡3800年的楼兰美女古尸，还有历一千五百多年仍栩栩如生的张雄将军干尸。这些尸体不用炮制，不用布裹，是在自然沙漠环境中"烤"出的。令人惊讶的是看到木制的飞去来器（Boomerang），我一直以为这是澳洲土著的发明，谁知三千多年前在新疆已有了。

7月10日我们上了天山和天池。7月11日从乌鲁木齐开了一天车到库车，途经大片一望无际的棉花田、玉米田、小麦田、枣园和大棚种植的蔬菜，又看到风力发电和光伏电站遍布。偶尔也看到采油井架和采油机。新疆如此庞大的生产力，把我以前以为新疆只有戈壁沙漠的观念一扫而光。晚上10时我们才抵达库车，顺道逛了库车夜市。

7月12日晨，我们给车加满汽油，驶上闻名中外、中国最美丽的"独库公路"。由独山子到库车的这条双向单车道公路，一年只开放四个月，因能在561公里的路上看到如春、夏、秋、冬四个季节的景色而驰名。由库车的炎热沙漠气候开始，经雅丹地貌的红峡谷，三小时后水草逐渐丰富，接下来五个小时都是鲜有树木一望无际的碧绿草原，看路标才知道这是著名的巴音布鲁克草原。骑着马的维族牧人，在驱赶成千上万的牛群、羊群或牦牛。刚好有一只领头羊带领羊群在我们车前方不远处过马路，结果一队车辆只有停下，等待了十多分钟，上千只的羊过了马路，才继续上路。沿路有数不尽的可租给游客过夜的蒙古包。

平原的尽头是高耸的天山，远处的山顶是皑皑的白雪，到处都可看到川流。车子在盘山公路上穿插，不觉间已近山顶，一大片雪地上，居然还有天然的溜冰场。很多游人下车玩雪。下得山来是水草丰美的山谷，牧人正在赶羊回家。当我们到达终点独山子的旅馆，已是晚上十点半了。经过一整天的旅行,大家都累坏了,没有心情和胃口吃晚饭,倒头便睡。

天山上的积雪

13日,进独山子大峡谷观看奇异的地貌,却发现这里成了一个大型的游乐场,真是啼笑皆非。我们离开独山子,到石河子参观了新疆兵团军垦博物馆,看到王震、陶峙岳的22兵团开垦、戍卫新疆的经过。听导游说,现在内地移民落户兵团,每名职工可以分到40亩土地,每亩地的收益每年可达5000元。建设兵团还有纺织厂、汽油站、工厂等等项目。晚上,我们在一家著名餐馆吃串烧,告别新疆之行。

14日晨,我们一家四人乘飞机到了太太的老家沈阳。

此次新疆游前后共花了十三天,驾车约4500公里(2800英里)。这个中国最大的省是美国德州的2.4倍大,是德国的五倍大小,但人口数量只有美国德州的2/3,不到德国的1/3。

4500公里的新疆自驾行

如同美国德州,新疆有丰富的石油、天然气、成群的马牛羊、丰富的风力及光伏发电资源,和庞大的可耕种土地,又是"一带一路"通往中亚和欧洲的枢纽,有来自全国及国外源源不绝的游客。新疆的各行各业尚在起步阶段,各族人民受教育程度还比较低,经济收入较之沿海省份还有差距,但很有开发潜能。德国国民受到良好的教育,技术和工业发展到极点;而我所居住的美国德州,则是介于德国和新疆之间的开发中地区,尚有上升的空间。

自驾途中见到的哈萨克族牧人和成群牛羊,让我仿佛回到了德克萨斯

我非常看好新疆的发展，我想称它为"新将"，即"新的将来"之意。回想我1979年决定由旧金山搬来德州，是一项重要的人生决定，也是正确的选择。今天中国有志向的年轻人谋求发展，不妨到"新将"一试。

以下是我比较新疆和四十年前德州的相似之处。

**第一：教育程度较低的少数民族占人口的比例高。**

西裔（说西班牙语的拉丁裔）占德州人口的40%以上。而新疆的少数民族则占总人口的近60%。新疆大部分的少数民族居住在农村和三四线城市，他们多生子女，而学校教学水平低加上农村的密集劳动，影响了他们进入高等学府或到技校里学得一技之长的机会。美国德州的西裔也常常是多子女家庭，孩子要帮家里赚钱维持生活，影响他们的升学机会。

受教育少，进入社会后的职业选择也少。在高科技日新月异的今天，一个人没有良好的教育，很难谋得好的职位，或创业赚到更多的钱，他的子女也难以得到好的教育，如此世世代代地循环下去。

**第二：生活成本低。**

德州的房价不到旧金山的四分之一，物价也便宜20%以上。新疆消费最高的乌鲁木齐市，房屋均价为人民币8500元，比一线城市的房价也是低四分之一以上；物价也比较便宜，人民生活稳定，做生意成本低，容易生存。

德州许多西裔没有置业的传统，且相当一部分人没有美国的合法身份，很难购置房产，只能租住公寓。这也是德州房价低迷的原因。

反观新疆的少数民族小城市，夏天家家户户门外都放一张大床，一家人在户外乘凉,晚上睡在户外床上,毋需开冷气。他们对生活要求不高,没有迁往大城市的需求,加上新疆地广人稀,使新疆多数地方的房价低廉。

吐鲁番街上,5块人民币(0.7美元)可以买到又脆又香的芝麻味或原味烤馕

淳朴好客的新疆人在家门口或葡萄架下放置的床榻,是接待客人、家人聊天和夏夜睡觉的好地方

**第三：不乏高薪、高科技人才岗位。**

新疆和德州，都有石油、天然气、光伏、风电和工厂，带动石油、建筑等行业前来发展。这些行业高收入、高消费力的人群是社会的原动力。

**第四：治安声誉不佳。**

以前美国人都认为德州人仇视其他少数族裔。又说西裔和非裔好吃懒做，导致德州各大城市犯罪率居高不下，整个州落后、不发达。自2000年起，很多高科技公司迁来德州后，这些先入为主的说法不攻自破，但仍有部分美国人抱有"德州治安不好"的旧观念。

新疆过去发生的多次暴乱，尤其是十多年前的那一次，对国人而言印象深刻。一般人认为新疆是个落后、不安全的地方，我以前也是这个看法。这次新疆之旅，我看到到处都有监控，维吾尔族的公务员和警察都彬彬有礼，午夜出门也没觉得有什么不安全。

"不安全"的成见令大部分中国人对移民新疆却步不前，而对有志之士，这是有机可乘的。

在吐鲁番，我们汽车后轮发出尖锐声响。翌日在旅店旁边找到一家修车店，才发现是小石子进入刹车系统，摩擦发出的声音。三十多岁的王老板说，这是车子在碎石路行驶常见的问题。交谈中得知，王老板是甘肃兰州人，技校毕业，谋生赚钱不易，八年前来到吐鲁番打拼，五年前开了这修车店，生意蒸蒸日上。疫情时期虽受挫折，他仍然坚持下来，今年的生意已超出2019年的水平。

王老板介绍说，自驾来新疆长途旅游的人愈来愈多，长途旅行，尤其在沙漠行驶，车辆损耗和出故障的概率增大。像我们这样砂石进入刹车系统，或漏油、避震器损坏，是常见的问题。他的生意也应接不暇。如果在竞争更大的兰州生活,他今天未必能做老板。王先生在吐鲁番买了一套房子,成家立业,对他来说,移民到新疆是正确的选择。

另一个好的例子是住在乌鲁木齐、在天山景区当导游的张小姐。她是在新疆生产建设兵团出生的汉族孩子,家里很注重子女教育,她高中毕业后,考进名校北京师范大学,毕业后留京工作了一段时间,不习惯在北京消费压力大、快节奏的生活,回到乌鲁木齐老家,当了导游。她现在只要工作半年,收入便足够一整年生活开销,有足够时间陪伴父母、照顾小孩。工作中和国内游客相处,还可结交到很多新的朋友。她说,回到新疆定居是她正确的选择。

回想我当年大学刚毕业,轻装上阵,有的是青春和时间,失败了可从头来过,换另一行业也毫无惧意,没有后顾之忧,勇往直前。移民到比较落后的德州,是以我这一匹中等马对阵德州大部分的中下等马,胜出只是时间问题。

相比旧金山、纽约等大城市,休斯敦的生活节奏如同乌鲁木齐,可快可慢,生活成本比较低。我们的子女后代,在社会中也大都是"中等马对中下等马",可以从容应对,也不用为后代的生存问题太担心。

同样的,国内二本、三本、高职、技校的毕业生千军万马,在中国大城市找到理想职业比较困难,想做公务员也不容易,想创业更难似登天。"新将"是有志向、肯拼搏的年轻人的乐土,到处都是机遇。只要把自己做好,买房买车不成问题,成家立业也不是一个遥不可及的理想。

美国的一位朋友,他远房亲戚住在新疆,亲戚的小孩从二本大学毕业后，回到乌鲁木齐，做洗车店的生意。随后七年中，他在哈密、伊宁、喀什、石河子等城市开了十几家自动洗车店，因为竞争者不多，生意一直很好，发了小财。

2023年，新疆"海鲜"出口日本的新闻令内地人惊讶得合不拢嘴——这个"离海最远的地方"怎会跟海鲜扯上关系。这是由内地科研单位如宁波大学海洋学院等与新疆养殖户合作，利用盐碱地及淡水资源，尝试养殖青蟹、斑节对虾、黑鲷、大黄鱼等海鲜。而淡水养殖的南美白对虾、澳洲淡水龙虾和虹鳟鱼等水产品，在新疆已相当成熟。这是新疆地大物博的又一例证，新疆的前途无可限量。

虹鳟鱼

看到"新将"的负面消息而却步不前的人占大多数。正如四十多年前，24岁的我欲"移民"德州，每个同学、亲戚都劝我三思而后行。今天他们都说我做了一个聪敏的选择。正因大部分人不敢做，我才能如愿得到精彩的人生。正如二战后德国的新移民和1970年代德州的新移民，带着梦想来"新将"的勇敢的人们，也可以"得"到期望的灿烂人生。

## 万变时代铭记

开公司四十年来，曾有两次客人抢购店里的货品。

一次是2005年9月，五级（最强）飓风丽塔吹袭休斯敦前一天，刚到的一货柜发电机被抢购一空，客户为争购最后两台发电机差点大打出手。我们一千平方米的零售店，那天的销售额是破纪录的58000美元。

第二次则是2020年3月休斯敦封城前一天。我们是寥寥数家有口罩存货的商店之一，那天店内挤满了人，门前停车场车位不够用，客人要到街对面泊车；排队付款时客人之间要间隔两米，造成店内排了超过三十米弯弯曲曲的长龙。一整天人流络绎不绝，蔚为奇观。

# 回顾与致谢

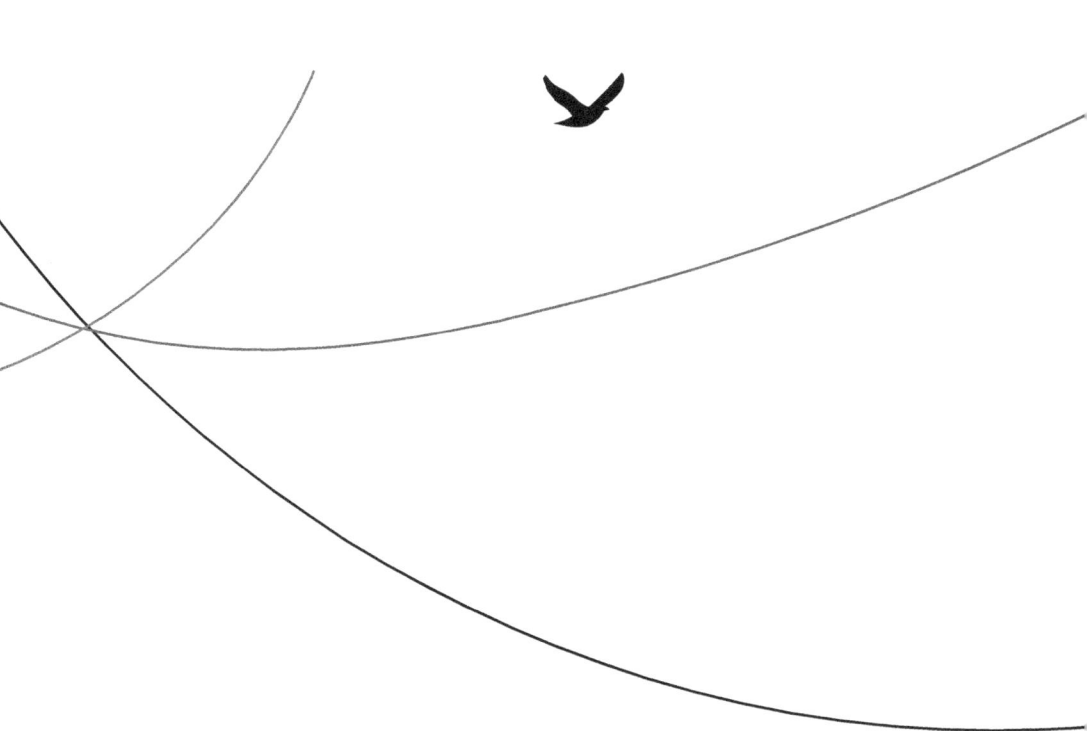

## 昨天已过，将来更好

我的一生是由一个又一个挑战所组成的。

虽然我没长在一个有权有钱的家庭，"输在起跑线上"，但我得到家人给我的爱。我虽然名校毕业，却没有用我的文凭赚过钱。

不同的环境、人生观，和努力不懈造就了我的命运。我一生的经历就像是离开一个又一个的舒适区，到陌生的地方和领域，闯出一片片新的天地。

我的父母亲从香港的农村迁到城市，父亲又从香港迁到美国。

中学毕业我立志从商，移民选读商科；我进入美国普通社区大学，两年后考入一流大学商学院。

大学毕业，我却甚至不敢告诉别人我会读写英语——我当了餐馆助理经理，在厨房打杂、抓码、炒锅。

我创办了自己的餐馆，没过多久又从餐馆老板变为成功的房地产经纪人，而后再度转型，成为工具地摊贩和批发商。一切都是从基层做起，练好基本功，不投机取巧，脚踏实地一步步往上爬。

80年代中，我去往刚改革开放的中国进口工具；80年代末，我成为美国南部最大的中国工具进口批发商。

借1989年之后中国外贸不振的时机，我到刚开放的南美洲开辟市场。没有人脉，不懂国情，不通言语，吃亏上当在所难免，但我在1993年成为阿根廷最大的工具进口批发商。

鼎盛时期，我的工具生意年营业额超过4000万美元，公司有超过200名员工。然而婚姻生变，我无心经营，当地货币大幅贬值更令我损失惨重，我渐渐结束南美生意回到美国，落魄潦倒。低谷时公司营业额不到500万，入不敷出，银行以破产相逼。

我从小到大数次经历险境，回想起来都几有性命之虞，令人后怕；然而当年在迈阿密与歹人对峙，枪口之下我竟不肯就范——不是不怕，而是不甘心。

我不甘认命，勉力求存，果然觅得生机，脱离财务险境；我也因此从工具产品进口商，渐渐转变成仿古家具的设计进口商。

我曾经因侵犯别人的专利吃官司受罚，现在我持有近百个美国专利，是健全的知识产权保护体制的受益者。

新冠疫情时，我也做起口罩生意，未料接到德州副检察长的电话，说我们"趁火打劫"，我未做亏心事，自然不怕你敲门。

中美贸易战，关税和运费成本暴涨，恐怕的确是时候让合适的制造业回到美国，我即将开办自己的工厂……

我的小儿子8岁时，在学校的社会科学测试中，得了零分。原因是他不理解第一题，于是一直在想怎么回答这道题，后面的题全部没做，交了白卷。他不会跳过难题，继续做后边的问题。很多人都是这样，不会绕过问题，以致花了很多时间，还在原地踏步。

我每次遭遇困难和瓶颈问题，不轻易"认怂"，而是另辟途径，找寻出路。也有很多时候要等待好的时机到来,才采取合适的行动,但从不放弃。

很多次,我或是公司受到攻击,我很快反击,耗费了很多物力、时间和金钱,换来的只是愤怒、颓丧和心灵的创伤,这对我是没有意义的负累——人生很短。反省后,我改变了自己的反应,尽量不计较,常念及别人的恩惠和好处,往乐观角度去想事情,设法绕过那些烦恼,另辟天地。

我计划在下一本书中,详细记述这些经年累积的,营商、做人的心得、思想与方法。如一个家庭或公司,只有财富而没有这样的心得与方法可以传承,就像一个人只有躯体,没有灵魂,是不能生存长久的。

昨天已过,将来更好,充实自己,确定目标。把握时机,勤劳尽己,做好今朝,迎战明天。

# 十二年,五千个小时,写书的原因和经过

我父系和母系的家族族谱,皆在迁徙和移民香港后佚失无存。上两代人在中国经历二战、内战的动荡年代,生存下来已属不易。我问过外婆和祖父,他们说上一辈都还有族谱,我接着问为什么不找回来,他们都说:父母故去,亲戚失散,各人有各人的家庭,为生活奔波,就算找到族谱、亲戚们,又能怎么样?内地的亲戚听说我们在香港,都以为我们发了财,会来要钱、衣物等。还是照顾好自己和我们

的大家庭，把生活过好要紧。

国内先是内战，后来是阶级斗争如火如荼地进行。我们有幸生活在安稳的香港，情况不允许，也没有人想回首去国内寻根。以前如果是某个大家族的成员，回乡可以分到田产，这时候回去就变成地主的后代、斗争的对象。

2010年年底，三子伟诚在香港出生。我有机会回到父亲的家乡，横岗的李屋巷。我看见到处是工厂、四川民工，故乡已是举目无亲，比起80年代回乡时处处稻田、鸡鸭成群，乡亲们认亲认戚，已是大相径庭（参见童年时代之二）。我感到要把家族历史和经历写下来，不能任它埋葬在历史洪流中，无声无息地被忘记、湮灭；要留给后代铭记和传承。我萌发了写自传的念头。

2011年2月，我经过加州旧金山，准备前往中国探望太太和买货。我约了挚友Luke邓先生夫妇在圣何塞的五月花餐馆共进晚餐，在餐馆等了一个小时，他和太太也没有出现。我打电话给他，是他太太接的电话，说Luke前一晚在教会篮球比赛时中风，待救护车送到医院，他脑部已经缺氧太久，医生回天乏术。Luke和我同年出生，去世时仅五十七岁。我在旧金山待了差不多一个星期，参加完他的丧礼后才离开。

自加州大学伯克利分校商学院毕业后，邓先生又读了硕士学位。他和他太太曾在加州圣荷塞拥有并经营一家雇员五十多人、非常兴隆的ComputerLand连锁店。邓先生积极参加教会活动，也是当地社区的重要后援；闲暇时他还在地方报纸上发表高科技方面的文章。他的儿子是一位成功的律师，女儿是公用事业部门的专业雇员。

邓先生的去世带给我莫大的震撼。人生无常，自传的撰写更显得刻不容缓，留在旧金山时我便开始写童年时代。

我从没有写过书，不知道从哪里开始。幸得休斯敦美南华文作协会长、美南新闻副社长秦鸿钧女士指导，为我列出纲要。为了写家族史，2011年我独自回深圳横岗父亲老家寻根，2012年夏天秦女士和丈夫随我到香港实地考察，他们夫妻又在2014年参加李家在加州的家庭聚会。她根据我的口述，一点一滴地写了童年时代的几个章节。

2013年她进医院动手术后，书的进展比较慢，我便自己拿起笔写起来。

写作很不容易。我用空余的时间，三个月才把童年时代温黛台风的故事写完。这个速度太慢了，于是我订了一个计划：每个晚上待我太太跟小孩睡下后，我独自在客厅写书，包括和朋友亲戚们通话。细节不清楚时要问当事人，予以证实，找资料，加上回忆，才下笔实事求是地写下来。我每晚强迫自己写半个小时到一个半小时，风雨不改。有几次，因为写得兴奋，到凌晨四点才入睡，早上无精打采地去上班。

由于我常常出差和回国，在飞机上，我也用空闲的时间写作。就这样，我耐心地坚持写出手稿。写漏了，就在中间补加章节，写得不好，就删去，不通顺或有错则修改或重写。每周，杭州办公室的陆小姐不厌其烦地为我打字整理手稿。

这本书完成后，改了五次，每一个版本都重看重写。第六版是经过杭州金先生和纽约李宏宇先生的校对，加上相片，历时逾十二年的自传才告完成。我用了九年半时间成功申请太太返美团聚，做了近四十年进出口生意，写这本书也是我信奉"长远原则"的又一个例证。

我计算过，这本20万字的书，每天平均用超过一个小时去写，重写，再重写，我用了生命中五千个小时完成这本尽可能做到极致的书。

这本书不仅是我的奋斗史，也是李氏家族的变迁史，还是中国经济腾飞时代的见证，更是华人在美国经济社会的演变史。不仅我的后代看后可以知道家族史，广大读者也能读到我的励志故事而获益。愿这书成为"时间结晶（Time Chrystal）"世代流传。

# 衷心感谢

回顾我的一生，我很幸运地得到我家人的爱，与亲戚朋友的帮忙、呵护。

感谢伟大的父母亲抚养我，教育我，感谢五位弟弟妹妹同舟共济。我也怀念照看我们的外婆，与祖父母，感谢他们申请我们一家从香港移民到美国。谢谢我的姑父姑姑、表弟妹们，在我初来美国的那两年照顾我的生活。

很感谢丽泽中学的老师们教导，和同届同学们陪我长大，塑造了今天的我。我们至今仍在梁伟安同学主持的骐展同学会平台上保持通讯。特别感激旅行领队李日生同学，我至今仍常翻看他拍摄的，和要好的同学们（李耀威、杨展裕、谢其燊与弟妹、伍国麟、马元坤、老兴信、伍鼎新、梁伟安、魏仕恭、郑则勇、朱士文、庞金华、区永源、张宝珊、袁碧玲、刘淑芳班长、黄蒲馨、谭玉箐等，同学众多，恕不能尽录）郊游、学习、聚会的旧照片。本书封面照片和书中的多张图片都是他提供的。梁伟安、朱翁、李耀威三位所供照片亦在书中。感谢张、苏、朱、余四位同学分享他们小时候的传奇故事和人生观。

香港荃湾的邻居兄长潭源哥，表弟光华，谢谢您们，每次到港都得到您们的照顾。数年前我有幸在加拿大卡尔加里见到最年长的亲戚，已逾90岁的父亲堂兄弟李观麒，得知往事。

加州大学伯克利分校英语教授Stephen Booth到休斯敦开会时特意来看我，并在我们餐馆用餐，令我十分感动。感谢校园挚友魏仕恭同学、谢其燊同学、室友区永源、同系的邓干诚同学、John Li 等与我结伴，互相勉励。

感谢餐馆生涯遇上的贵人，包括华府的郑五叔、五婶，旧金山的周先生和太太，会宾楼教我做中餐的岳妈妈，我的拍档李建名夫妇，和卖给我餐馆的陈先生夫妇、方先生夫妇等。

2000年，台湾赫奇实业蔡淑敏与丈夫，及公司同仁

泰国李先生夫妇和我在Sunny跳蚤市场

感谢进口生意路上帮助过我的所有人，包括地产大客户、洛杉矶大进口商蔡老板蔡锦荣夫妇（Gene & Jenny），二姐蔡淑敏及迈阿密的黄先生，供货给我做批发的泰国来的李先生和夫人，介绍人邓先生，台中明恒风扇厂的两位白董，赫奇实业各位同仁，前妻，前妻弟夫妇，我二弟等。从80年代开始至今，您们在台湾为我们供货，如一家人不分彼此，只赚取一点费用，几十年如一日，共度甘苦，我们才有了今天的成果，在此感恩致谢。美国公司的得力销售人员，加上外务Arley、Timmy、Craig、Marc等等，也是你们让我能成为进口商。

中国出口贸易中，各机械、设备公司同仁们，尤其是北京机械张黔南、焦新声、卫静、李经理、关经理、徐科长，湖北机械薛经理，广东机械张小姐，山东机械顾小姐，辽宁机械安经理、王义，河南机械李伟明，四川机械陈明、张四川，江西机械江浩，上海机械的王雅善，广西的陈坚，河南设备孙汉杰，等等，对我帮忙至大。要感谢的人实在太多，不能一一尽录。2000年后，我们救生电筒的供货得到宁波迪欣邬总、周副总的支持；工具类产品得到安徽技术的朱经理、马先生，海盐的张建学，张家港的赵小姐、张总，上海的俞德根同志、郭书记，上海气枪厂的钟前先生、俞厂长的通力协作。家具类铝铁产品幸得湖州汤总，金华金总、欧总、应总的配合。家具类产品感谢合作诸工厂的俞总父子、王总、曾总、郭总、蓝总、陈总等的配合。

2019年，我们夫妇及两个小儿与张黔南夫妇游嵩山少林寺

南美创业过程中，阿根廷的曾耀明先生夫妇，巴西圣保罗的麦先生夫妇、刘先生夫妇，我三弟和弟媳妇，Paul，Tony赵，Vino，Kell，Eduardo Fabian，Moise及各分公司的负责人，忠诚的员工们和合伙人，劳苦功高，感谢您们。

美国公司诸位老员工与现在的员工们，在我困难的时候帮我渡过难关，我向你们致敬。因为人数太多，篇幅有限，不能一一写上，以年资最高的贾太太（Ruth 倪），总经理Steve、Lina、Julie、周会计（Weila）、Vivian、Felipe、Cuco、Julio、Lupita、Elaine、Erika、Hugo、Anna、Cortina、Aaron、Emeterio、Edwin、Fabio、Eric、Evelyn、Natalie、Kathy、Antonio、Jim等为代表。以往为公司服务的多年的Jan、Toyo、William、Rosanna、Elsa、Alvaro、Nicko、Paul、Jenny、Maggie，等等，也得谢谢您们的功劳。

2017年，老员工在店内合照。中间是1986年来公司的贾太太，工作近30年的Cortina，共度过艰难时期的周会计、Erika、Jenny和Maggie

2021年圣诞，公司同仁合照

杭州办公室的诸位同事们，老金、郭建勇、冯杰、董会计、金正平、小杨、小陆、郭亮，谢谢你们的后勤支援。更得儿子伟德主管销售、女儿Lynne和雇员Kathie加入，增添了电子商务，令我们的销售有所突破。又得到Jeff关先生相助建仓库，与其他关家亲戚们的配合，Barry关先生帮忙维修诸事，彭昌源先生、潘工、何工帮忙设计和建立工厂，儿媳妇管理人事，让公司能进一步发展。

2011年，杭州办公室聚餐合照。就座者左起陆小姐伉俪，办公室负责人金先生一家三口，杨先生一家三口，董会计，岳父母和到访的二弟

2018年10月，大儿子伟德婚礼，两个小儿子做花童。"李"字背景寓意家族传承

我也得到休斯敦本地的贵人相助：林富桂（Dawn）、李雄（Kenneth）、李蔚华（Wea Lee）、李兆琼（CC Lee）、李东亮、王子先、吴文龙、陈尧、赖贤烈、关律师、黄李素云、Allen Lee、黄玮、吴晓萍、何碧霞、陆晓中、陈甦世、马田泽、胡展平、邵晓梅、梁若雁、石鸿飞、林婉珍、李铁军、Raymond、罗景林、David Chan；CPI塑胶工厂的各位股东，关继源、关美莹、关美满、封建伟医生、朱医生、王医生、李嘉欣、黄寅崇；AFNB和EWB的各位同仁等，人数太多，不能尽录。

离婚后，幸得前岳父母及大姨帮忙照顾寒暑假回美的三个未成年子女，令他们有温暖的家；前妻在欧洲悉心照顾和监督他们，今天他们学业和事业有成，实在感激不尽。太太一心一意照料我们的两位幼童，把家里整理得井井有条，回国时兼有在沈阳的岳父母和舅舅、舅妈帮忙，让我能安心工作，他们居功至伟。如今已长大的三个子女，以不同的方式帮忙和回馈家族事业，我们兄弟姐妹六人，如母亲期望，每年年中都共首一堂、同舟共济，我们付出的努力是值得的。

2011年我开始写这本自传。本书写作得到秦鸿钧女士的指导，她撰写本书的前言，与童年时代的几个章节，把书取名为"逆风高飞"。颖姨、伟光表弟、淑玲表妹提供了照片；此外太太与弟妹们的鼓励与帮助，尤其是二弟宝贵的建议，促成了此书的诞生。杭州办公室陆小姐和金先生对我的手写稿分别进行打字和核对。前南方周末报编辑李宏宇先生付出巨大努力整理、编辑书稿，不厌其烦地修改再修改；曾居住北京的加拿大策展人、影评人谢枫（Shelly Kraiser）翻译了英文书稿；二弟同窗、现居加拿大多伦多的冯继承（Gary Fung）先生一百多个小时不辞辛劳校对中英文书稿并给我鼓励；有这三位先生帮忙，本书的中英文版才能顺利出版。

# 附录

# 1999：写在母亲七十大寿

1999年6月，我们兄弟姐妹六人与各自家人、家族亲戚以及母亲的几位好友齐聚旧金山，庆祝母亲的七十岁生日。在聚会前，兄弟姐妹六人各自写了一篇关于母亲的文章。

聚会期间，母亲参与了我们几乎所有的活动，如一起外出用餐、步行前往悬崖小屋 (Cliff House)，还在家后面的 Lands End 小径上远足3.7公里。她活力迸发，为大家做菜、一同外出，之后又和我们谈天说地直到午夜。清晨7点，她又早早起身为我们准备早餐。真不知她那源源不断的精力从何而来。

共有约40人参加了母亲的寿宴。我们兄弟姐妹轮流发言，深情地表达我们对母亲的爱和感激；亲戚与好友也纷纷分享了对母亲的情感，让她始终笑容满面。母亲穿着她钟爱的蓝色外套，淡雅的妆容让她看上去年轻了十岁，我们从未见过她如此幸福快乐。

我们兄弟姐妹共同举杯为母亲祝贺，她眼中盈动幸福的泪水。我们问她在这个大日子有什么愿望，她说，希望我们每年都回来给她过生日。我们告诉她一定尽力实现她的愿望，然后便开始计划2000年的贺寿聚会。

*1999年,旧金山,母亲70大寿*

## 1. 致母亲

我是家中的长子,在六个小孩子中,看到弟弟妹妹一个个地降生。我们由九龙搬到荃湾,盖了一所木屋,一住就是七八年,又从荃湾搬回九龙去住。在1962年,我最记得温黛台风把房子的屋顶吹走,夜幕黑暗中一家七口瑟缩在家里唯一没有被风雨洗礼的双人床中,怀孕的母亲没有惧怕,反而给我们大家打气。

每看到运动鞋,就记起母亲为了维持生活,把布鞋面拿回家加工,用衣车车好。放学后,我和弟弟有空就帮她剪线头,再送去加工。家中还养了不少鸡,我们只有在过年时才能有机会吃,平时吃鸡蛋也很难。有一年年底,我记得每天都吃鸡,因为那时发生鸡瘟,鸡大部分都生病了不能卖,我们才能大饱口福。如果能拿到八毛钱的压岁钱,我们就很开心了!我们所有的新衣服都是母亲用衣车做出来的。我最大也最好运,新衣服我先穿,再轮到各位弟弟妹妹穿。如果衣服穿破了，便用其他布来补洞！有时同一种颜色，有时不同颜色。在家时及出外，我们都穿这种"睡衣"！童年闲暇时，只有爬树，和弟弟爬山、钓鱼；过年过节时可以放鞭炮，已是我们童年最大的娱乐，没有玩具可言，尽管如此，生活仍然充实欢乐。

小学二年级时，我第一次看到和听到收音机；小学三年级时，母亲第一次带我和二弟去茶餐厅，叫了一份叉烧饭，大家分着吃，这是我生平第一次上餐馆，非常满足。小学六年级，我第一次看电视节目。在荃湾山上住的时候，是我们家最艰难的时期，我们很珍惜现在物质的丰富，不像现在的小孩常常不知足。

中一开始，我常和同学一同旅游，香港及离岛到处都留下我们的足迹。母亲每次都很不放心，就算我已读高中，每当我过马路时，她也不放心，可能她太爱我们了。

每次吃饭，母亲及外婆都叫我看菜吃饭，因为家中的菜肴不能满足发育中小孩子的大胃口，好吃的肉一下子就没有了，剩下的青菜就没有市场了。穷到底是好事还是坏事，大家心里有数！

到美国来后，我们已长大了，母亲还是很担心我们的一举一动！例如，我在1976年时，独自开车走了一万八千英里，经过美国东南部各省又横跨加拿大，去了三个多月，她担心到生病。兄弟姐妹当中，我是年纪最长的，也是最难搞的！

我离婚后，母亲常打电话给我鼓励。每年的寒暑假我带三个孩子到旧金山时，她都无微不至地照顾我们。母亲好像太阳一样，她无分彼此地给每个后代所需要的温馨的爱。我们长大后，她从来不说子女们的坏话，有困难时，她尽量自己解决，不想给子女们添麻烦。她每个月能领到一点退休金，省吃省用，从来不要我们的钱。她是我们六个兄弟姊妹能够团结在一起的原动力。

很多时候,我觉得错与对只是观念的问题而已,可怜的母亲为我担心了一辈子!

长子 锦星

## 2.一个无微不至的妈妈

我是家中的老二,从出生到现在一直在妈妈的关心与指导下成长。其实家中各兄弟姐妹今天能够有比较稳定的生活,可说是妈妈默默耕耘的成果。而妈妈对我们无微不至的照顾与孜孜不倦的指导,我只能从自己的角度叙述一二:

**我的婴儿时期:**

从妈妈口中得知,我婴孩时期是个"大喊十",经常肚饿时便放声大哭,可是喝了整瓶牛奶之后很快便吐出来,然后又大哭,因肚子又饿了。当年听妈妈说怎样给我换衣服、床单的情况并没有什么感受。现在轮到自己的小孩吐了、哭了、大小便了,才能体验到妈妈当年的劳苦与耐心。妈妈曾说我婴孩时期经常生疮,每次碰到患处时都会痛哭一场。对一个每天大哭十场的小孩应怎样处置?妈妈当年一定花了不少心思在我身上。

**我的童年时期:**

幼稚园与小学时代,我们住在香港新界,妈妈把我们送到好的学校就读,虽然路途较远,妈妈都亲自带我们上课、下课。记得有一次妈妈带我跟哥哥下课,回家途中需要经过一些田畿路,而田畿路的两旁不时会有尿池和屎池。可能我个性好动吧，那一天，我一不小心便跌进一个"猪尿池"里，幸好妈妈把我拉出来。又脏又臭的衣服和身体是谁替我清洁呢？当然是妈妈啦！

**我的青年时代：**

小学与中学时期，我们一家已迁居到九龙，爸爸为了我们的生活只身去美国发展，妈妈只好肩负起爸爸的职责，家中大小事情都由她来作主。除了照顾我们的起居饮食，妈妈也没有忽略我们的快乐！这个时期，家中环境因爸爸在外工作而有好转，每个月妈妈都带我们几个年纪较大的小孩去看电影或者上茶楼，记得《恐龙大战飞天怪兽》《七公主》《七金刚》等电影都是这个时期看的。

**我的成年时期：**

在我的大学与就业初期，全家已经移民美国。我大部分时间都在外面住宿，较少需要妈妈照顾，然而我每个周末回家，妈妈都预备好菜与好汤为我们补身体。弟弟妹妹们渐渐长大，所以妈妈用在他们身上的时间比较多，妈妈也用一部分时间学习英语、入籍与驾驶课程。这时我才知道妈妈是一个好学生，过去她曾是班代表，更值得骄傲的是驾驶执照第一次考试便得到100分！（我自己要考两次才勉强及格）

在我投入工作数年后，已经踏入适婚年龄，哥哥及弟弟妹妹也相继成家立室，而我仍是孤家寡人一个，妈妈便为了我的婚事担心，四处托亲朋替我找女朋友，记得有好几次还带我去相亲呢！

**我的中年时期：**

也就是现在，我们六兄妹都有自己的家庭，而且各散东西。虽然如此，妈妈对我们的关心并未间断。妈妈一个人住在旧金山，我们都不时用电话跟妈妈联络，有时我工作忙，两三星期没有打电话，妈妈便会主动打电话来问候我们的情况、小孩子的身体健康等,我有时真过意不去。(这里应该赞扬的是大妹秀娟,她结婚后到现在,几乎每一天都有跟妈妈用电话联络)

由于距离和时差的关系,我们兄弟姐妹沟通机会不多,妈妈就成为我们之间沟通的桥梁,妈妈会把哥哥弟妹等的近况告诉我,新年的红包也是由妈妈代发。还有一点,妈妈是我们的家庭医生,如果有喉痛、肚痛、伤风感冒或孩子生病等等,我都会立即打电话给妈妈,她总会有一些药方介绍,把我们的病治好!真不明白妈妈为什么会有这样好的记忆!

妈妈对我们每一个兄弟姐妹都不断付出爱心与关怀,我们要怎样做才可以报答妈妈呢?我们现在能够做的就是不时陪伴她,也给她温馨的问候。让我们就从妈妈七十大寿的那一天开始吧!

次子 锦昌

## 3.最了不起的妈妈

我家六个孩子,我排行第三。作为长女,我有很多责任,尤其到了七岁,我就不再是孩子,而要承担许多家务,比如煮饭、洗碗、收拾,以及照顾弟弟妹妹。这些事我不是一下子就能做好,但妈妈非常耐心地教我、鼓励我。

妈妈有种特殊的本领,总能让我振作和找到自信。特别是我十多岁的时候,很多人对妈妈说我长得丑。我当然很受伤很难过。但妈妈护着我,我永远都记得她的话:"你不丑,妈妈看你一直都很漂亮,人的长相也不重要的,做好你自己才重要。"这番话改变了我对这件事的悲观看法。

妈妈不仅善于鼓励，也总是理解和支持我们。小时候，我曾差点儿溺水，那之后就一直怕水。因此每次我们家去汀九或梅窝海滩，妈妈都会煮很多鸡翅。所有兄弟姐妹都去玩水，妈妈就陪着我吃东西、聊天。

我和妈妈一直很亲，哪怕是吵架时。我遇到难处，她总是第一个施以援手。我曾经让妈妈非常担心，因为我永远在电话上聊天，又总是晚归。可能我约会的男生太多了。有一次我晚回家违规，天啊，我麻烦大了！妈妈拿着竹棍在门口等着我！虽然我和妈妈吵架，我大发雷霆然后不理睬她，妈妈总是能用她的方式走过来，化解我们间的不快。我心里知道其实她是对的，但我就是忍不住叛逆。

我经历过的很多事情不及细说，但妈妈总是陪伴在侧。我并不善于表达自己，但这的确是我向妈妈倾诉的好机会。谢谢您一贯的鼓励、理解、支持和爱，您对我太耐心了，您教会我煮饭、顾家、养育自己的孩子，最重要的是您教会我做一个好人，做一个像您一样的妈妈。

妈妈，我爱您。

三女 秀娟

## 4.当明父母心

我家中有六兄弟姊妹，我排第四，刚巧兄弟姊妹都有。

从来听人说，家中孩子排中间的，得到注意力最少，我则相反，受了很多"注意"。为什么？因为小时，在香港学校念书，留堂、不交功课、学校要见家长等，全家只有我特别多，因此，没有办法不被注意。真不知道为什么，从小，除了打球最精神，一到下午上课便很疲倦，回家温习又很困，拿起书本五分钟便可睡着。到了考试、测验，甚至交功课，总是最差。成绩差，免不了一顿"藤条炆猪肉"。打完后，我亦会答应妈妈一定会努力，痛改前非之类的，但很快便会忘记。所以，睡魔、藤条，藤条、睡魔总是循环不息。

很幸运地，我们于1975年移民美国，我便没有再挨打了。我在中学第一年竟差不多全部拿A，我差一点以为自己是天才，其实很简单，因这些功课在香港已全部念过。我还有时间下午打工，赚零用，甚至帮补家里，这样便浑浑噩噩地中学毕业了。

我从不怪妈妈责骂我们。首先，是自己不对，亦因爸爸大部分时候都在海外谋生，妈妈一人要肩负二人责任。家里并不富裕，六兄弟姊妹加上外婆，光照顾我们一日三餐、监督我们功课便没有剩余时间，更遑论到外边工作了，担子实在很重。而且学费不菲，自己书念得不好，实在是不对。妈妈有时也会发一下牢骚，打骂我们只是希望我们成大器，以免被人看扁。

现在我自己育有两个小孩，亦相当明白当时妈妈的心理。他们两个年纪小小，刮风下雨我也强迫他们星期六去上中文学校，为的是希望他们不要忘记自己是中国人，也希望他们多懂一门学问，给自己的前途多开一条路。将来他们长大后，我亦希望他们明白做父母的用心。

现在时代不同，威逼、打骂小孩那套已行不通了，可能会令小孩更叛逆，而且越打越皮。我建议用的是鼓励和利诱，他们做得好，我便会送他礼物或带他去玩等；若做得不好，电视不给看，生日会不可去。到他们有小孩时,有可能利诱不成,改回威逼,但不管怎样,目标和出发点,都是为了希望小孩成才。

四子 锦棠

## 5.妈妈的启发

在我年幼时,爸爸为了改善家中生计,出海做船员。而妈妈也不辞辛劳地外包零件在家加工。这让我从懂事以来,就生活在较现代化的舒适环境中。有时想想真的为他们的辛勤而有些愧疚,更有说不尽的感激。无形中也让我体念到只有努力工作,才能换取较好的生活品质。

妈妈在母兼父职的生活步调里,很少拥有自己的时间,她所付出的心力,往往比一般的家庭主妇要更操劳些。她十分注重我们的学习环境,除了全家搬迁到美国来这一重大改变外,尚有一两件小事可看出她的细心,对我而言更是印象深刻。

幼稚园——人生学校教育的起步,她亲自教我并让我参加一家很有名的幼稚园甄试(为了有一个好的开始),我的成绩过了却因年龄未到而未被录取。妈妈并不放弃,又送我到较远的学区去上较好的学校,只为了给我更好的学习环境。

乘法表——数学的第一步,她为了让我熟记,将我幼时最喜欢的活动——去港边散步作为奖赏。只要我都背得出、答得对,当晚就带我跟弟弟去那儿散步。

她对我们的学习从不掉以轻心,尤其是对我特别关注。我今天能有大学毕业的成就,离不开妈妈的启发。

妈妈讨价还价的本事对我影响深远。为了家计，她十分节俭，在花费时十分小心，从买衣服、肉类、生活用品到一颗葱，她都会与人讨价还价。我从小跟在妈妈身旁，印象深刻，如今我成为采购经理，不能不说是拜她的耳濡目染之赐。

妈妈的整洁是另一个让我学习的标杆。每个到我们家的客人，都对家中的整齐清洁印象深刻。我总是不明白，有这么多孩子要照顾，她如何还能维持这样的整洁，她总是笑着说，就是这样咯！

就像她做人的骨气一样，没有道理、方法，只有持续的努力维持。她说过"再怎么穷，我也不会去向人借钱"，不喜欢与人"多嘴"，"就是这样的咯！"妈妈对我的影响很大，我需要向她学习的仍很多，有这样的妈妈我有说不出的骄傲。

她重视我们的健康，如同重视我们的教育。每次煮汤进补，我都有幸在旁受惠，只是我一直学不到她的精华。但我感受得到她的关心，既便是我如今已嫁为人妇，妈妈仍不时来电话教我如何保养身体。直到今天，"补汤"的味道就像我小时候扁桃腺开刀而多吃的鱼油味道，我永远记在心中。

五女 秀心

## 6.妈妈我爱您

我是六个孩子里最小的，1965年10月我出生在香港。妈妈说我是她所有孩子里最好运的，因为我出生时家中已有了沙发、电冰箱、洗衣机、干衣机等等"豪华"的家具电器。到美国后，她说我也有了自行车、滑板等我别的哥哥姐姐从来没有过的玩意。这里我分享从香港到美国生活中珍贵的美好记忆。

我记得在香港我们住的地方只有450平方英尺，我和父母睡在一张双层床的下层，哥哥们睡上层，房间的对面，两个姐姐同睡另一张双层床的上层，外婆在下层。地方太小了。还记得在香港时，哥哥姐姐教会我打麻将和玩21点。除了在住宅区道路上骑车和去朋友家，也没有什么其他运动或游戏可玩。所以用分币或其他有价值的小东西作赌注玩麻将和21点，是我成长当中的乐事。我很庆幸我们小孩中没有一个赌博成瘾的。

妈妈大多数时候对我们非常耐心，但我知道她要独自照管我们六个孩子，还是很伤脑筋的。我记得有一次，妈妈因为一个还是两个哥哥大发脾气，她不是只惩罚他们，而是惩罚我们所有人。她大吼着，满屋追着我们打。我根本不记得那晚我做了什么错事，但总之挨了一顿打。

1975年我们到了美国定居，妈妈打零工来帮补家用。所有小孩都去上学或上班后，她会去别人家做清洁工。她给我们讲她打扫的人家的一些趣事，比如主人在家里抽大麻，或是有的女主人戴上白手套来检验妈妈的清洁工作等。

我必须要说，妈妈非常的独立和富有冒险精神。妈妈在50岁左右学会了开车，我还记得她吹嘘自己考车牌拿到99分时高兴的样子，这比会英文的哥哥姐姐们考得都要好。我念高中的时候，记得有天大清早接到妈妈的电话，她说半夜开车从朋友家回来时出了车祸，要我们去医院接她回家，因为她的车完全报废了（真可怕！）。从香港来美国后妈妈一直在学英语，为了获得公民身份，她常跟着录音带练习，相信她到今天都还记得入籍考试中的多道试题，此外，她也想和一些只说英文的朋友交往。如今妈妈积极学太极，或兼学别的武术，她几乎每个早上都去练功。我很想知道她下一个要学什么。

妈妈时不时讲起她和爸爸当初差点儿把我送给某个有钱人家，因为那时他们实在负担不起再养一个小孩。妈妈说，她绝不肯丢掉自己的孩子，她宁肯自己不吃也要给孩子吃饱。就像今天，她仍然做着这样的牺牲，她给孩子们煮了新菜，自己却吃剩菜剩饭。

祝妈妈70岁生日快乐，我非常爱您！

六子 锦良

## 家庭聚会（Familee Annual Meeting）

俗语说得好：人生得一知己，死而无憾。我们六个兄弟姐妹，每年欢聚一堂，倾吐心声，有说有笑，没有尔虞我诈，从不彼此攻击，更不会为了钱财而反目，只有亲情的真诚流露。我们和别人说起此事，他们都羡慕又惊讶，屡屡问我们如何能做到24年聚会从不间断。其实道理很简单：善待长辈、待亲以诚，谁需要帮助了，其他人有钱出钱，有力出力。我们为后辈的成功而喝彩，为我们仍能聚在一起而庆贺。

### 组织：

我们遵母亲遗嘱，组成一家公司，把父母唯一的住宅和现金等遗产放在公司内，每个儿女都拥有这家公司1/6的股权。公司设有：总裁、财务、联络人（信息沟通者）。

### 时间地点的选定：

1. 每年圣诞节后，每人提出地点和时间，得票最多的两个地点，再选其一。
2. 3月1日之前决定年度家庭聚会的时间地点；
3. 3月，复活节前后购买机票、订酒店等；
4. 5月发出出游时间、节目表、用餐时间、住宿地点等开会章程。

通常聚会时间为三天，大家一起旅行、聚餐、游戏等。所有成员在聚会日前一两天抵达，如果在旧金山，我们会集体先去父母的坟墓前拜祭。通常在抵达次日傍晚，大家花三小时开家庭会议。

**家庭会议流程：**

1. 公司联络人担任会议主持，致欢迎词，作是年家庭大事报告；
2. 六个家庭轮流发言。到会的家庭成员把这一年的大事与来年的展望和各家庭的成员分享，每个人都有五分钟的自由发言时间，但严禁互相攻击，也不许有不雅言辞； 大家利用这机会交流，畅所欲言，非常开心；
3. 主持人做总结，公布未来两天聚会的时间安排，讨论明年聚会的意见。

**财务管理：**

家庭会议结束后，六名公司股东开财务会议，讨论及处理：

1. 支付各家分担的聚会费用。近三年因为房屋租出，开会费用皆从租金收入支付；
2. 公示房子的修理报告及来年收支的预算方案；
3. 公示公司银行账户的现金和财务报表，总裁宣布未来计划，进行选举。这些年来，弟妹们都推举我为总裁，小妹妹为财务，很多时候她也是聚会的主持人。

**总 结：**

　　写出这次家庭团聚的概况和各家的要事，分享聚会时有趣的事情和有纪念价值的照片，9月前用电邮分发给每个家庭会员。

# 2022：第23届家庭团聚

## 长子锦星

我们家的团聚，自1999年母亲的70大寿开始，到今年已经是23届了。除了2020年肺炎疫情期间二十多个家人用Zoom开会外，每年大家都抽出好几天聚在一起，实属难能可贵。

母亲是我们的一个好榜样，她任劳任怨，教儿育女，含辛茹苦把六个小孩培育成人。父母亲再三告诫我们要团结，要守望相助，不能学坏而成为社会的渣滓。1999年后，每年的聚会不光是我们六个兄弟姐妹和配偶参加，还有第二代、第三代的小孩和配偶们也愉快地聚在一起，一同活动。我们也不负双亲的愿望，用大家的力量，帮助困难和挫折中的家人。在我离婚和事业低潮的时候，幸好有家人的支持，我才能够坚持下去，渡过难关。

把我们的文化、家庭传统、互助美德传承给下一代，再下一代；让我们家族团结的精神能够生生不息，让后人以身为家族成员为荣，成为别人羡慕和效仿的对象，这是我们六个兄弟姐妹的使命。这本有关家族变迁经过的书，是我们这代新移民不屈不挠、发扬中华传统的见证，是后辈励志的必读之读物。

## 次子锦昌

两周前,我在新加坡和一位同事共进午餐,他提到他已经有三年没见到他四个同住在新加坡的兄弟姐妹了。他们之间的交流甚少。这令我想到我们每年的家庭聚会,和家人之间频繁的交流。一定有一个很好的理由,才令我们六个兄弟姐妹之间保持无间的联系。

最初的几次家庭聚会是从庆祝妈妈的生日开始的。每年我们努力从不同的地方到一处会合,利用这个机会去看妈妈,也了解彼此的最新情况。大部分聚会是在旧金山湾区举行的,但也有一些变成了家庭旅行,如夏威夷之旅、圣地亚哥邮轮之旅,太浩湖和休斯顿湖屋等……所有这些都给我们留下了美好的回忆和牢固的家庭纽带。

母亲去世后,大哥鼓励我们继续这个家庭传统。在最近的聚会上,除了庆祝孩子毕业、职业晋升、家庭成员更新,兄弟姐妹也开会讨论"旧金山住宅信托"的财务状况。我们讨论父母留下的房子的维护、财务状况,以及如何将这房子的租金用在需要的家庭成员身上。通过这些活动,我们对每个家庭的需求有了更好的了解。

虽然经常通过Facebook、Instagram、WhatsApp等方式沟通,我们还是喜欢定期的面对面会议。通过家庭聚会,我们可以享受主厨Richard、Andrew和Brian准备的美食,也很高兴看到第二代和第三代的成长,时不时互相取笑彼此上了年纪的笨拙。当然,我们喜欢听以前的故事……所有这些只有在家庭聚会上才能分享。

我们的家庭聚会已经举办了23年,除了少数例外,几乎所有聚会的出席率都达到100%。我相信聚会的形式在我们这一代之后会逐渐改变。我们希望我们的第二代、第三代，世代传承良好的家庭传统，继续面对面地聚会，保持密切的关系，继续帮助有需要的成员。记住，我们是"李氏大家庭"。

## 三女秀娟

家庭聚会持续了23年，是很长的时间。这么多年，真的很多谢大哥锦星，抽出自己宝贵的时间去联系我们兄弟姐妹，他的真心真意，和从不气馁的精神和恒心，值得我们赞赏。也感谢妹妹秀心管理财务，管理房子，尽心尽力为大家策划活动，良弟热心安排与协助，棠弟屡屡为我们烹饪佳肴，二哥不辞劳苦每年从新加坡飞来美国。大家的努力，才能使我们的家庭聚会一届又一届地办下去。

在2017年7月4日以前，妈妈和我们六兄弟姐妹及家庭每个成员，合共大概25人，去过很多地方，到处吃美味的食物，度过难忘快乐的时光，也拍了许多可爱有趣的照片留念。这一切都是永不磨灭的。

自妈妈过世后，五年来我们都坚持举办家庭聚会或Zoom会议。这三年间有肺炎疫情，真的带来很多改变，如旅游的限制、个人健康和安全、工作繁忙的因素，真的不是这么容易聚会。

有可能的话，还是尽量促使我们下一辈的成员参加这一年一次的家庭聚会，这样才可以完成妈妈的心愿。她希望我们每位家庭成员（老青幼），皆可以永保团结和保持联系，每年把聚会继续办下去。

短短的数天时间，六个家庭的成员，尽量配合。去哪里不是重点，最重要是我们可以见面，度过快乐的、永不忘记的时光。

我们六兄弟姐妹，年纪已渐长，有更多空闲时间。我们不妨找几天去旅游，轻轻松松过几天，这是我的夙愿，从来都未有实现过，请大家考虑。

## 四子锦棠

母亲在2017年7月4日与世长辞。说起来真有些玄妙，之前数天母亲卧在床上迷迷糊糊的，知道我们兄弟姊妹和孙儿们从各地回来看她，看到听到六个子女都到了才放心地离开。

回想母亲过世前数年身体已非常虚弱，除了请几位阿姨轮流照顾她外，住在加州的姐妹和弟妹均非常帮忙，姐姐和妹妹每天均电话问候，每个周末均有探望，更大包小包地送菜、煮汤，照顾母亲饮食。到后期弟弟搬回家，看护母亲便更直接，亦分担了姐姐和妹妹的工作。对于他们三位，长居外地鞭长莫及的我，实在感谢和深表歉意。

母亲去世后，除了有一年因为疫情只能在网上通话外，每年亦如以往一样，我们各兄弟姊妹带同家人聚在一起，互相慰问，得知彼此的近况，维持这难得的传统。值得一提的是妹妹和妹夫每每借出她们的家来接待我们这二三十人，非常不容易。大哥出钱出力，力求大家能享受这难得的团聚，他的坚持和毅力，实在令人敬佩。这种精神和信念在别的家庭，我从未见过。大哥最近把他丰富的人生经验结集出了一本书，在Amazon网上出售，祝他成功，亦希望我们家族的团结、他的经历能给大家借镜。

根据我的想法，如大家同意，下一年的聚会，也许可以只有我们六兄弟姊妹和配偶去一些想去的地方；后年，我们再和全体后代聚会。以后的聚会，也是相隔地举行，趁现在我们还健康，去享受一下各地的文化、人情和美食；到某天真走不动时，拿出照片看看，亦没有遗憾。

## 五女秀心

距离第一次的家庭聚会至今已经过了23年。我所有同事和朋友都非常惊讶，我们兄弟姐妹旅居世界各地是如何保留这个优良的传统，大家都非常羡慕，因为很多人就算住在同一个城市有更多机会，也不常常见面。

还记得在母亲70岁的时候，也就是1999年，我们办了第一次的家庭聚会。那时我还没有小孩。第二年的家庭聚会也刚好让我所有兄弟姐妹都来参加我儿子的满月酒，这让我无比的开心和感动。那以后每一年的聚会也让我儿子和每一个他的表兄弟姐妹们产生很浓郁的感情，而不只局限于在湾区的表兄姐妹们。这每年的聚会对小孩子们来说都是非常的期待和重要。

母亲健在的时候，我们都会选择一个不同的方式和地方相聚同乐，比如夏威夷、佛罗里达、得克萨斯、卡梅尔，或搭乘游轮。无论在哪里，每次聚会都很愉快和难忘。当妈妈的健康状况持续恶化时，家庭团聚都回到旧金山，为了探望母亲，所有兄弟姐妹都努力排除万难飞回来。

母亲于2017年去世后，大哥坚持继续我们的家庭聚会传统。翌年，我们的聚会在旧金山的老房子里举行。虽然妈妈不在了，大家仍通过各种方式保持着紧密的联系，了解每一家的生活现况和小孩子的成长，分享彼此的生活经验，互相鼓励，互相打气，互相帮助。COVID大流行期间，我们仍然设法通过ZOOM聚会，让大伙的感情永不褪色。

至于我们的下一代，有的还在上学，有的大学毕业，有的已在工作，有的建立自己的家庭忙于照顾第三代。无论人生阶段如何，希望代代都能够继续传承这个优良的传统。这不仅连接了家族成员，也连接了我们的根、我们的祖先、我们家族的文化。今天再加上有大哥花了好多心思考究出的这本书，让我们更清楚认识家族的历史，相信也更容易让我们知道如何维护这个传统。看完这书，也请各位让家人和后代阅读，给他们解释我们的过去，使我们的家族文化能传下去。

## 六子锦良

李家在旧金山欢度第23届家庭聚会，我不由得想到，能见到所有的哥哥姐姐和他们的家人，这真是好福气。

尽管我们的日常生活中有各种困阻，李家的聚会仍可圆满举行，让我非常欣慰。每年团聚的家族约定，为下一代示范了从中国香港移民至此的李家的家风。为了每年的聚会我们牺牲了个人的假期，但这与我们的父母在1975年把全家迁来美国所作的牺牲相比，实不足道。

我是家中最小的孩子，眼看着哥哥们搬去别的城市和国家。他们找到伴侣，天南地北，安家立业。姐姐们和我留在加州，我们也不时小聚。但每年我仍盼着那几天见到所有哥哥姐姐和他们的家人。我们在很多城市举办过聚会，比如旧金山、太浩湖、卡梅尔、萨克拉门托、纳帕以及休斯敦。

不论在何处，我们的重聚总是充满恒久的欢乐记忆与笑声。每次团聚，目睹着我的侄甥们从小婴儿长大成人，我才察觉时间过得有多快。每一年在家庭会议的汇报环节，他们从小学毕业、初中毕业、高中毕业、大学毕业，直到研究生毕业，我们为他们的每一个人生里程碑鼓掌喝彩。最近，我们已开始庆祝下一代的婚礼和他们的孩子降生。

几十年来，我身边很多朋友来的来走的走，尤其在时世艰难之中。然而不论我过得好还是不好，唯一不变的就是李家团聚时的团结与支持。我希望下一代能够把这每年的团聚延续下去，将几十年前确立的这一家族传承发扬光大。

## 2023年家庭团聚

2023年六月,二弟的女儿玮庭(Phoebe)从著名的芝加哥大学布斯商学院毕业,获得MBA学位。这是二弟家中的一件大事,也是我侄女人生的一个重要里程碑。李家兄弟姐妹携家眷共18人前往芝加哥大学参加了玮庭的毕业典礼。

我们李家不是名门贵族也不是世代书香。但我们都坚信教育是改变人生和生活的最重要因素。过去的科举制度、现代的高考、美国的GMAT、SAT等考试,都是低收入阶层跨越至中高收入阶层的可行之路。

共同参观毕业典礼,除了举行每年的家庭聚会联络感情,也能让我们的下一代看到,如果努力,他们也可以达成目标;已经工作的孩子也可以树立学无止境的正确观念。2019年,我的女儿从德州大学奥斯汀分校毕业,两个小儿子一个9岁一个7岁,他们对毕业典礼还没什么感觉。4年后,他们俩在芝加哥大学看到穿着整齐漂亮的毕业生鱼贯登台领取毕业证书,当校长宣布学生顺利毕业,缤纷的彩纸四处飘扬,毕业生把帽子抛上空中,他俩都看呆了。后来,他们都好几次向我们问起大学排名、常春藤联盟和各家著名大学的录取情况等等。

我的大儿子Justin也决定把两个女儿送入距家50分钟车程的一所著名幼稚园就读。钱是永远赚不完的,也是带不走的;学问是永远学不完,而别人无法拿走的。做父母长辈的一定要引导、帮助后代走正途,养成读书好学的习惯,好让他们更好地成家立业、代代相传。

芝加哥大学,二弟女儿玮庭的毕业典礼

## "李氏大家庭"时代演变

时代的变迁与我们家族的演变,息息相关。上世纪初,祖父那一代,社会动荡,小孩易夭折,故多娶太太,以繁殖后代为己任。上一代历经二战和内战,我们出生赶上多子多孙的婴儿潮、生活艰难的时代,经历近代太平盛世,生活丰裕,婚姻不稳定,晚婚少子的年代。下一代,兄弟姐妹稀少,表兄弟姐妹变得很珍贵,大家庭的互勉互助是后辈的安全网,定心石。

## 发挥伟大的亲情和友情

每个人都有自己的小家庭和血缘的大家庭,也在人生路上遇到毕生的好友。请珍惜在世有限时间,不要为了自我利益或一时之快,舍弃亲情、友情。

我曾因为说错两句话,痛失六年同窗互勉的好友。我身边的亲戚、朋友与他们的兄弟姐妹反目,不相往来,是司空见惯的事。

不到一百年前,大家庭的聚会是常态,到我们的年代,像我们兄弟姐妹和后代们在没有长辈督促下,能每年聚会,属于罕见。但细想一下,齐家是人人能通过努力达成的事。大家加油。

## 无数水滴汇成江海 千万个体成就历史
## "壹嘉个人史"系列部分书目

《逆风高飞：一位华人企业家的自述》（本书），$32.99

《鸢飞戾天：一位国军少将的抗战军旅实录》 $23.99

《八十年代的一束思想之光：<青年论坛>纪事》，李明华著，$36.99

《申泮文的西南联大》，申泮文著，文版平装：$29.99，图版平装：$39.99

《风吹稻花香两岸：一个外省人的台湾回忆》，黄雅纯著，$19.99

《滹沱河》，温雅娟著，$22.99

《逆流者：抗日杀奸团成员口述历史实录》，赖恩典著，$32.99

《寻找尘封的记忆：抗战时期民国空军赴美受训历史及空难探秘》，李安著，$28.99 （获奖图书）

《李慎之与美国所》，资中筠、茅于轼等著，$18.99

《老卒奇谭：一位逃港者的自述》，老卒著，$22.99

《鲁冀宝藏》，高鲁冀著，$22.99

《革命时期的芭蕾》，史钟麒著，$23.99

　　"壹嘉个人史"系列持续出版，欢迎关注，欢迎投稿。电子邮件地址：1plus@1plusbooks.com

　　壹嘉出版致力优质海外中文出版，聚焦传记、历史、人文、社科。更多信息，请访问壹嘉官网https://1plusbooks.com。

 扫描访问 壹嘉官网

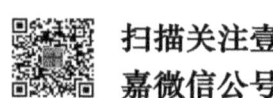 扫描关注壹嘉微信公号

## 更多壹嘉好书推荐
### 所列图书均可在亚马逊直接搜索中文书名

《夕照漫笔》上下卷 德高望重的著名学者、原中国社科院美国研究所所长资中筠先生最新随笔集,持续热卖中,各网络书店有售,输入中文书名即可抵达。港台地区可在博客来(台湾)、田园书屋(香港)等零售店购买。定价:上卷$22.99, 下卷$23.99

《李慎之与美国所》 李慎之,原中国社科院副所长、美国所创所所长。著名"党内自由派",被称为"中国自由主义的旗手"。本书是李慎之去世之后,由美国所的同事自发组织撰写的纪念文集,作者包括美国所第二任所长资中筠,第三任所长王缉思,著名学者茅于轼、任东来等,以及众多由李慎之招入所内,受其教诲与精神感召的学者和"年轻人们"。港台有售,$18.99

《未来之宴》 亚马逊5分好评!始于美食,终于艺术,分子生物和法学双料博士高磐磐,带你体验世界各地的精致美食。从分子料理到味道搭建,从民族风情到东西融合……《未来之宴》一定会在令你食指大动的同时,将你对美食的认识提到一个全新的高度。亚马逊等各网络书店有售, $26.99

《与你同行》 亚马逊5分好评!这是一位妻子陪伴丈夫与癌症抗争、直到走向生命终点的记录。在失去至爱的悲痛中,曲艺禁食四十天,并在这四十天内完成本书的初稿。曲艺写下来贴近死亡之后生命感悟,她和丈夫在生死之间倔强伸展的爱情,也因之而感人至深。亚马逊等各网络书店有售, $22.99

www.ingramcontent.com/pod-product-compliance
Lightning Source LLC
Chambersburg PA
CBHW040251090526
44586CB00041B/2742